跨境 B2C 电商运营与实务

高文雅　谭文婷　主　编

北京理工大学出版社
BEIJING INSTITUTE OF TECHNOLOGY PRESS

图书在版编目（CIP）数据

跨境 B2C 电商运营与实务 / 高文雅，谭文婷主编. --
北京：北京理工大学出版社，2023.11
　　ISBN 978-7-5763-3109-7

Ⅰ. ①跨…　Ⅱ. ①高…②谭…　Ⅲ. ①电子商务-运
营管理-教材　Ⅳ. ①F713.365.1

中国国家版本馆 CIP 数据核字（2023）第 222288 号

责任编辑：徐艳君　　　**文案编辑**：徐艳君
责任校对：周瑞红　　　**责任印制**：施胜娟

出版发行 / 北京理工大学出版社有限责任公司
社　　址 / 北京市丰台区四合庄路 6 号
邮　　编 / 100070
电　　话 / （010）68914026（教材售后服务热线）
　　　　　　（010）68944437（课件资源服务热线）
网　　址 / http://www.bitpress.com.cn

版 印 次 / 2023 年 11 月第 1 版第 1 次印刷
印　　刷 / 河北盛世彩捷印刷有限公司
开　　本 / 787 mm×1092 mm　1/16
印　　张 / 16
字　　数 / 374 千字
定　　价 / 78.00 元

前　　言

党的二十大报告提出，"发展数字贸易，加快建设贸易强国"。作为一种新业态新模式，跨境电商已成为我国外贸发展的新动能、转型升级的新渠道和高质量发展的新抓手。近年来，中国跨境电商行业发展取得了巨大的成就，越来越多的中小企业通过跨境电商拓展全球市场，提升自身竞争力。跨境 B2C 电商涉及海外市场调研、选品营销、物流配送、跨文化交流等复杂因素，对运营与管理提出了更高的要求。

本书以跨境电商平台特点为基础，全面且系统地介绍了海外市场调研及分析、跨境电商平台选择、跨境电商选品、跨境电商视觉设计、产品发布与优化、站内外营销与推广、跨境电商订单处理、跨境支付与收款、客户服务与管理、运营数据分析等知识，并为读者解答了跨境电商店铺运营过程中各个环节可能遇到的问题，目的是有效地帮助读者提升运营跨境电商店铺的能力。

在编写过程中，我们秉承系统性、实用性和创新性的原则，力求提供最新的理论观点、行业案例和实践经验，帮助读者把握跨境电商发展的脉搏，提高运营效率，实现更具竞争力的业务模式。

最后，我们衷心希望本书能为广大读者提供帮助，通过学习跨境 B2C 电商运营与实务的知识和技能，能够更好地适应跨境电商行业的变革，抓住机遇，迎接挑战，为实现中国经济高质量发展做出贡献。

本教材是浙江商业职业技术学院国家"双高计划"电子商务专业群所在专业的专业核心课程配套教材，由浙江商业职业技术学院高文雅主持编写。本教材编写过程中得到了中教畅享北京科技有限公司的支持，在这里表示感谢。由于电子商务领域的发展变化较快，书中难免有疏漏或不当之处，敬请读者批评指正。

编　者
2023 年 7 月

目 录

项目一
海外市场调研及分析

学习目标

【知识目标】

了解全球主要市场跨境电商发展现状及特点；掌握海外市场调研的一般方法；熟悉海外消费者行为和习惯分析的一般方法；熟悉不同国家的节假日、商业习惯和消费习惯。

【技能目标】

熟练掌握海外市场调研的常用工具；对全球主要市场跨境电商发展情况进行调研，并形成调研报告。

【素养目标】

正确认识海外经济发展，培养学生的唯物辩证思维和国际视野；了解各国文化的差异性，提升学生的文化包容度，树立民族文化自信。

课件

任务一　全球主要市场跨境电商发展认知

跨境电商是指分属不同关境的交易主体，通过电子商务平台达成交易、进行支付结算，并通过跨境物流送达商品、完成交易的电子商务平台和在线交易平台。跨境电商作为一种国际贸易新业态，将传统国际贸易加以网络化、电子化，以电子技术和物流为主要手段，以商务为核心，把传统的销售、购物渠道转移到网上，打破国家与地区有形无形的壁垒，因其减少中间环节、节约成本等优势，在全世界范围内迅猛发展。

【知识准备】

一、全球主要市场跨境电商发展现状

（一）全球跨境电商行业市场规模持续提升

总体来看，大致可将全球跨境电商的发展历程划分为三个阶段：起步期（1999—2003年）；成长期（2004—2012年）；规范发展期（2013年至今）。

近年来，全球 B2C 跨境电商市场迅速增长。亚太地区是最大的市场，其中中国、日本和

韩国是主要的跨境电商消费国家。欧洲和北美地区也是重要的市场，其中英国、德国和美国是主要的跨境电商消费国家。

（二）亚马逊龙头地位稳固

根据调查显示，截至 2021 年，在全球消费者最近一次使用跨境电商平台进行跨境购物中，24%的消费者选择了亚马逊（Amazon），16%的消费者选择了阿里巴巴旗下的全球速卖通（AliExpress），14%的消费者选择了 eBay，10%的消费者选择了 Wish，3%的消费者选择了 Lazada，由此可见，亚马逊龙头地位依旧稳固，如图 1-1 所示。

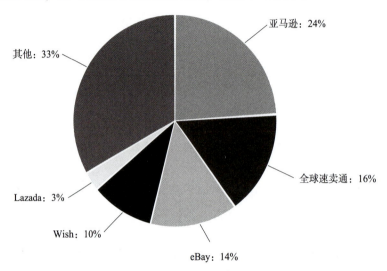

图 1-1　主流跨境电商平台市场占有率

（三）全球跨境电商行业发展前景稳中向好

随着互联网基础设施的完善和全球性物流网络的构建，跨境电商一直保持着较高的增长态势，交易规模日益扩大。从目前全球各国跨境电商发展形势来看，预计未来几年，全球 B2C 跨境电商的交易规模将持续保持高速增长，增长率将维持在 10%～20%，预计到 2025 年，全球 B2C 跨境电商交易的规模将突破 4 万亿美元。

 行业洞察

世界大变局：疫情之下的欧洲经济发展现状

2021 年，欧洲经济与世界经济同步进入复苏轨道，但是它的经济增长幅度相对来说是比较弱的，按照现在发布的数据，中国是 8.1%，美国是 5.7%，欧盟总体是 5.2%。欧盟国家之间的差距很大，例如法国的经济增长率已经超过了 7%，但是现在对欧盟来说最大的坏消息是欧盟经济的"火车头"，即德国的增长率是低于平均值的，这给未来欧盟经济进一步的复苏带来了相当大的影响。

欧盟经济最大的特点就是它的原材料跟市场全部都在外边，如此，世界经济的不确定性

会给欧盟经济带来更大的影响。能源、原材料涨价与供应短缺，全球供应链受新冠病毒疫情影响没有完全恢复，所有这些因素对欧盟经济复苏都是非常不利的。

2021 年，欧盟的对外贸易取得了大幅度的增长，但值得注意的是，它的贸易顺差下降了31.4%，这说明欧洲的进口恢复了，但是出口增长乏力，其中最主要的问题还是来自德国。德国不仅是欧洲国家里对外贸易的"火车头"，而且是贸易顺差最大的国家，德国经济的不景气影响了整个欧洲外贸的发展。

二、全球主要市场跨境电商发展特点

（一）跨境电商市场发展特点

1. 市场规模不断扩大

2020 年，全球网络零售交易额超过 4 万亿美元，占全球零售总额的比例从 2016 年的7.4%增长至 14.6%。跨境电商尤其是跨境 B2C 电商日益活跃。

2. 地区差距逐渐缩小

欧美地区电子商务起步早、应用广。亚洲地区电子商务体量大、发展快。拉丁美洲、中东及北非地区电子商务规模小、潜力大。

3. 企业并购趋于频繁

互联网经济具有天然的规模效应，随着竞争加剧以及投资人的撮合，竞争对手有动力、有条件进行合并，市场集中度不断提高。

4. 共享经济异军突起

共享经济伴随着移动互联网的发展而迅速崛起，共享领域不断拓展。

（二）全球不同地区跨境电商市场发展特点

从全球跨境电商市场规模的绝对值来看，中国居于首位，其次是美国、英国、韩国等国家。经济体量大小是跨境电商市场绝对规模的决定性因素，排名前 30 的国家中，发达国家的占比远高于发展中国家；30 个国家或地区中，21 个为发达国家或地区，9 个为发展中国家或地区；而位于跨境电商市场前 30 的发展中国家，虽然人均 GDP 不及发达国家，但由于其人口基数足够大，跨境电商市场规模也名列前茅。综合跨境电商市场规模及渗透率的影响因素，以下围绕市场经济体量、跨境电商基础设施、线下供给、用户购买特征等维度，对全球主要市场的跨境电商特点及竞争格局进行分析。

1. 北美市场

北美市场的主要经济体包括美国及加拿大，用户消费能力强，跨境电商规模在世界居于前列，但渗透率仍有提升空间。

北美地区包括美国、加拿大、格陵兰岛、圣皮埃尔（法属领地）、百慕大群岛（英属领地）等，其中美国和加拿大是最主要的经济体，美国在人口和 GDP 的贡献达到 90%。从经济发展水平看，美国及加拿大均为传统发达国家，人均 GDP 超 5 万美元。从人口看，加拿大地广人稀，人口仅有 3 800 万。

从市场规模看，美国及加拿大跨境电商规模位居全球前列。2021 年，美国跨境电商规模达到了 7 874 亿美元，是全球第二大跨境电商市场；尽管加拿大人口少，2021 年跨境电商市场规模也达到了 806 亿美元，全球排名第七。同时，美国及加拿大的用户购买能力强，根据 Euromonitor 数据，2021 年美国和加拿大跨境电商人均消费金额分别为 2 994 和 2 986 美元。对比美国、东南亚、南美及中国等国家和地区的跨境电商代表平台的单价，亚马逊单价达到 37 美元（估算值），是单价最高的平台。

总体看，美国与加拿大市场具有相似性，与发展中国家相比，美国与加拿大高度发达的经济造就了不同用户的购物行为，以及较高的物流费用、丰富的品牌供给，这是两个国家跨境电商渗透率提升慢于发展中国家的原因。

（1）用户侧

美国与加拿大网络发展早，用户经历了完整的 PC（个人计算机）时代，具备较强的搜索心智，目前美国与加拿大的 PC 跨境电商销售额占跨境电商总销售额的比重均超过 60%。

1995 年普遍被认为是国际互联网商业化元年，美国跨境电商平台亚马逊、eBay 也成立于 1995 年。在之后的 5 年里，美国与加拿大的互联网渗透率快速增长，并在 2000 年实现约半数人口接入互联网。当 2007 年 Apple 推出第一款 iPhone 手机，拉开移动互联网时代的序幕时，美国与加拿大两国互联网渗透率已高于 70%。大部分的美国与加拿大用户群体经历了完整的 PC 时代，在此阶段，北美市场 PC 跨境电商已逐步将用户心智塑造成型。而中国的互联网发展起步较晚，互联网与移动互联网发展几乎同步进行。2000 年中国互联网渗透率低于 1/3，2007 年中国也仅有不到 1/5 的人口接入互联网，而到 2010 年，中国互联网渗透率与移动互联网渗透率之差已缩小至 10% 左右。因此中国跨境电商用户群体未经历完整的 PC 时代而直接进入移动时代，其用户心智也更多地受到移动跨境电商的影响。

由于北美用户的跨境电商购物习惯主要在 PC 时代就开始培养，用户的搜索心智更强，到 2021 年，美国/加拿大 PC 跨境电商的贡献仍有 60%/76%，而中国 2021 年移动跨境电商 GMV（Grass Merchandise Volume，总销售额）占比已超过 80%。

（2）物流

美国 3PL（第三方物流）网络发展时间早，格局稳定，价格高昂，而亚马逊的 FBA 网络具备独占性，其他跨境电商平台无法复用。

美国快递行业发展时间早，行业格局稳定。3PL 包括美国邮政、联邦快递、UPS，联邦快递和 UPS 分别成立于 1947 年和 1901 年，2020 年三家公司合计件量份额占比达 78%。此外，亚马逊 FBA（2006 年开始）份额持续提升，2020 年达到 21%，但目前仍主要服务于内部业务，外部平台难以复用。而中国快速行业 3PL 众多，格局分散，已成为跨境电商的重要基础设施。

在稳定的行业格局下，美国快递行业价格战压力小，快递价格整体呈上升趋势，2021 年接近 10 美元/件（陆运件）。与之相对，中国竞争格局分散，行业内竞争压力大，服务同质化，快递行业价格呈下降趋势，2021 年单件快递价格平均仅 1.4 美元。因此对美国的跨境电商平台而言，3PL 快递价格贵且话语权强，亚马逊为了以更低成本和更快的速度来更好地满足用户需求，持续投入自建物流，也形成了有别于其他竞争对手的壁垒。

（3）供给侧

美国线下零售及品牌供给丰富，发展历程长，具备通过线下渠道/品牌网站等方式满足用户需求的能力。

在德勤《2021 全球零售力量》报告统计出的全球 250 强零售榜单上，美国有 74 家零售商，远高于其他国家，日本 28 家，德国 18 家，英国 14 家，法国 12 家，韩国 8 家，加拿大 6 家，荷兰、俄罗斯、西班牙、墨西哥、南非各 5 家，澳大利亚、巴西各 4 家。对美国已上市的零售商和品牌商进行梳理，选取市值在 40 亿美元以上的（以 2022 年 9 月 26 日市值为准），剔除纯跨境电商平台及汽车房产等耐用品零售商，美国的零售商和品牌商的特点是：成立时间久，品牌心智强，除 RH、Five Below 等少数公司成立于 2000 年后，其余均在 2000 年前成立；品类覆盖全面，服饰、鞋类、体育用品、家具、玩具、美妆等均有对应的零售商及品牌商；价格范围广，既有大众型的百货公司/卖场，也有折扣店、高端产品等。

美国品牌商销售占比高，零售渠道也相对集中。以典型非标品服饰品类（含鞋类）为例，2021 年美国前十大服饰品牌市场份额超过 20%（中国 12%），非前 Top100 品牌市场份额占比 52%（中国超过 70%）；零售渠道上，不计算跨境电商平台排名，根据 Euromonitor 的统计数据，美国排名前十的零售商在零售行业中份额占比超过 30%（中国不足 3%）。

中国跨境电商借助供应链优势，社交平台借助流量优势，也开始切入美国跨境电商市场。早期中国主要是通过作为亚马逊和 eBay 卖家的方式参与北美地区跨境电商市场的竞争，随着跨境电商出海经验的累积及国内跨境电商红利期的消退，中国开始在北美市场寻求发展机会。目前 SHEIN 已经在美国小有成绩；拼多多 2022 年 9 月在美国也推出了跨境电商新项目 TEMU；TikTok 在美国社交媒体中占据了一席之地，也在其他国家上线了直播跨境电商，预计未来也有望拓展至美国市场。

1）SHEIN：SHEIN 成立于 2008 年，早期主要经营婚纱，后转型快时尚女装，2014 年 SHEIN 品牌正式成立。根据 36 氪的统计数据，2022 年上半年 SHEIN 的 GMV 达 220 亿美元，美国是其第一大市场。主打低价心智、深入改造供应链及抓住海外流量红利期、通过 KOL 内容获客，是 SHEIN 能取得成功的关键要素。根据 App Annie 的统计数据，SHEIN 在美国的月活跃用户数接近 2 000 万，2022 年 4—5 月下载量一度超过亚马逊。

2）TikTok：2016 年推出，2018 年合并了在美国青少年中颇有声量的 Musical. ly，随着在美国市场的持续投入（买量+品牌活动+内容投入）及疫情带来的流量红利，TikTok 已经成为美国具有影响力的社交媒体平台，月活用户达 1.1 亿，用户渗透率达 30%。TikTok 尚未在美国正式推出直播带货功能，但其在 2020 年年底就开始与沃尔玛等商家合作，试水直播，预计 TikTok 后续也有望在美国市场正式开通直播跨境电商。

3）TEMU：拼多多于 2022 年 9 月上线了跨境电商平台 TEMU，使用专业买手模式，将所有供货商卖家的货发到国内仓库，拼多多统一安排物流发送到美国，统一定零售价，TEMU 负责支付物流获客的成本，但不承担库存，未售出的商品将退回商家。数据显示，TEMU 单日下载量为 4 万，2022 年 10 月 1 日~8 日平均 DAU（日活跃用户数量）达到 13 万。

2. 东亚市场

东亚跨境电商市场的发展特点是：日韩占据全球市场靠前地位，线下零售的发展差异决定了日本格局单一，韩国更为分散。

日韩的跨境电商市场起步较早，且比较发达。根据 Euromonitor 的统计数据，两个国家 2021 年跨境电商市场分别占据全球第四和第五的位置：韩国全球第四，跨境电商总额 1 429 亿美元；日本全球第五，跨境电商总额 1 328 亿美元。但两个国家又有差异性，比如日本的线下消费依然活跃，虽然其跨境电商渗透率伴随疫情有提升的趋势，比起韩国仍然不足。

虽然日韩两国经济发展水平都居于相对较高的位置，但跨境电商的渗透率和增速情况不同。其中，韩国的跨境电商规模在 2020 年经历了快速增长，2021 年也延续了这个增长趋势（2020 年增速 26.6%，2021 年增速 32.8%）；跨境电商渗透率较高，2021 年跨境电商渗透率达到 31.5%。反观日本，虽然跨境电商规模在 2020 年也增长较快（增速 25.3%），但 2021 年增速回落到 15.8%；经过疫情的洗礼，2021 年的跨境电商渗透率也仅为 9.7%。

日韩同为发达国家，经济发展水平接近，跨境电商发展水平有差异的原因有以下三点：

（1）从零售业态看，日本的线下零售业态较发达

日本是零售强国，其线下店铺在购物空间和分布上具有优势，线下购物便捷、体验好，使消费者线上购物需求并不强烈；且即使经过疫情的洗礼，日本线下主要业态还在扩张而非萎缩。2021 年日本全国 11 897 家超市全年营收为 13.2 万亿日元，较 2020 年增长 2.3%，连续两年正增长。日本的零售业从 20 世纪 60 年代开始起步，在 20 世纪 70 年代大量引进美国先进的零售连锁运营模式，经过 30 年的长足发展，零售业供应链相关配套设施健全；而跨境电商直到 20 世纪 90 年代末才开始发展，比如亚马逊于 2000 年才进入日本市场。经过几十年的发展与洗礼，日本线下零售业有不可比拟的优势：

1）实体店服务意识强：日本线下零售的服务人员服务能力完善，能提供给消费者各种各样优质的服务。

2）容易形成连锁品牌：日本土地面积狭小，人口集中，国民贫富差距小。人口集中的好处在于单位土地面积内的实体店可以覆盖到更多的人口，这样能很好地提升货品配送的效率和灵活性。国土面积狭小使不同地区的生活习俗、文化观念等差别变得很小，各地更趋向于相同的消费习惯。国民贫富差距小也更容易形成统一的消费需求。对于零售业而言，这样更容易形成全国的连锁覆盖，形成一个统一的零售市场。根据德勤的报告《2022 全球零售力量》，在全球零售品牌 250 强中，日本的零售企业有 29 家上榜，在全球各国中仅次于美国（该榜单中，韩国只有 5 个品牌）。日本十大线下零售商品牌，悉数为上市公司，且经营时间久，店铺数在日本覆盖面积广。比如 7-11、罗森和全家在日本店铺数均超过 1 万家；对比中国，前十大连锁品牌中只有易捷便利店的店铺数过万。

（2）从跨境电商基础设施看，韩国的物流提供商较多，用户线上支付习惯更为发达

日本的快递业格局稳定，单票成本逐年上升。日本快递市场 80% 的份额都由三家快递公司占据；由于人工成本的上涨，直接导致快递价格的上涨，目前每件包裹的平均成本为 400~500 日元；这意味着跨境电商若想提供令人满意的履约体验需要自建物流体系（亚马逊在日本得益于 FBA 服务，早早实现了当日达、免配送费；日本乐天之前与三大快递服务商合作，现在尝试自建物流体系）。韩国的物流快递行业格局比较分散，颇有竞争趋势，国内外的物流，包括 CJ Logistics、Pants Logistics、Lotte Global Logistics 等，都占有一席之地。

移动支付，韩国的普及率更广。在韩国，每月有超过 30 万人在购买新手机时会选择具备存储银行交易资料并加密交易信息功能的手机，移动支付业务在手机刷卡过程中得到充分的显现。在日本，现金和信用卡还是主要的支付方式，2018 年现金和信用卡是日本互联网用户使用比例最高的支付方式，使用手机支付（Apple Pay、Line Pay）的比例依然较低，仅为 11.8%。

（3）从用户端看，两国消费者的习惯不同，韩国跨境电商每付费用户的平均收益值更高

　　韩国的消费者对于高客单价的产品接受能力比较强，2021 年，韩国跨境电商的人均年度客单价贡献达到 2 734 美元，高于欧洲各国的水平；而日本仅为 1 134 美元。一方面，日本发达的线下零售业使得日本消费者更喜欢进店购物；另一方面，日本消费者非常关心产品质量，也关心产品的一些细节，包括包装、标签甚至购物凭证。同时，和欧美消费者相比，日本消费者对于品牌的忠诚度更高，复购率也更高，且日本消费者的购买决策都是经过深思熟虑的，退货率比较低。

　　目前，两国分别有一些本土电商平台，跨境电商平台只有亚马逊日本和 eBay 韩国（亚马逊无韩国站），但后者已经被本土收购，属于本地化运营状态。总体来看，日本的跨境电商格局比较单一，头部市场占比高；韩国的跨境电商格局比较分散。

　　在韩国，Naver 和 Coupang 交替竞争首位，另外有 Tmon 等处在第二梯队。2022 年上半年 Coupang 的 GMV 已经超过了 Naver。前者的物流履约效率使得更多消费者及时收到商品，体验更佳。而后者也在通过加强物流服务迎头赶上，比如自 2020 年开始，Naver 相继与大韩通运等公司合作，通过吸引外部力量弥补物流、生鲜等其缺乏的服务短板，专注于提高 Naver Smart Store 的竞争力和销售额。

　　日本乐天：Rakuten 旗下的 Rakuten Ichiba 是日本目前最大的实物跨境电商平台（2021 年，以线上实物商品 GMV 计）。Rakuten 集团 1997 年成立，同年 5 月跨境电商板块开始运营，2000 年集团于日本上市。2019 年 Ichiba 跨境电商平台共有商家 48 661 个，2021 年国内跨境电商总交易额（Gross Transaction Volume）超过 5 万亿日元（增速 10.4%），有 9 850 万用户，约占日本总人口的 80%。目前 Rakuten 集团经营多种业务，公司把核心业务板块划分为"互联网服务""金融科技"和"移动服务"。

　　Rakuten 是 3P 跨境电商平台，商家数是 GMS（General Merchandise Sales，总成交销售额，与 GMV 概念等同）重要的驱动因素。2017—2021 年平台商家数不断提升。优质的商家供给带来了消费者黏性。2021 年 Rakuten 国内跨境电商业务 GMS 超过 5 万亿日元，主要由用户数提升以及客单价提升驱动；与此同时，Rakuten 还新建了国内物流履约中心，为单均客单价超过 3 980 日元的用户提供免费配送服务。

　　日本雅虎：日本雅虎是由雅虎日本公司运营的一家门户网站，其在日本的搜索引擎和门户网站市场中位居业界第一。日本雅虎是一家集合购物和资讯的平台，类似中国淘宝和新浪合体的销售信息一体化平台。日本雅虎网站月活跃客户数量高达 2 829 万，是日本国内第三大跨境电商平台，前两名分别为日本乐天和亚马逊日本。

　　除了亚马逊日本和 eBay 韩国，日韩市场暂无其他占据优势地位的跨境电商平台。且之前独立运营 Auction 和 G-market 的 eBay 韩国已经被联合收购，新东家也不再是跨国企业，这使得日韩的跨境电商市场的格局更加偏向本地化强势的状态。究其原因，有以下几点原因：

　　一是日韩人口结构老龄化趋势严重，跨境电商在选择进入市场时未必优先考虑这两个国家。日本进入老龄化社会，新的跨境电商形态未必适合当地市场。在日本，全国 65 岁以上的老年人占总人口的比例达 28.4%，达到 3 588 万人，即平均每 4 个日本人之中就有 1 个年龄接近七旬的老人。这一比例今后还会进一步上升，在 2025 年达到 30%，2040 年达到 35.3%。韩国的人口数已经趋向饱和状态，未来也会步入老龄化社会结构；韩国的老龄化速度是经济合作与发展组织（简称经合组织）成员国平均值（2.6%）的 1.7 倍，增速最快。

目前，韩国老龄人口比率为 15.7%，在经合组织 37 个成员国中排名第 29。如果按此趋势，到 2041 年，这一比率将达到 33.4%，即每 3 人中就有 1 人是老年人。

二是韩国跨境电商的履约时效受限于用户心智，使得跨境电商的突破变得困难。Coupang 从生鲜品类起家，其"211 火箭送达"已经在韩国市场培养了有黏性的用户心智（Naver 也在效仿）；跨境电商商家若非供应链具有明显优势，其较为冗长的物流链路也很难突破 Coupang 的心智。

但走向未来，日韩市场也可能存在变数：

一是在东南亚和北美市场较为拥挤，欧洲市场萎靡，拉美市场有一定的进入门槛的前提下，跨境电商市场规模庞大的日韩市场有可能成为跨境电商卖家的下一个选择。

二是 Coupang 已经于 2022 年 4 月开始邀请中国的跨境卖家入驻平台，意味着会有更多低价商品涌入平台，有可能给韩国的跨境电商市场带来一定的新变化。

3. 东南亚市场

东南亚市场人口基数大，区域经济发展不平衡，互联网渗透率高但网速差。东南亚共有 11 个国家，总人口超 6 亿，考虑到人口基数及经济发展水平，多数互联网公司主要在印度尼西亚、越南、泰国、马来西亚、菲律宾、新加坡 6 个国家开展业务（其余国家还包括文莱、缅甸、柬埔寨等，其人口较少，或经济相对较不发达）。整体上看，东南亚主要的 6 个国家存在人口基数大、区域经济发展不平衡、互联网渗透率高但网速差等特点。

1）从人口看，东南亚主要的 6 个国家共计 6.37 亿人，其中印度尼西亚有 2.74 亿人，是东南亚第一大国；人口结构也相对年轻，48% 的人口在 30 岁以下。

2）从经济发展水平看，东南亚国家发展并不平衡。总量上，印度尼西亚尼人口多，经济体量大，是唯一一个 GDP 超过万亿美元的国家。从人均 GDP 看，东南亚国家可分为三个梯度，第一梯度包括新加坡、马来西亚两个发达市场，人均 GDP 超过 1 万美元；第二梯度是泰国、印度尼西亚两个中等发展市场，人均 GDP 在 3 500~10 000 美元；第三梯度是越南、菲律宾两个相对欠发达市场，人均 GDP 低于 3 500 美元。此外，不同国家之间的语言文化也有较大差异。

3）从网络发展水平看，东南亚与中国类似，智能手机渗透率快速提升，当前主要国家的移动互联网渗透率均在 50% 以上，但网络的基础设施条件并不好，多数国家的网速慢于中国。

东南亚跨境电商市场用户消费习惯与中国类似，对跨境电商接受程度高。新冠病毒疫情后跨境电商渗透率快速拉升，其中印度尼西亚市场渗透率已与中国市场相近。在疫情的催化下，东南亚市场实物跨境电商规模快速从 2016 年的 180 亿美元增长至 2021 年的 882 亿美元，5 年 CAGR（复合年均增长率）达 37%。分市场看，印度尼西亚是东南亚最大的跨境电商市场，贡献了 42% 的跨境电商交易额，跨境电商渗透率也由 2012 年的 2.2% 提升到 2021 年的 28%（中国 29%，美国 21%）。

从用户行为上看，东南亚用户与中国用户跨境电商行为类似，手机心智强，用户能接受白牌商品。根据 TMO 的调研数据，除新加坡外，东南亚多数国家消费能力弱，用户追求性价比，对白牌商品接受度高，所以在 Shopee 的早期，铺货模式是行得通的。

从设备端上看，东南亚与中国一样，跳过了 PC 时代进入了手机时代，手机是用户在跨境电商平台下单的主要途径。

从物流上看，东南亚整体物流建设仍在发展中，物流基础设施不及中国及美国，但3PL众多，多数国家都有四家以上的物流提供商，且仍在跑马圈地阶段。对跨境电商平台而言，东南亚物流提供了多样的物流商选择范围，形成了物流商及跨境电商平台共同发展、合作共赢的局面。

从竞争格局看，Shopee占据一半份额，但也面临Lazada及其他区域型跨境电商平台的竞争。

从覆盖市场范围看，东南亚跨境电商平台可分为：

1）全市场型，包括Shopee、Lazada及当前发展迅速的TikTok。

2）区域型，指仅在本国内开展跨境电商业务。由于印度尼西亚市场体量大，这部分跨境电商平台中规模较大的主要是印度尼西亚的Tokopedia及Bukalapak。

从体量上看，Shopee的GMV远超其他平台，且增速也高于Lazada及其他区域型跨境电商平台。2021年Shopee的GMV达630亿美元；从可比维度看，如果去掉南美及中国台湾市场（Lazada未进入中国台湾市场），估算Shopee的GMV仍超过500亿美元，高于Lazada的210亿美元、Tokopedia的157亿美元和Bukalapak的45亿美元。TikTok于2021年4月开始在印度尼西亚试水直播跨境电商，并在2021年5月迅速拓展至泰国、马来西亚、越南和菲律宾四个站点。尽管当时的体量相对较小，但增长势头强劲。

从运营模式来看，东南亚跨境电商平台普遍采用3P模式，即提供第三方产品、物流和支付服务。除Lazada外，其他平台主要依靠3PL履约，即通过第三方物流进行商品配送。

4. 拉美市场

拉美市场人口基数大，网络渗透率高，经济发展水平在发展中国家居前列，巴西、墨西哥、阿根廷是重要市场。

拉丁美洲共有26个国家或地区，人口基数大，经济相对发达。

从人口看，拉美人口数总计6.48亿，与东南亚市场体量相当，其中巴西人口数为2.13亿，是世界人口第五大国。拉美人口最多的前6个国家分别为巴西、墨西哥、哥伦比亚、阿根廷、秘鲁和委内瑞拉，占拉美总人口的77%。

从GDP看，拉美体量最大的5个国家（委内瑞拉近年存在经济崩溃的问题，暂不列入比较）为巴西、墨西哥、阿根廷、智利、哥伦比亚，2021年这几个国家在拉美的GDP贡献分别为29%、24%、9%、5.8%、4.1%。

从人均GDP看，拉美经济较为发达，主要经济体（人口或GDP居于前列的国家或地区）人均GDP在6 500美元以上，部分国家或地区在1万美元以上（2021年美国、中国和印度尼西亚的人均GDP分别为69 288亿美元、12 566亿美元和3 856美元）。巴西、墨西哥、阿根廷是拉美最大的三个市场，具有较高的互联网渗透率和年轻化的人口结构。

巴西是拉美最大的经济体，在拉美市场中占比超过30%，其中互联网人口数和移动互联网人口数为1.65亿和1.61亿，葡萄牙语是巴西的官方语言。

墨西哥人口数为1.3亿，超过一半在30岁以下，也有较高的互联网渗透率（超过70%）。

阿根廷经济相对发达，人均GDP达到10 729美元，但人口相对较少，仅有4 600万人。

拉美市场早年跨境电商发展慢，渗透率不高；在新冠病毒疫情驱动下，拉美跨境电商市场快速增长，2018—2021年，GMV由410亿美元快速增长至974亿美元，CAGR达到33%（2018

年同比增长率为 7%），跨境电商渗透率由 4.5% 提升至 11.4%。据 Euromonitor 预测，2025 年拉美跨境电商市场规模有望达到 1 677 亿美元，2022—2025 年 CAGR 仍达到 15%。

分地区看，三个最大的跨境电商市场是巴西、墨西哥和阿根廷，2021 年跨境电商市场规模在拉美整体中占比分别达到了 39%、20% 和 14%，与其人口及 GDP 体量一致。

在跨境电商市场规模上，巴西、阿根廷和墨西哥分别为 371 亿美元、136 亿美元和 215 亿美元。阿根廷市场在过去几年中增速最快，2018—2021 年 CAGR 达 47%（巴西和墨西哥分别为 27% 和 42%）。

在渗透率上，巴西和阿根廷市场已有较高的跨境电商渗透率，2021 年渗透率分别达到 18.6% 和 19.2%，是拉美市场整体的近 2 倍（中国和美国 2021 年跨境电商渗透率分别为 28.5% 和 20.6%），墨西哥市场跨境电商渗透率仍有提升空间，2021 年渗透率仅为 9.4%。

物流是阻碍拉美跨境电商市场发展的核心痛点。从基础设施上看，拉美地区基础设施建设发展不成熟，每 100 平方公里的公路数为 23 公里（中国 54 公里，美国 64 公里），物流配送的时效性较差。同时当地地址系统不完善，"最后一公里"物流配送的难度高。从管理上看，以墨西哥、巴西、阿根廷为代表的拉美国家政府官僚主义问题突出，管理水平较低，在政策、手续的制定和执行方面阻碍了各地之间货物的流转。因此，2018 年巴西、墨西哥和阿根廷的物流指数分别仅有 2.93、2.85 和 2.77，不仅低于中国和美国，甚至低于多数东南亚国家。而在巴西，巴西邮政的件数份额达 51%。

拉美跨境电商平台单价高，是由于跨境电商发展尚不成熟，标品渗透率高，而普通服饰、配饰、美妆等非标品渗透仍不足。以巴西为例，巴西的主要跨境电商平台单价在 30～50 美元，与亚马逊 30～40 美元的平台单价接近，远高于东南亚市场的 Shopee，然而美国人均 GDP 是巴西的 9 倍。品类间渗透率的差异是其原因，从品类上看，巴西跨境电商渗透率高的品类主要是鞋、运动服饰、家电、家居等标准化、程度化高的高价商品，低价非标品渗透率仍不足。

拉美市场的竞争格局呈现一超多强，Mercado Livre 市场份额领先，整体市场份额约占 30%。不同国家的市场格局略有不同。

巴西市场呈现一超多强局面，由 Mercado Livre 带头发展（约 30% 份额），其他平台（如 Americanas、Magazine Luiza 等）跟随其后，同时近两年 Shopee 在巴西发展迅速，市场份额已接近 15%。模式上，Mercado Livre 品类齐全；Americanas、Magazine Luiza 除线上业务外，也有线下业务，以品牌为主，客单价高；Shopee 主要为低价产品。

墨西哥市场由 Mercado Livre 和亚马逊占据头部位置，Mercado Livre 份额约占 26%，其他还有 Liverpool。

阿根廷市场呈现一家独大局面，Mercodo Livre 份额占比超过 50%。南美市场多年来，主要以本地为主，除 Mercado Livre 外，其他跨境电商多为线下零售商拓展线上渠道。如 Magazine Luiza 是巴西最大的线下零售商，Americanas 也是巴西历史悠久的零售商，二者均在 2000 年前后开始尝试跨境电商业务。外来的跨境电商平台进入市场较晚，如亚马逊、全球速卖通在 2010 年后才进入南美市场，而 Shopee 更是在 2019 年才拓展南美站点，并陆续关停墨西哥、智利等站点，仅经营巴西站点。

5. 欧洲市场

从整体上看，2021 年，欧洲市场跨境电商市场规模占 GDP 比例为 4.6%，即 8 187 亿美元，其中西欧各国的经济发展水平更好，跨境电商规模在 37 个国家中整体贡献最高，达到 64%；西欧的跨境电商用户渗透率也更高，达到 86%。37 个国家或地区的关税、语言、风土不同，导致了不同国家的跨境电商发展程度也截然不同。从 2021 年市场规模看，前十大市场是英国、德国、法国、俄罗斯、意大利、荷兰、西班牙、波兰、比利时和瑞典，悉数位于西欧。欧洲跨境电商市场的特点如下：

一是跨境电商基础设施程度不一。从世界银行发布的全球各国物流基础设施指数看，欧洲各国发展情况不一，西欧国家的基础建设相对较好，北欧、中欧和东欧都较差。比如在俄罗斯，由于物流配送系统比较差，最受欢迎的配送方式是取货点（78% 的买家选择）、俄罗斯邮政（39.4%）、快递（32.3%）、自提柜（24.7%）、零售店（9.9%）。

由于地理位置恰好处在欧洲大陆中间地带，且物流基础设施水平较高，比利时成为诸多跨境电商在欧洲设立本地仓的选择。中国的全球速卖通在设立欧洲本地仓之前采用头程为铁路方式，直接到达德国，再采用海运到达英国，中国运输至德国通常需要 10~15 天时间。目前更多跨境电商倾向于提前备货至欧洲本地仓，再从本地仓发货。

二是各国用户习惯不同，众口难调。欧洲的跨境电商用户有自己独特的习惯，在语言、消费行为、政治情况及营商环境等方面均存在差异。他们"既不排斥低价商品，又对品质有一定要求"，这也导致了欧洲用户经常被认为"挑剔、难以满足"。例如，法国人天性浪漫，重视休闲，时间观念不强，但是对商品的质量要求十分严格，条件比较苛刻。英国人喜欢按部就班，特别看重试订单且订单循序渐进。英国人考察供应商的先决条件是特别注意试订单或样品单的质量，如果试订单或样品单可以很好地满足英国买家的要求，他们才会逐步给供应商更多、更大订单的机会，反之，如果第一笔试单不能达到其要求，英国人一般就不愿意再继续合作了。品类上，欧洲用户与中国用户的差异表现为：二者对家具类、园艺类及家用电器等大品类商品的购买行为存在较大差异。中国消费者将这些产品视为耐用品，预期会持续使用到商品不能再使用为止；欧美国家消费者将这些产品视为消费品，所以复购率相对更高、季节性差异大、潮流迭代较快，而且存在各年龄层次及各性别消费者，大部分消费者为中产阶级，对生活有一定要求（产品平均单价为 50~100 美元）。

三是本土轻工业供应链不充足。在欧洲，只有西班牙、波兰和土耳其存在一定数量的轻工业工厂，诸多产品大量依附于海外供应链。比如，Zalando 在中国、罗马尼亚、印度、印度尼西亚、巴基斯坦等全球 16 个国家与 608 家供应商展开合作，当地的劳动力成本优势将带来企业生产成本的降低。Zara 在亚洲具有数量最多的供应商和工厂。

英国是欧洲最大的跨境电商市场，有以下几点原因：

一是跨境电商用户渗透率最高。截至 2020 年，96% 的英国人已注册成为互联网用户，其中 92% 的英国人进行过线上购物。疫情期间，英国跨境电商渗透率飞速上涨，2021 年 2 月曾达到峰值 36.5%。

二是跨境电商消费习惯业已养成。PostNord 研究显示，英国消费者的线上年均消费比其他欧洲国家要多，居于首位，年度消费金额 2 520 美元（德国 1 428 美元；法国 1 299 美元）。在消费品类上，英国人首选的是时尚品类，其他主要跨境电商品类包括电子产品、家具和电器，且杂货类销量高于新冠病毒疫情前时代。

三是英国是欧洲最大的时尚市场。ONS 数据显示，2022 年 1 月有 23.7% 的服装销售源自线上渠道。Statista 在其《2021 年数字市场展望》中提到，2020 年欧洲规模最大的线上时尚市场为英国，预计到 2025 年，英国都将保持这一市场地位；而服装又是消费线上消费最多的品类。

四是基础设施名列前茅。英国在各类指数排名中的表现在世界位列前茅。物流表现指数排名世界第 9，2021 年邮政综合发展指数排名第 8，营商便捷指数排名第 8。以物流情况为例，英国当地较受认可的尾程物流商包括皇家邮政及 Hermes 等常见的当地物流服务商，UPS 及 DHL 等国际物流服务商，以及 DPD 与 Parcel Force 等可直接派送到买家手上的物流商。德国较认可的尾程物流商包括 DHL、DPD、Hermes、UPS、GLS 及德国邮政等。

英国跨境电商市场中的市占率：亚马逊和 eBay 在英国跨境电商市场占较大份额；另外一些传统的实体零售商，如 Argos 和 JohnLexis，以及一些垂类跨境电商平台，如 Asos 等，分别占有一席之地。

增速最快的跨境电商市场之一是俄罗斯。2021 年俄罗斯跨境电商市场规模达 510 亿美元，在欧洲位列第 4（仅次于英国、德国和法国），其过去 5 年 CAGR 高达 33.6%，在欧洲跨境电商前十大市场中居于首位。Data Insight 预测，2024 年俄罗斯跨境电商规模将达到 7 万亿卢布（约合 1 140 亿美元），2021—2024 年 CAGR 达到 29.7%。俄罗斯跨境电商市场的特点如下：

一是物流基础设施还不够完善。俄罗斯的物流基础设施指数全球排名第 75；邮政发展水平全球排名第 19，并非位于世界前列。俄罗斯的基本物流服务质量较差，在运输、终端和仓库的基础设施等方面都有体现；且俄罗斯人口分布较为分散，物流履约能力是阻碍跨境电商发展的重要因素之一。Statista 的数据显示，2019 年，有 49% 的卖家通过线下店铺向消费者交付货物，20% 的卖家通过俄罗斯邮政向消费者交付货物，18% 的卖家通过自动收集点（Postamat）向消费者交付货物，11% 的卖家通过快递向消费者交付货物。

二是消费者倾向选择性价比更高的产品。毕马威的研究报告显示，俄罗斯的本地消费者选择跨境电商平台的依据依次是价格（24%）、品牌（15%）和同伴的影响（9.8%），这解释了为什么亚洲卖家以其绝对低价优势在俄罗斯市场占有一席之地。

三是家电和服装是最大的线上消费品类。分品类看，俄罗斯的跨境电商用户购买最多的品类分别是家电、家具、玩具和食品。俄罗斯的气候特点是冬季长而寒冷，所以在俄罗斯每到冬天，保暖的帽子、围巾、手套、衣服是必备品，女性还特别热衷购买动物皮毛的外套。全球速卖通因品类综合和低价在俄罗斯受到欢迎，不过也不是唯一的选择。俄罗斯跨境电商市场主流平台有综合品类的全球速卖通，主营鞋服、配饰的 Wildberries，主营电子产品和家用电器的 Citilink，同样以家用电器为销售主产品的 M. video，被称为"俄罗斯亚马逊"的 Ozon 以及主营时装、鞋类和各种配件的 Lamoda。

总体来看，欧洲的跨境电商平台目前的格局是：

1）全球性跨境电商平台亚马逊和 eBay 在欧洲的强势得益于全品类、履约完善；

2）中国的全球速卖通因为价格和物流履约优势在欧洲一些市场占优；

3）本土跨境电商平台在本国境内和周边有活跃的土壤，但大多体量较小，即使是上市公司也体量较小。

全球性跨境电商平台亚马逊和 eBay 在欧洲的强势得益于全品类、履约完善。亚马逊和 eBay 在欧洲能够跨国家运营，在一些国家基本处于竞争的首位。亚马逊欧洲站包括 9 个站点：英国、法国、德国、西班牙、意大利、荷兰、瑞典、波兰和比利时。其发展历程是：1998 年上线德国和英国站点，2000 年推出法国站点，2010 年和 2011 年陆续上线意大利和西班牙站点，2020 年推出荷兰站点，2021 年推出波兰站点。在欧洲，亚马逊物流提供欧洲整合服务（Pan-EU），支持卖家将库存放置在离买家更近的地方，让卖家以更低的成本在欧洲范围内轻松销售商品。卖家可根据业务拓展重点，灵活设置库存仓储国家（法国、意大利、西班牙、德国、波兰、捷克共和国）。通过在更多的国家或地区注册增值税税号，或手动开启更多仓储国家，允许亚马逊在更多国家或地区销售和存放卖家的商品。借助 Pan-EU，卖家仅需将商品发送到欧盟境内任一亚马逊运营中心，亚马逊会根据商品销量智能分配到离买家更近的地方，让卖家的商品可以快速配送给买家，优化买家体验，且卖家无须支付跨境费用，仅支付当地配送费用即可，最高可节省53%的配送费。

中国的全球速卖通因为价格和物流履约优势在欧洲一些市场占优。全球速卖通创立于2010年，目前已开通18个语种的站点，覆盖全球200多个国家或地区。2021年，全球速卖通在西欧发达国家市场增速迅猛。平台数据显示，西班牙、法国的GMV和订单数年同比增长均达到二位数，时尚、家居、运动、母婴等品类都有翻倍增长；在法国市场，时尚和母婴类产品增速超过150%。全球速卖通的价格和物流履约优势帮助其在欧洲市场站稳脚跟。比如，全球速卖通在西班牙、法国市场，通过提升包机频次、升级海外仓+本地配送网络、布局自提柜和自提点等措施，大力提升了物流体验。全球速卖通在法国有15 980个取货点，重点城市的覆盖率达到95%；在西班牙有11 600个取货点，重点城市的覆盖率达到80%；在波兰也拥有16 000个取货点，重点城市的覆盖率达到90%。在价格方面，全球速卖通的低价策略比较明显，这也跟阿里巴巴导入淘宝卖家客户策略有关，很多卖家现在全球速卖通上的销售策略就类似于前几年在淘宝店铺上的。

本土跨境电商平台在少数国家活跃。欧洲市场头部的十个国家分别有不同的头部跨境电商平台，其中亚马逊、全球速卖通、SHEIN 和 Zalando 这样的跨境平台在多个国家占有一席之地。诞生于欧洲本土的平台主要包括 Zalando、Ozon、Otto 等，其中 Zalando 和 Ozon 是上市公司。从用户数看，欧洲的本土电商（非跨境电商平台）都只在一个或者周边几个国家活跃，很少能够在多个国家都受欢迎。波兰和土耳其常被称为欧洲跨境电商市场的"敲门砖"，不仅由于其地理位置独特（波兰位于俄罗斯和西欧的交汇处，而土耳其连接了亚洲和西欧），且两个国家分别有各自的轻工业基地，有一定的供应链优势。

相关链接

速卖通在欧洲

【任务演练】

一、任务描述

在全球化和互联网的影响下，跨境电商每年以不低于30%的增长速度高速发展。跨境电商作为一种新的经济形态，在全球配置资源、大量中小企业加入跨境电商生态圈的情况下，使"买全球"和"卖全球"成为现实，未来还会有广阔的发展空间。请通过不同网站和渠道，了解中国和美国电子商务发展现状及特点。

二、任务分析

（一）确定调研计划

1. 确定调研目标

以中国和美国跨境电商发展情况为目标开展调研。

2. 设计调查方案

根据所需资料的性质选择合适的方法，如实验法、观察法、调查法等。本次调研可以采用案头调研法，也称为二手资料调研或文献调研，它是以在室内查阅的方式搜集与研究项目有关资料的过程。二手资料的信息来源渠道包括企业内部有关资料、本国或外国政府及研究机构的资料、国际组织出版的国际市场资料、国际商会和行业协会提供的资料等。

在尽可能充分地占有现成资料和信息的基础上，再根据既定目标的要求，采用实地调查方法，以获取有针对性的市场情报。在本调研中可以考虑到相关企业实地考察。另外，还可开展抽样问卷调查，抽样方式须视调查目的和准确性要求而定。而对于问卷的设计，更需要有的放矢，完全依据要了解的内容拟定问题。

3. 调查组织

明确调查人员、时间、进度安排、参与人员技术与理论训练，调查活动的规划和监控等问题。

4. 统计与分析结果

对获得的信息和资料进行统计与分析，以获得高度概括性的市场动向指标，并对这些指标进行横向和纵向的比较和预测，以揭示市场发展的现状和趋势，提出相应的建议和对策。

5. 准备研究报告

市场调研的最后阶段是根据比较、分析和预测结果写出书面调研报告，一般分专题报告和全面报告，阐明针对既定目标所获结果以及建立在这种结果基础上的经营思路、可供选择的行动方案和今后进一步探索的重点。

（二）中国与美国跨境电商发展情况调研

1. 中国跨境电商产业总体规模和宏观环境分析

（1）中国跨境电商产业总体规模分析

从各类机构报告中可获得中国跨境电商产业总体规模、增长速度、跨境电商进出口比例、出口到各国的规模等。例如，PayPal 发布的电子商务报告，易观智库、阿里巴巴集团研究中心、中国国际电子商务研究中心等机构发布的数据都有较为全面的阐述。

随着我国消费结构的升级，消费者对跨境商品的需求逐年增加；中产阶层人数快速增加，"品质消费"将成为主流消费观，并影响各行各业。

（2）中国跨境电商宏观环境分析

依据 PEST 宏观环境分析模型，对我国出口电商当前的政治环境、经济环境、社会环境及技术环境进行分析。

2. 美国跨境电商产业总体规模和宏观环境分析

（1）跨境电商产业总体规模分析

美国是全球最大的经济体之一，拥有庞大的消费市场和成熟的电商体系。美国电商市场规模在数千亿美元到数万亿美元之间，其中，跨境电商市场规模也在不断扩大，涉及的商品种类和销售渠道也越来越多样化。

（2）跨境电商宏观环境分析

美国政府对跨境电商实行严格的管理，对进口商品的质量、安全等方面有很高的要求，同时对跨境电商征收高额关税。美国经济保持稳定增长，消费者购买力持续增强，为跨境电商的发展提供了良好的经济环境。同时，美国也存在一些经济风险和挑战，如贸易战、汇率波动等，对跨境电商行业产生了一定的影响。美国消费者对跨境电商的接受程度越来越高，对国内商品和海外商品的需求也在不断增加。互联网技术的不断发展和普及为跨境电商的发展提供了强有力的技术支持；同时，人工智能、大数据等技术的应用也使得跨境电商的运营更加智能化、精细化。

总体来说，美国跨境电商产业总体规模巨大，宏观环境有利，但也存在一些挑战和风险。

三、任务评价

序号	评分项	评分标准
1	调研目标选择	能选择合适准确的目标国家进行分析调查
2	调研工具确定	能选择合适准确的网站和渠道进行调研
3	调查结果分析	能根据调查分析得出调查结果

课件

任务二　海外市场调研

海外市场调研是指运用科学的调研方法与手段，系统地搜集、记录、整理、分析有关海外市场的各种基本状况及其影响因素，以帮助企业制定有效的市场营销决策，实现企业经营目标。在现代营销观念的指导下，海外市场调研是以满足消费者需求为中心，研究产品从生产领域拓展到包括消费领域的全过程。一个企业要想进入某一新市场，往往要求海外市场调研人员提供与此有关的一切信息，包括该国的政治局势、法律制度、文化属性、地理环境、市场特征、经济水平等。

【知识准备】

一、海外市场常用的调研方法

海外市场调研是复杂细致的工作，必须有严格、科学的程序和方法。企业对海外市场调研获取的资料，按其取得的途径不同一般分为两类：一类是通过自己亲自观察、询问、登记取得的，称为一手资料；另一类是别人搜集的，调查者根据自己研究的需要将其取来为己所用，称为二手资料。人们把调研方法分为案头调研法和实地调研法。

（一）案头调研法

案头调研法就是二手资料调研或文献调研，它是以在室内查阅的方式搜集与研究项目有关资料的方法。二手资料的信息来源渠道有很多，如企业内部有关资料、本国或外国政府及研究机构的资料、国际组织出版的国际市场资料、国际商会和行业协会提供的资料等。

（二）实地调研法

实地调研法是海外市场调研人员采用实际调研的方式直接到海外市场上搜集情报信息的方法。采用这种方法搜集到的资料就是一手资料，也称为原始资料。实地调研常用的调研方法有三种：询问调研法、观察调研法和实验调研法。

1. 询问调研法

询问调研法指调查者直接向被调查者提出问题，并以所得到的答复为调研结果。这是最常见和最广泛采用的一种方法，它包括面谈调研、电话询问、邮寄调研等。询问调研法可深入了解被调查者的动机态度等，调研内容广泛。

2. 观察调研法

观察调研法指通过观察有关人员的行为及现场情况来搜集原始资料。比如调研人员到零售店中观察本企业产品的购买和销售情况，通过观察，可了解到购买者在选择各种品牌时的表现，也可了解到零售商陈列、介绍和推销各种品牌的情况。

3. 实验调研法

实验调研法是搜集因果关系方面信息最适当的方法，如研究包装和广告对产品销售的影响。在其他因素不变的情况下，某种包装或广告使用前后销售量的变化就可看作该包装或广告的效果。

比如，企业进行国外市场环境、商品及营销情况调研，一般可通过下列渠道、方法进行：派出国推销小组深入国外市场以销售、问卷、谈话等形式进行调研（一手资料）；通过各种媒体（报纸、杂志、新闻广播、计算机数据库等）寻找信息资料（二手资料）；委托国外驻华或驻外商务机构进行调研。通过以上调研，企业基本上可以确定应选择哪个国家或地区作为自己的目标市场，企业应该出口（进口）哪些产品以及以什么样的价格或方法进出口。

调研结束后应撰写对应的市场调研报告。市场调研报告是指调研、搜集、记录、整理和分析市场对商品的需求状况以及与此有关的资料的文书。要求客观真实、实事求是；要突出市场调研的目的；调研资料和观点应相统一；语言应简明、准确、易懂。

　　市场调研报告内容包含调研目的、调研对象及其情况、调研内容、调研方式（一般可选择问卷式、访谈法、观察法、资料法等）、调研时间、调研结果、调研体会（可以是对调研结果的分析，也可以是分析原因及提出应对方法等）。

 典型案例

美国米勒公司营销案

　　20世纪60年代末，米勒啤酒公司在美国啤酒业排名第八，市场份额仅为8%，与百威、蓝带等知名品牌相去甚远。为了改变这种现状，米勒公司决定采取积极进攻的市场战略。

　　他们首先进行了市场调查。通过调查发现，若按使用率对啤酒市场进行细分，啤酒饮用者可细分为轻度饮用者和重度饮用者，前者人数虽多，但饮用量却只有后者的1/8。

　　他们还发现，重度饮用者有以下特征：多是蓝领阶层；每天看电视时间达3个小时以上；爱好体育运动。于是，米勒公司决定把目标市场定在重度饮用者身上，并对米勒的"海雷夫"牌啤酒进行重新定位。

　　重新定位从广告开始。他们首先在电视台特约了一个"米勒天地"栏目，广告主题变成了"你有多少时间，我们就有多少啤酒"，以吸引那些"啤酒坛子"。广告中出现的尽是些激动人心的场面：船员们神情专注地在迷雾中驾驶轮船，年轻人骑着摩托冲下陡坡，钻井工人奋力止住井喷等。

　　结果，"海雷夫"的重新定位战略取得了巨大成功。1978年，该品牌的啤酒年销量达2 000万箱，仅次于AB公司的百威啤酒，在美国排名第二。

二、海外市场网络调研渠道

（一）对外投资合作国别指南

　　对外投资合作国别指南按照大洲分类，针对世界上主要国家分别作了一个投资指南，包括国家概况、社会、政治、经济、对外投资的政策、法规、主要政府机构联系方式等内容。百度搜索—中国商务部—公共服务—国别（地区）指南，即可下载指南，如图1-2所示。

图1-2　对外投资合作国别指南下载

（二）搜索引擎

用搜索引擎来搜索买家资料是很重要的工作，其中也有很多技巧。在 Google（谷歌）中输入外贸相关关键词"South Africa Popular Toys"，也可以查到相关的报道。

（三）网络黄页（企业名录）

网络黄页是跨境贸易商家获取商业信息的主要途径之一。它是纸上黄页在互联网上的延伸和发展的结果，是了解境外客户的直接渠道。传统黄页是以纸面形式印刷企业电话号码的黄页广告，包括公司地址、电话、公司名称、邮政编码、联系人、产品等基本信息。而以网络黄页形式展示，企业拥有独立的 Logo 和有多种可选版本的企业网站，同时提供包括企业邮箱、产品动态、数据库空间、买卖信息、企业简介、即时留言、短信互动等多种功能。通过网站页面上行业地区的划分，可以在线查找所要找的企业，也可以通过输入所需要搜索的企业关键字代码查询。

（四）行业协会网站

行业协会网站的信息集中反映行业领域内（业内）有关国内及国外生产、销售、市场状况，行业协会网站是外贸行业的人士比较喜爱的用于了解国内外商务行情的便利渠道。在搜索引擎中输入所要找的行业协会的名称，即可找到该协会的网站。例如，在搜索引擎百度上输入文字"中国食品土畜进出口商会"，就可找到该商会的网站。进入某境外行业网站，在搜索引擎中输入关键词，例如输入"产品名称+association"就能找到相关的协会网站。也可以通过中文、英文关键词在不同搜索引擎上搜索，例如输入"usa construction machinery association"得到的结果，第一个就是美国设备制造商协会，从这个协会网站可以找到很多有用的信息，如图 1-3 所示。

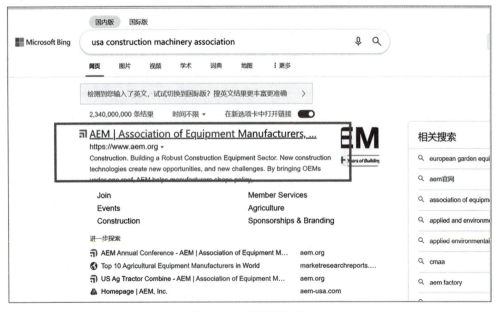

图 1-3　必应搜索结果

（五）海外展览会、博览会网站

国内外大型的、固定办展的进出口商品展览或博览会往往都有本展会的官方网站，并且拥有大量的世界范围的参展客户名录，这些参展客户一般都是相关的制造商或经销商或进出口贸易企业。在这些网站上搜索信息，能够使企业的商业视野更加宽阔，并可获得参展的信息和参展产品情况的信息。查询展览会、博览会网站的方法比较简单，即在搜索引擎（如百度）中输入博览会名称，即可找到该会网站。例如，输入"广州进出口商品交易会官方网站"，就会得到该网站的页面和网站地址。同理，输入"中国—东盟自由贸易区博览会官方网站"，就可看到该网站的页面和网址。

同样，要搜索国外展会网站，在国外的搜索引擎中输入关键词，即可找到该网站。例如，"产品 exhibition 或 fair 或 conference"。在这些展会网站里，通常可以得到有关展会的概况、参展企业名称及参展企业数量、参展企业来源国家或地区、展馆及参展的大类产品参展动态，尤其是新产品发展的动态，等等。

（六）我国各级商务组织的外派机构

我国对外经贸交往十分广泛，从中央到地方的一些官方或半官方的对外贸易组织往往在与我国有经贸交往的国家或地区设立常驻机构，配备驻外商务代表。国家层面的驻外机构，如驻各国大使馆经济商务参赞处，地方外派的商务组织形式，多为贸易办事处、商务小组，或仅仅为商务代表，如天津×××集团驻澳大利亚墨尔本商务代表处负责处理该集团与墨尔本之间的贸易关系，包括对天津地方和墨尔本之间的商家的介绍和引荐、业务牵线和对当地提供信息咨询等工作。

我国有些驻外大使馆经济商务参赞处建立了网页，必要时可以向其咨询所驻国家的宏观领域的情况；而对于贸易业务层面的事项，更适合向本地驻外商务代表处求助，方法是通过国内外派组织获得该代表处的通信方式，然后与其联系。

 ## 行业洞察

数字化技术助跨境电商打开海外市场

海关总署统计数据显示，2020 年我国跨境电商出口额占跨境电商进出口总额的 66.27%。2021 年上半年，我国跨境电商进出口继续保持良好的发展势头，跨境电商进出口额为 8 867 亿元，同比增长 28.6%，其中出口增长 44.1%。中国跨境电商出口规模不断扩大。北美和欧洲为我国跨境出口主要市场。

亿邦动力研究院发布的《2021 跨境电商发展报告：预见风险》（以下称报告）指出，2020 年新冠病毒疫情席卷全球，全球零售链路受到冲击，消费者大规模向线上转移，全球主要国家和地区网络进入高速增长期，这为跨境电商发展提供了充足的成长空间。

报告显示，在主要国家消费者的调查中，中国已经成为海外消费者跨境购物的主要目的国。2021 年北美和欧洲依然是我国跨境出口的主要目标市场，分别有 54% 和 43% 的中国跨境进出口企业已经开展业务，而随着我国"一带一路"倡议的推进和 RCEP 协定的签订，东南亚、中东、拉美、中亚、非洲等新兴市场也成为跨境出口卖家的重要拓展方向。

三、海外市场调研中面临的问题

海外市场调研的内容不仅广泛，而且极其复杂，因而比国内市场调研遇到的问题更多、更特别。从总体上讲，海外市场调研面临三个方面的问题：

一是必须搜集多个市场的信息情报。有时多达 100 多个国家，而每一个国家的营销情报需求又千差万别，这样导致调研成本和调研难度增加。由于对各国的调研不能采取统一的模式，所以在进行各国替代性研究时，调研人员可能会出现各种偏差。

二是必须利用二手资料。虽然有些国家的二手资料较多，但是大多数国家的二手资料普遍缺乏，又由于统计概念在各国的解释不一样，再加上搜集的数据精确性程度不同，以及二手资料的提供者态度是否客观公正，这些都导致了二手资料的有限性与不可比性。

三是必须搜集和利用原始资料。海外市场调研人员在搜集原始资料时经常会遇到诸如语言、各个国家社会组织多样化、市场有效反应率低、商业及通信的基础设施局限等问题，而且搜集费用昂贵，其难度则不言自明。

四、海外市场调研的新方法论

海外市场调研的新方法论——比较分析模型，不仅有助于提高调研数据的质量，而且可以向调研者提供不同于传统观念的解题新思路。

比较营销调研源自海格勒（T. A. Hagler）1952 年提出的比较研究方法，此方法着眼于整个营销市场管理系统。

（一）营销是环境的函数

比较营销分析强调营销过程和环境的关系，营销过程被视为环境的直接函数。

$$营销决策变量 = f(营销环境变量)$$

一旦环境因素发生变化，营销决策和营销过程也就随之变化。比较营销分析具体运用的是"对偶国家"分析方法，它先研究一国的环境和成功的营销过程，再根据环境的变化做一定调整。

以麦当劳的案例解释这一理论。麦当劳在美国的营销组合内容具体有：

1）产品/服务设计。它注重高标准化、高而稳定的质量，快速的服务和较长的营业时间。

2）价格。采取低价策略。

3）分销。在城镇居民集中居住地区设店。

4）促销。以消费导向型广告为主，尤其针对青年人，主要依靠电视媒体进行传播。

凭借这样的营销组合，麦当劳在美国大获成功。20 世纪 70 年代初，麦当劳准备开拓海外市场，这就需要首先对可能的目标市场进行评估。传统的理论认为，麦当劳在美国的成功来自其有效的营销战略和麦当劳自身的努力。而比较分析模型认为，麦当劳的成功是由于环境变量使得营销组合（环境的函数）获得成功。两种理论的差别在于：比较分析模型认为麦当劳首先利用了现有的机会；而传统方法认为麦当劳的努力直接导致成功。比较分析模型强调营销组合是现有环境的函数，现有的环境能使既定的营销组合成功。这种观念的重要性在于，成功并不单由营销组合决定，公司首先应该考虑如何利用环境而不是从自身出发制定营销组合。因此，必须分析环境因素。

（二）营销环境要素（变量）

最重要的环境变量可分为自然、社会、经济和法律法规四种。

1. 自然环境变量

这类变量主要指特定市场对产品使用量的自然约束，包括人口、人口密度、地理位置、气候，以及产品使用的自然条件（环境、空间等）。人口变量直接影响绝对市场容量，它和气候一样会随时间而发生变化；产品使用条件涉及产品在各种环境下的功能。反观麦当劳的案例，麦当劳的成功离不开自然环境要素。

2. 社会环境变量

这类变量涉及与市场环境中社会、人文有关的因素，包括文化背景（种族、宗教、习俗和语言）、教育体制和社会结构（个人角色、家庭结构、社会阶层和参考群体）。社会环境对购买者的期望有重要的影响，它不以自然环境的不同而有所区别。

由于国内营销者在决策营销组合时往往会下意识地一味去迎合当地的社会文化价值观，所以在海外营销中可能会疏忽这一点；另外，必须排除一部分营销管理者自觉或不自觉的文化偏见。这就需要客观、公正地考察社会文化环境。在麦当劳的案例中，同样有许多使其成功的社会文化因素。

美国文化中有一种很重要的价值观：时间价值观念。快餐正是迎合了这种在户外能随时随地、方便用餐的需求。另一个文化社会因素便是美国普遍的家庭结构和主要以年轻人作为导向的文化趋势。由于孩子们常常是户外就餐的决定者，所以麦当劳的广告为顺应这种潮流，主要以儿童和青少年为主要目标。美国典型家庭主妇的社会角色也发生了变化，越来越多的家庭主妇选择出去工作，这种变化也增加了在户外用餐的市场。

此外，还有一个文化社会因素是汉堡包在美国饮食文化习俗中的地位。事实上，汉堡包是美国传统食品的代表，这一事实在麦当劳出现之前已经存在。可以说，麦当劳产品的成功很大程度上是因为选择了这种已经存在并十分受欢迎的食品。美国的社会和文化环境为麦当劳的成功做好了铺垫。

各类社会文化互相结合，形成了社会文化模式。比较分析模型要求在考察别国的社会文化环境前，先要理解本国当前国家社会文化模式的本质，即社会文化模式对营销组合的影响。

3. 经济环境变量

这类变量不仅包括宏观上的，也包括微观上的，如国民生产总值、人均国民生产值、价格水平、收入分配，以及竞争产品的服务价格。经济因素对绝大多数消费购买决策产生影响。由于各国收入水平的差异，理性消费者追求效用最大化的含义也不同；即使收入水平相同，不同的物价水平也会改变消费者的购买行为。

海外营销管理人员可先从单独分析收入水平和价格入手，然后把两者结合起来分析，以考察其对产品、服务成功与否的影响。这种方式也可称为经济模式。

比较分析方法认为，经济模式与营销成功的关系在很大程度上可以借鉴国内的情况。在麦当劳的案例中，影响麦当劳成功的经济变量有收入水平和美国居民的可支配收入情况，这些因素使得美国人经常光临麦当劳成为可能。虽然在麦当劳就餐要比在家中自备晚餐贵一些，但麦当劳食品和美国传统饭店的菜肴相比具有比较价格优势。这些因素结合起来，使得去麦当劳就餐成为美国社会的一种经济现象。

4. 法律法规环境变量

法律法规不会直接刺激对某一类产品、服务的需求，它们只是表示"可以或不可以"。公司必须清楚地了解与营销决策有关的法律，这在国与国之间可能差别很大，将直接影响公司的营销决策。法律环境对营销的影响在麦当劳的案例中也可得到证实。麦当劳对儿童的电视广告促成了它的成功，但在许多其他国家，尤其在欧洲一些国家（如德国），此类广告是完全被禁止的。

（三）分析环境变量

比较分析方法对环境变量的分析与传统的方法不同。无论是罗伯特·巴特尔斯（Robert Barrels）还是瓦伦·金根（Warren Keegan），他们都是在特定的国家、市场考察了环境因素后，试图让营销组合去适应环境。而比较分析法强调其间的共性，它通过环境因素的分析，找出对产品、服务成功至关重要的环境变量，而这在任何一个国家都是相同的。此类变量可称为成功因素。

从传统观念来看，营销者往往把成功因素看成是在自己控制之下的。而比较分析法把成功因素看成是环境的函数，即是由许多外部不可控因素组成的特定环境的函数。营销者之所以成功正是充分利用了成功因素的正面效应，即机会。因此，人们只有在发现环境中的机会时才可能成功。这一观点启发当事者尽可能地对环境变量作详细的研究、分析。它对营销的意义变得十分重大，可防止传统的管理者高估自身优势的行为。

比较分析模型提供了一种研究企业现有市场营销组合和环境之间函数关系的方法论，也提供了一种单独分析关键环境变量的方法，这些变量（成功因素）成为海外市场营销调研的焦点。

比如在麦当劳的案例中，成功因素包括人口、人口密度、家庭结构、母亲的角色、收入水平，以及获得儿童广告媒体的可能性。在考察另一个国家的环境时，企业必须着重研究这些成功因素，并适当调整自己的营销组合。

五、海外市场调研中注意的问题

上面讲述的是一种市场调研的思路，它在实际运用中要处理好一些均衡性的问题。若调研者忽视这些均衡性问题，则在调研中进行的分析会变得"貌合神离"。下面就这些问题进行概括性的讨论。

（一）模型结构的一致性

各国在社会、文化、经济、政治方面均有不同程度的差异，及由此所构造的调研模型也会由内因的不同而无可比性，这就会影响模型的有效性。因此，模型构造的各相关因素必须可比、一致。一般而言，与模型结构相关的要素可归纳为以下四部分：

1. 行为感知

这是指各国消费者对某种消费行为的感知。例如，在美国，给客人递上一杯咖啡完全是出于礼貌，客人可以拒绝；而在沙特阿拉伯，这种敬咖啡的行为被赋予某种社会暗示意义，客人的拒绝可能是一种冒犯。消费行为一般可以从三方面进行考察：行为内容、行为客体、行为名称。

2. 定义变量

比较分析模型中的变量在各国有不同定义，这会造成搜集的数据缺乏可比性，从而使模型产生偏差。例如在英国和法国，套餐的主食后一般还附有甜点，而在中国，套餐中并不一定包括甜点。

3. 时间

市场调研在各国可以同时进行，也可以连续进行或独立进行。而绝对的同步调研是不可能的，这就会给数据造成时间差异。例如，季节、经济周期、通货膨胀等都会给同一变量带来时间差异。

4. 市场结构

市场结构的分析特别受市场结构化程度和市场发展阶段等因素的影响。因为不同的分销渠道、广告覆盖率、替代品和竞争激烈程度都会影响比较分析模型的函数关系。

（二）测量

测量的结果与模型的构造有十分密切的关系，但不能认为模型的构造均衡可以自动保证数据测量的均衡，可以考查以下问题：

1. 定性标准

如产品质量、安全性、等级在各国会有不同的标准。调研者要识别国别间的差异，并尽量使用海外标准。

2. 翻译

即使所构造的模型本身较为完善，但当使用同种语言进行分析时，也会产生翻译问题，从而有损模型的精确性。翻译问题包括语言翻译问题和非语言翻译问题。在这方面可以广泛借鉴社会学调研方法，如双向翻译法。

（三）抽样调查

调研中广泛使用抽样调查的方法。但在海外市场调研中，抽样会面临两个问题：

1. 分类定义的标准问题

人口抽样根据人口资料的分类，但分类标准各国相异。

例如，"社会地位"，在美国主要根据对象所拥有的财产而定；而在英国，则主要根据对象所处的家族、党派在社会中的地位而定。

2. 样本范围和代表性问题

调研者在样本范围和代表性之间要作出权衡。例如，在对包含习惯进行调研时，可以选择年龄、收入、教育、职业等一般化标准以便于分别比较；但若是在我国，则还有别一个具有代表性的标准，即南方人或北方人，而这个不属于一般化标准。

从表面上看，比较分析模型与传统的营销环境因素分析十分相似，但由于二者对于环境因素（环境变量）的认识存在本质上的区别，因而同样的资料所得到的结果就完全不同。当我们面临海外市场调研实施中的种种问题时，比较分析模型的优越性就显现出来了。

 行业洞察

疫情下跨境电商的主要挑战

挑战一：贸易保护主义抬头阻碍跨境电商发展

新冠病毒疫情让中国再次向世界证明了其全球制造业大国的地位，中国的防疫物资出口全世界，帮助其他国家一起抗击疫情，但也让西方一些国家意识到产业链的短板，从而必须依赖从中国进口的事实，这使得后疫情时代，各个国家将会逐步加紧完善、建设自己的产业链，以避免可能出现的国家安全风险；与此同时，疫情带来的严重经济冲击，使得许多国家政府加大了对重要行业的支持力度，优先考虑其自身国内利益和就业，其表现手段之一就是限制贸易。

世界贸易组织发布报告预测，受新冠病毒疫情影响和贸易保护主义的影响，2022 年全球贸易将缩水 13%~32%。贸易保护主义上升，就意味着国与国之间的贸易依存度下降，进而逐步减少从其他国家（包括中国）的进口数量，这将不利于我国跨境电商发展。虽然各国在短期之内还做不到自给自足，但是若贸易保护主义风潮一直延续，则将导致贸易壁垒的增加。

挑战二：疫情给跨境电商供应链带来冲击

1. 商品库存

一方面，在疫情前期，国内大部分跨境电商卖家的库存备货量仅能维持 1~2 个月，部分卖家因为自身的业务模式而没有库存，因此大多数卖家即将面临无货可卖的情况。

另一方面，随着生产逐步恢复，一部分跨境电商卖家又面临因疫情原因部分货品需求减少，造成滞销的情况。比如运动户外品牌菲莱仕相关负责人表示，公司主营登山杖、瑜伽类等品类，外贸占比公司销售额的 60%，主要出口中东地区，目前面对海外疫情，出现约 10 万单退单以及库存积压的情况。

2. 物流和发货

受疫情影响，各国航空公司、海运公司均出台了暂停中外主要航线的措施。航运政策的变化，直接导致停运客机腹舱物流运输受到限制，这将严重影响跨境物流的时效性。与此同时，物流资源紧缺导致空运成本大幅上涨，也加大了跨境电商企业的成本。

3. 经营困境

一方面，疫情虽然逐步恢复，但是在疫情期间停工的费用成本依然需要弥补与支付，包括办公租赁成本、货物仓储成本等，因此现金流的问题成为企业生死的关键问题之一。

另一方面，海外物流渠道的停滞导致货物无法准时到达，贷款被拖长达半年甚至更长，这些都给跨境电商企业的经营带来极大困难。

【任务演练】

一、任务描述

出口行业一般都有既定的产品资源，或自己作为生产企业，具有产品研发和生产优势，或自己作为外贸公司，有既定的供应商资源，总的来说，他们都是依托于自有产品去找全球市场。但是寻找市场却很艰难，这主要是由于地理位置、文化、商业布局和经商环节等因素不同，所造成的市场环境也不确定。故首先需要做好市场调研。李经理所在的公司是制造公司，由于国内钢材市场不景气，压款严重，所以开始寻求海外市场，在此之前李经理要做好海外市场调研。

二、任务分析

（一）行业及产品情况

李经理在进行网络调查后，了解到的钢材行业及产品基本情况如下：

1. 行业情况

钢铁工业指生产生铁、钢、钢材、工业纯铁和铁合金的工业，是世界所有工业化国家的基础工业之一。经济学家通常把钢产量或人均钢产量作为衡量各国经济实力的一项重要指标。钢铁工业亦称黑色冶金工业。钢铁工业是重要的基础工业，是发展国民经济与国防建设的物质基础。冶金工业的水平也是衡量一个国家工业化的标志。钢铁工业也是庞大的重工业，它的原料、燃料及辅助材料的资源状况，影响着钢铁工业资源规模、产品质量、经济效益和布局方向。

铁矿石是钢铁工业的主要原料。20 世纪 70 年代后期，全世界铁矿石总储量约为 3 500 亿吨，其中富矿储量约为 1 500 吨（以上均不包括中国的储量）。苏联铁矿石储量占世界总储量的近三分之一，居世界首位，以下依次为巴西、玻利维亚、加拿大和澳大利亚，这五国铁矿石储量之和占世界总储量的 90% 左右。苏联在 20 世纪 70 年代各年的铁矿石产量为 1.95 亿~2.46 亿吨，是最大的铁矿石生产国。澳大利亚、巴西、美国、中国、加拿大的铁矿石产量依次占第 2~6 位。丰富的铁矿石资源是发展钢铁工业的重要条件。全世界平均矿铁比总的趋势是下降的，20 世纪 50 年代末高于 2.00，20 世纪 60 年代末降为 1.80 左右，20 世纪 70 年代末又降至 1.70 左右。矿铁比越低，表明进入高炉的废石越少，渣量越少，燃料消耗量越低，炼铁生产的综合经济效益越大。在富铁矿所占比例逐渐减小的情况下，要降低矿铁比，需要在选矿、烧结和球团等方面做大量工作，并不断提高炼铁生产技术水平。在 20 世纪 70 年代的主要产铁国中，日本的矿铁比最低，仅为 1.42~1.47；联邦德国次之，为 1.42~1.59；法国最高，达 2.00~2.64。

2. 产品情况

炼钢炉炼出的钢水被铸成钢坯，经压力加工成钢材（钢铁产品）。钢材种类有很多，一般可分为型钢、钢板、钢管、钢丝和特种钢五大类。

1）型钢：是一种具有一定截面形状和尺寸的实心长条钢材。按其断面形状不同又分简单断面和复杂断面两种。前者包括圆钢、方钢、扁钢、六角钢和角钢；后者包括钢轨、工字钢、槽钢、窗框钢和异型钢等。直径在 6.5~9.0 mm 的小圆钢称为线材。

2）钢板：是一种宽厚比和表面积都很大的扁平钢材。按厚度不同分薄板（厚度<4 mm）、中板（厚度 4~25 mm）和厚板（厚度>25 mm）三种。钢带包括在钢板类内。

3）钢管：是一种中空截面的长条钢材。按其截面形状不同可分为圆管、方形管、六角形管和各种异型截面钢管。按加工工艺不同又可分无缝钢管和焊管钢管两大类。

4）钢丝：是线材的再一次冷加工产品。按形状不同分圆钢丝、扁形钢丝和三角形钢丝等。钢丝除直接使用外，还用于生产钢丝绳、钢绞线和其他制品。

5）特种钢：以钢为主要材料，再加入不同分量的其他有色金属，从而配置出性能不同的钢材。

（二）确定目标市场

为了确定目标市场，我们将从全球市场的角度出发，对国家发展和经济进行深入分析，同时考虑以下 5 个维度来评估钢材的市场需求。

1. 全球各国经济分析

从国家的发展阶段角度入手，全球处于发展阶段的国家往往处于基建阶段，有大量的建筑材料需求。巴西总体来说符合选择要求，其人口数排名世界第三，并且经济处于快速发展过程中，地处南美，具有较好的地理位置优势。而其他国家，有的是人口多于巴西，或 GDP 多于巴西，或国土面积多于巴西，但是综合比较来看，综合因素均不如巴西，所以从这个维度看，巴西可以作为首选国家来开拓。

2. 贸易差额分析

先从总体的贸易数据来看巴西市场。从巴西历史的经济发展来看，它严重依赖进出口贸易，并且进出口已经成为国家的支柱发展产业。近些年来，巴西市场的部分行业（如农业和客机方面）有较大优势，但对外贸易在国民经济中的地位依然重要，如表 1-1 所示。

表 1-1　巴西市场 2010—2014 年贸易数据　　　　　单位：百万美元

年份	总额	出口	进口	顺差
2010 年	383 564	201 915	181 649	20 267
2011 年	482 283	256 040	226 243	29 796
2012 年	465 729	242 850	223 149	19 431
2013 年	481 800	242 179	239 621	2 558
2014 年	454 161	225 101	229 060	-3 959

从历史数据来看，巴西市场的发展依然依赖进口，贸易逆差比出口商品总体还要大，总体来说其进口比重较大，但是具体哪些品类是主要的需求还更要继续调研和分析。

3. 进出口数据分析

通过回归巴西历史能够看到，巴西曾是殖民统治，工业发展基础不好，也没有能力生产巴西国内需要的商品，所以巴西在工业发展方面并没有得到如葡萄牙式的发展，其工业体系也长期处于基础水平。巴西的能源在发展过程中很大程度上制约了其他各方面的发展，尤其是作为主要能源的石油，对外依赖程度达到 80%。能源是工业的基础，尽管巴西的矿业储藏量较大，但依然不能有效进行加工。一方面，工业品进口持续增加，由 20 世纪 50 年代进口总值的 50% 提高到了 20 世纪 70 年代的 60%，其中机械设备的进口占主要地位；另一方面，巴西人每天要吃的粮食大量依靠外部进口。因此，综合以上的分析可以看到，巴西在钢材市场尽管有较好的交付基础，但是由于工业和能源等因素的制约，巴西的钢铁市场还有较大的发展机会，尤其是李经理的优质钢材，市场前景光明，但如果要快速进入市场，后面还需进一步分析。

4. 巴西工业地理分布

工业地理分布是研究一个国家工业布局和经济发展的主要指标。合理的工业布局有利于工业的快速发展，也是工业发展的关键评估因素之一。按照地理分，可以把巴西分为五个地区，通过分别对各地区的人口比重、各地区在国内比重和国民收入比重进行统计得到，巴西工业地理布局极其不平衡的状况并没有改变，东南部的米纳斯吉拉斯、圣埃斯皮里图、里约热内卢和圣保罗四个州占比较大。虽然东北部的人口占全国总人口的 30% 左右，但其所占的国民收入份额仅为全国的 13% 左右；而占全国人口 43% 的东南部地区，在国民收入中所占的份额保持在 60% 的水平上。

5. 巴西采矿业分析

黑色金属矿产是巴西的主要生产物，其生产发展较快，除了满足国内需求，每年还有大量出口；而有色金属矿和非金属生产发展较为缓慢，不能满足国内需求，特别是 20 世纪 70 年代以来，每年有大量的进口。由于黑色金属矿出口量大，矿产品进出口贸易每年有大量盈余。

综上所述，巴西作为钢材的主要市场将是一个比较合适的选择，无论是在全球发展中国家的体量、贸易差额严重依赖进出口、进出口数据中对钢材依赖程度比较，还是工业地理位置发展不平衡角度看，巴西市场都是钢材出口比较有利的市场。

三、任务评价

序号	评分项	评分标准
1	市场调研方法	能选择合适准确的海外市场调研方法
2	市场调研内容	能进行全面的目标国家行业和产品调研
3	市场调研结果	能根据调查得出科学合理的调研结果

任务三　海外消费者行为和习惯分析

课件

每种商品都有其特定的消费者群体。跨境电商的消费者是由不同国家的消费者所组成的。企业进出口商品必须选择合适的产品，做好国外消费者的调研，进行海外消费者行为和习惯分析。

【知识准备】

一、海外消费者行为分析

不同地区或国家的消费者有着不同的消费行为，以下分国家对海外消费者进行行为分析。

（一）美国

2021 年，61% 的美国跨境购物者曾通过智能手机在国际网站上购物，占跨境网购消费额的 32%。在国际网站上购物时，美国消费者最常从中国大陆（16%）、加拿大（10%）、英国（8%）等国家或地区购物。他们最常购买的商品类别有：玩具和趣味商品（41%），珠宝或手表（44%），服装、鞋类和配饰（61%）。在圣诞节（50%）、网购星期一（16%）、黑色星期五（23%）、情人节（16%）、母亲节（13%）的节假日或促销活动期间，他们跨境购物的次数比平时更多。

推动美国客户跨境购物的主要潜在因素包括免运费（41%）、总价（含运费）划算（37%）、安全性高（35%）、产品正品证明（32%）、发货更快（32%）、费用或付款金额以本地币种显示（32%）。

对于跨境购物的消费者来说，跨境购物的主要障碍包括运送时间较长（32%）、运送成本较高（26%）、担心可能收不到物品（25%）、担心身份被盗用或被欺诈（24%）。

（二）加拿大

2018 年 7 月—2019 年 7 月，33% 的加拿大跨境购物者曾通过智能手机在国际网站上购物，占跨境网购消费额的 15%。在国际网站上购物时，加拿大消费者最常从以下国家或地区购物：美国（53%）、中国大陆（22%）、英国（8%）。他们最常购买的商品类别有：服装、鞋类和配饰（73%），珠宝或手表（65%），汽车 55%，收藏品、纪念品和艺术品（54%），玩具和趣味商品（53%）。在以下节假日或促销活动期间，他们跨境购物的次数比平时更多：圣诞节（43%）、黑色星期五（22%）、网购星期一（14%）、季节性促销（12%）。

推动加拿大客户跨境购物的主要潜在因素包括：免运费（53%），从其他国家或地区购物总费用更低（50%），费用或付款金额以本地币种显示（41%）。

对于跨境购物的消费者来说，跨境购物的主要障碍包括：运送成本较高（34%），需要缴纳关税、报关费和（或）其他税费（33%），网站无法向其所在的国家或地区送货（26%）。

（三）英国

在国际网站上购物时，英国消费者最常从以下国家或地区购物：美国（17%）、中国大陆（17%）、韩国（6%）和中国香港地区（6%）。他们最常购买的商品类别有：服装、鞋类和配饰（50%），玩具和趣味商品（45%），收藏品、纪念品和艺术品（41%）。在以下节假日或促销活动期间，他们跨境购物的次数比平时更多：圣诞节（34%）、黑色星期五（13%）、季节性促销（9%）、网购星期一（6%）、母亲节（5%）。

推动英国客户跨境购物的主要潜在因素包括免运费（41%）、总价（含运费）划算（41%）、安全性高（37%）、退货运费赔付（32%）。

对于跨境购物的消费者来说，跨境购物的主要障碍包括：运送时间较长（32%），运送成本较高（30%），需要缴纳关税、报关费和（或）其他税费（27%），退货流程复杂（26%），担心可能收不到物品（25%）。

（四）日本

2018 年 7 月—2019 年 7 月，38% 的日本跨境购物者曾通过智能手机在国际网站上购物，占跨境网购消费额的 24%。

在国际网站上购物时，日本消费者最常从以下国家或地区购物：美国（3%）、韩国（1%）、中国大陆（1%）、中国香港地区（1%）和英国（1%）。他们最常购买的商品类别有：服装、鞋类和配饰（53%），化妆品或美容产品（52%），珠宝或手表（50%）。另外，在以下节假日或促销活动期间，他们跨境购物的次数比平时更多：圣诞节（21%）、季节性促销（12%）、情人节（9%）、黑色星期五（9%）。

推动日本客户跨境购物的主要潜在因素包括：免运费（26%），以日语提供客户服务（24%），安全性高（24%），费用或付款金额以本地币种显示（22%），总价（含运费）划算（22%）。

对于跨境购物的消费者来说，跨境购物的主要障碍包括：如果遇到问题，可能无法获得足够的帮助（29%）；担心被盗用身份或被欺诈（25%）；退货流程复杂（23%）。

二、海外消费者习惯分析

（一）重视产品质量和实用性

许多海外消费者更注重产品的质量和实用性，而不是单纯的价格。他们愿意为高质量的产品支付更高的价格，但同时也希望得到更多的价值。

（二）喜欢购买前比较

海外消费者在购买前通常会进行大量的比较和研究，以确保他们购买的产品是最好的。他们可能会比较不同品牌、不同价格、不同功能的产品，以找到最适合自己的产品。

（三）重视品牌和口碑

海外消费者通常更重视品牌和口碑。他们可能会更愿意购买来自知名品牌的产品，因为这些产品通常被认为质量更高、更可靠。

（四）喜欢在线购物

许多海外消费者更喜欢在线购物，因为这可以节省他们的时间和精力。在线购物还提供了更多的选择和便利性，同时也能享受更多的促销和优惠。

（五）重视社交媒体

社交媒体在海外消费者中扮演着重要的角色。他们可能会在社交媒体上寻找其他消费者的评价和建议，或者通过社交媒体了解品牌和产品的最新信息。

相关链接

基于中西方的"茶"文化

三、消费者行为和心理分析的常用法

消费者行为和消费心理分析作为一门独立的学科，在具体的研究领域，所运用的研究方法有自身的侧重点或特点。消费者行为和消费心理分析的常用方法主要有以下几种：

（一）观察法

观察法是消费者行为分析中最基本的研究方法，是指研究者在自然状态下，通过有目的、有计划地观察消费者的语言、行动和表情等方面，分析其内在原因，进而发现消费者心理现象及行为规律的研究方法。观察法多用于研究产品商标、广告、包装和橱窗设计的效果，产品价格对购买的影响，新产品对消费者的吸引力，以及企业的销售方法对消费者的影响等。

（二）实验法

实验法是研究者有目的地严格控制或创设一定的条件，以引起消费者某种心理或行为变化的研究方法。实验法分为实验室实验法和自然实验法两种形式。

（三）问卷法

问卷法是调查者事先设计好调查问卷内容，向被调查者提出问题，并由被调查者予以回答，从中分析研究被调查者的消费心理和消费行为的一种方法。在网络信息时代，我们通常采用在线调查的方法，通过互联网及其调查系统把调查的内容和分析方法在线化、智能化，根据调查项目选择合适的被调查者，只有符合条件的用户才能受到邀请、填写答卷，以保证调查数据的准确性和调查结果的真实性。

（四）综合调查法

综合调查法是指研究者在消费活动中采取多种手段取得有关资料，通过整理分析间接地了解各类消费者行为的方法。综合调查法的形式丰富多样，具体包括邀请各种类型的消费者进行座谈、举办新产品展销会、进行产品商标广告的设计征稿、设置征询意见箱、在销售产品时附带消费者信息征询卡，以及特邀消费者对产品进行点评等。综合调查法常用于研究环境、职业对消费心理和消费者行为的影响，也常用于调查消费者对某一问题、某一事件所持的态度。

（五）资料分析法

资料分析法主要是指研究者通过分析消费者的消费心理和消费行为的一些资料（如社会购买力调查报告、家庭收支调查报告、研究机构公布的统计资料等）来掌握消费心理和消费者行为的一种方法。这种方法主要是在掌握大量的数据资料后，借助实验和统计学的方法，揭示消费者的心理需求和行为规律等。

（六）自我体验法

自我体验法是指研究者通过对自己的消费心理和消费行为的反思与分析来了解消费者的心理活动和购买行为的研究方法。研究者本身也是消费者，虽然不同消费者的心理和行为现象各不相同，但消费者也存在共性特征，尤其是在一般的购买心理和购买行为过程中基本上趋于一致。

【任务演练】

一、任务描述

王经理在亚马逊平台上经营了一家跨境店铺，但是店铺经营业绩始终不理想，经过思考，王经理认为店铺应以消费者需求为导向，于是他打算对美国的消费者进行消费习惯调研。

二、任务分析

（一）线上消费频率调研

根据欧洲电子商务协会（Electronic Commerce Europe）发布的 2018 年各国电子商务研究报告，美国消费者每月至少线上消费一次的比例达到 32%，每周至少线上消费一次的比例高达 29%，只有 4% 的消费者从来不在网上消费。

（二）线上消费信息获得渠道

根据报告，消费者获得线上消费信息的渠道主要有 Website、Email、Socialmedia、RetailersmobileApp、Phone、MessagingApp、Voice、SMS/text、Videochat、ChatorIM10 种。

其中，网页浏览比例最高，占比 43%，通过网页浏览带来的转化比例也是最高的，占比高达 67%，这说明美国的消费者在购物时更倾向于通过网页进行。

（三）线下消费习惯

根据报告，消费者线下购物时最喜欢使用手机 App 上的优惠券或折扣买单，这一比例占比最高，达到了 63%；线下购物时重视消费者的评价（占比 62%）；线下购物时会使用手机货比三家（占比 61%）以及查询货物库存（占比 56%）；此外，消费者最喜欢的物流方式是送货到家，其次是到店自提。

三、任务评价

学生能通过不同渠道和网站对美国消费者的消费习惯进行合理的调研和分析。

【思政园地】

推动贸易优化升级，加快建设贸易强国

习近平总书记在党的二十大报告中指出："推动货物贸易优化升级，创新服务贸易发展机制，发展数字贸易，加快建设贸易强国。"这是以习近平同志为核心的党中央站在新的历史起点上，统筹中华民族伟大复兴战略全局和世界百年未有之大变局作出的重大战略安排，为新时代新征程贸易强国建设指明了前进方向，提供了根本遵循。

在全球经济日益全球化的背景下，海外市场调研及分析变得至关重要。这项工作不仅可以帮助企业了解潜在市场的需求和机遇，还可以为推动货物贸易的优化升级提供有力支持。为了满足不断变化的市场需求，企业需要不断创新服务贸易的发展机制。以中国为例，中国的服务贸易在过去几年中呈现出快速增长的势头。为了进一步提升服务贸易的效率，中国政府积极推动数字经济的发展，并出台一系列政策措施，鼓励企业利用互联网和数字技术开展跨境服务贸易。

其中，发展数字贸易被认为是推动货物贸易优化升级的重要举措之一。由于互联网的普及和技术的进步，数字贸易已经成为国际贸易的新亮点。通过电子商务平台，企业可以更便捷地将产品和服务推向海外市场，实现全球范围的商业合作。此外，数字贸易还可以帮助企业降低成本、提高效率，并利用数据分析帮助企业优化产品和服务。

为了更好地发展数字贸易，在海外市场调研及分析中，企业必须密切关注消费者的偏好和需求。通过了解目标市场的文化背景、消费习惯以及法规政策，企业可以更有针对性地进行产品定位和市场推广。此外，企业还可以通过与当地合作伙伴建立合作关系，分享资源和市场信息，提升自身在目标市场的竞争力。以中国企业在非洲市场的进军为例，这些企业积极调研当地市场，根据非洲国家的发展需求，推出适应当地消费者口味和购买能力的产品。同时，他们与当地企业合作，共同开展生产、销售和营销活动，提升产品的市场份额。

作为世界上最大的贸易国家之一，中国意识到要实现贸易强国的目标，企业必须不断提升自己在海外市场的竞争力。因此，中国政府和企业加大了海外市场调研及分析的投入，通过了解目标市场的发展动态、竞争格局和合作机会，制定了相应的策略，来提升中国企业在全球市场的影响力。

通过海外市场调研及分析，推动货物贸易优化升级，创新服务贸易发展机制，发展数字贸易，加快建设贸易强国已成为众多国家的共同目标。只有通过深入了解目标市场的需求和机会，才能为企业提供有力的支持和指导，帮助他们在全球化的竞争中站稳脚跟，实现可持续发展。

【同步测试】

同步测试

项目二

跨境电商平台选择

学习目标

【知识目标】

掌握跨境电商的基本含义、政策和常见的跨境第三方平台的特点；了解跨境电商与传统外贸的区别和联系；熟悉 B2B、B2C、M2C、C2C、O2O 等的含义和区别；熟悉全球速卖通平台店铺注册流程及实名认证操作；熟悉 Wish 平台店铺注册流程及认证操作；了解其他跨境电商平台店铺注册流程及认证操作。

【技能目标】

能熟悉全球速卖通、Wish 等跨境电商第三方平台店铺注册的规定和要求；能为跨境店铺注册准备相应材料；能模拟完成跨境店铺注册。

【素养目标】

正确认识跨境电子商务行业发展，培养学生的民族自豪感，树立民族自信；遵守主流跨境电子商务平台操作规则，养成遵守规则的良好习惯，培养学生的规则意识和法律意识。

任务一　跨境电商平台认知

课件

跨境电商的模式主要有两种，一是自建跨境电商平台，二是入驻第三方跨境电商平台。目前自建跨境电商平台的企业达到 5 000 多家，而在各类跨境电商第三方平台开展业务的企业已经超过 20 万家。所以主流跨境电商的主要模式是入驻第三方平台。

跨境电商第三方平台是互联网时代下的产物，相比传统贸易方式有着巨大的优势和市场活力，现已成为对外贸易的新锐力量，也推动着跨境零售出口成为新的外贸交易增长点。当前跨境出口领域比较有代表性的平台有 eBay、全球速卖通、Wish、亚马逊等。

【知识准备】

一、跨境电商行业概述

（一）跨境电子商务的定义

跨境电子商务（Cross-border Electronic Commerce，简称跨境电商）是电子商务应用过程中一种较为高级的形式，是指不同国别或地区间的交易双方通过互联网及其相关信息平台实现交易。实际上就是把传统国际贸易加以网络化、电子化的新型贸易方式。跨境电商以电子技术和物流为手段，以商务为核心，把原来传统的销售、购物渠道转移到互联网上，打破了国家与地区间的壁垒。厂家实现了全球化、网络化、无形化、个性化、一体化服务。2022 年我国跨境电商零售的进口规模已经突破了 1 000 亿元，监管体系也在逐步健全中。想要做好跨境电商业务，首先要先搞清那些关于跨境电商的"神秘代码"。

1. 9610

"9610"适用于境内个人或电子商务企业通过电子商务交易平台实现交易，并采用"清单核放、汇总申报"模式办理通关手续的电子商务零售进出口商品（通过海关特殊监管区域或保税监管场所一线的电子商务零售进出口商品除外）。

2. 1210

"1210"适用于境内个人或电子商务企业在经海关认可的电子商务平台实现跨境交易，并通过海关特殊监管区域或保税监管场所进出的电子商务零售进出口商品。

3. 1239

"1239"适用于境内电子商务企业通过海关特殊监管区域或保税物流中心（B 型）一线进境的跨境电子商务零售进口商品。同时，天津、上海、杭州、宁波、福州、平潭、郑州、广州、深圳、重庆等 10 个城市开展跨境电子商务零售进口业务暂不适用"1239"监管方式。

4. 1039

"1039"即"市场采购"贸易方式，是指由符合条件的经营者在经国家商务主管部门认定的市场集聚区内采购、单票报关单商品货值 15 万（含 15 万）美元以下，并在采购地办理出口商品通关手续的贸易方式。目前，该贸易方式使用范围仅限于在义乌市场集聚区内采购的出口商品。

（二）跨境电子商务的监管模式

海关总署按照"顺应电子商务发展潮流，遵循电子商务规律，发挥电子商务全程数据留痕、可追溯的特点，创新理念和方法，改革通关监管模式，支持和促进跨境电子商务健康、有序、快速发展"的工作思路，归纳提出"一般出口""特殊区域出口""直购进口"和"网购保税进口"四种新型海关通关监管模式，发布公告明确跨境贸易电子商务进出境货物、物品有关监管事宜，增列三种新型跨境电子商务监管方式（9610、1210、1239），建立跨境电商企业备案管理制度，完善统计工作的相关制度和办法。

1. 一般出口模式

一般出口模式指境内企业将出口货物运至海关指定口岸，在海关监管下办理出口报关手续后，由承运人负责装运出境，并由海关在装运前实施查验和监管的一种方式。

2. 特殊区域出口模式

特殊区域出口模式指境内企业将出口货物运至海关特殊监管区域（如保税区、出口加工区等），在海关特殊监管区域内办理出口报关手续后，由承运人负责装运出境，并由海关在特殊监管区域内实施查验和监管的一种方式。

3. 直购进口模式

直购进口模式指境内消费者通过跨境电商平台购买境外商品，并通过海关特殊监管区域或保税监管场所进境，由承运人负责运输并在规定期限内将货物交付给境内消费者的进口方式。

4. 网购保税进口模式

网购保税进口模式指通过跨境电商平台购买境外商品，并由境内企业将商品从海关特殊监管区域或保税监管场所内提取，在境内办理进口报关手续后，由承运人负责运输并在规定期限内将货物交付给境内企业或消费者的进口方式。

（三）全球跨境电商发展情况

1. 全球 B2C 市场持续增长，亚太地区成为全球跨境电商发展的主要市场

全球 B2C 市场持续增长，亚太地区成为全球跨境电商发展的主要市场之一。

在过去的几年中，全球 B2C 电子商务市场一直保持快速增长，其中亚太地区的市场规模和增速均居全球前列，这主要是由于亚太地区人口基数大、消费升级、互联网普及率提高等因素的推动。

中国是全球最大的 B2C 跨境电商交易市场，占全球交易的 26%，美、英、德、日则分别排在第二到第五名。此外，印度、中东和俄罗斯等新兴市场的 B2C 电商交易规模也在不断扩大，成为全球跨境电商发展的重要新兴市场。未来，随着全球电子商务基础设施的完善和消费者线上购物习惯的养成，全球 B2C 电子商务市场仍将保持快速增长。而亚太地区由于其庞大的市场规模和快速发展的互联网经济，将继续成为全球跨境电商发展的主要市场之一。

2. 全球主要跨境电商市场发展特点

1）亚洲市场发展迅猛，增长潜力巨大。

2）北美市场注重发展渠道化。

3）西欧市场注重运营的合规化。

4）南美市场消费能力强，发展潜力大。

5）中东市场发展注重本地化。

相关链接

疫情之下，我国跨境电商出口迎来历史性发展机遇

（四）跨境电商的基本流程

跨境电商的信息流、资金流和物流是相互关联、相互影响的，只有三者都得到有效的管理和控制，才能确保跨境电商的稳定和可持续发展。

1. 信息流

在跨境电商中，信息流是指交易信息的传输和处理，包括商品信息、订单信息、支付信息和物流信息等。为了确保信息的准确性和及时性，跨境电商平台通常会采用先进的信息技术手段，如大数据、人工智能等，对交易信息进行收集、分析和处理。同时，跨境电商平台还需要与海关、支付机构、物流公司等相关部门或单位进行信息共享和协同作业，以确保信息的顺畅传递和有效处理。

2. 资金流

跨境电商的资金流主要是指货款的支付和结算等事宜，包括境内支付、跨境支付、税费等。在跨境电商中，资金流的管理涉及多个部门和机构，如银行、支付机构、海关等。因此，跨境电商平台需要与这些部门和机构建立良好的合作关系，确保资金的安全性和合规性。同时，跨境电商平台还需要提供多种支付方式，以满足不同消费者的支付需求。

3. 物流

跨境电商的物流流程包括商品从卖家发货到买家收货的全过程，包括仓储、配送、清关等环节。由于跨境电商的物流涉及多个国家或地区，因此需要考虑到不同国家或地区的法律法规、海关规定等因素。为了确保物流的顺畅和安全，跨境电商平台需要选择可靠的物流服务商，并建立完善的物流管理系统，对物流过程进行实时跟踪和监控。同时，跨境电商平台还需要考虑物流成本、时效等因素，以提高消费者的购物体验。

（五）跨境电商与传统国际贸易的区别

跨境电商与传统国际贸易模式相比，受地理范围的限制较少，受各国贸易保护措施影响较小，交易环节涉及中间商少，因而价格低廉、利润率高，但同时也存在明显的通关、结汇和退税障碍、贸易争端处理不完善等劣势，如表 2-1 所示。

表 2-1　跨境电商与传统国际贸易区别

区别	传统国际贸易	跨境电商
运作模式	基于商务合同的运作模式	借助互联网电子商务平台
订单类型	大批量、少批次、订单集中、周期长	小批量、多批次、订单分散、周期相对较短
交易环节	复杂（生产商—贸易商—进口商—批发商—零售商—消费者），涉及中间商众多	简单（生产商—零售商—消费者或者生产商—消费者），涉及中间商较少
运输方式	多通过海运和空运完成，物流因素对交易主体影响不明显	通常借助第三方物流企业，一般以航空小包的形式完成，物流因素对交易主体影响明显
通关、结汇	海关监管规范，可以享受正常的通关、结汇和退税政策	通关缓慢或有一定限制，易受政策变动影响，无法享受退税和结汇政策
争议处理	健全的争议处理机制	争议处理不畅，效率低

（六）跨境电商基本术语

1. B2B

B2B 是 Business to Business 的缩写，是商家（泛指企业）对商家的电子商务，即企业与企业之间通过互联网进行产品、服务及信息的交换。

（1）垂直模式

面向制造业或面向商业的垂直 B2B。

（2）综合模式

面向中间交易市场的 B2B。

（3）自建模式

行业龙头企业自建 B2B 模式。

2. B2C

B2C 是 Business to Customer 的缩写，也就是通常所说的商业零售，直接面向消费者销售产品或服务。这种形式的电子商务一般以网络零售业为主，主要借助于互联网开展在线销售活动。

B2C 电子商务实际上是企业和消费者在网络所构造的虚拟市场上开展的买卖活动。它最大的特点是速度快、信息量大、费用低。如果用一句话来描述这种电子商务，可以这样说，它是以互联网为主要服务手段，实现公众消费和提供服务，并保证与其相关的付款方式的电子化，它是随着互联网技术的出现而迅速发展的，被视作一种电子化的零售。

3. B2B2C

B2B2C 是 Business to Business to Customer 的缩写，是一种电子商务类型的网络购物商业模式。B2B2C 来源于目前的 B2B、B2C 模式的演变和完善，其将 B2B 和 B2C 完美地结合起来，通过 B2B2C 模式的电子商务企业构建自己的物流供应链系统，提供统一的服务。

4. M2C

M2C 是 Manufacturer to Customer 的缩写，是生产厂家直接对消费者提供自己生产的产品或服务的一种商业模式，特点是流通环节减少至一对一，销售成本降低，从而保障了产品品质和售后服务质量。

M2C 模式的好处体现在以下几个方面：

（1）价格更低

流通环节减少至一对一，销售成本降低。

（2）可以定制

生产厂家根据消费者订购数量的多少进行生产，甚至可以根据消费者的需要生产个性化的产品。

（3）售后更完善

生产厂家可以快速为消费者解决问题，让消费者无后顾之忧。

（4）技术更新

由于减少了中间销售的环节，生产厂家研发的最新技术能够快速地呈现给消费者。

5. C2C

C2C 是 Customer to Customer 的缩写，是个人与个人之间的电子商务，即一个消费者通过网络交易，把商品出售给另一个消费者的交易模式。C2C 模式下的购物流程为搜索商品、联系卖家、购买商品和服务评价。C2C 模式的特点就是大众化交易，因为其涉及的是个人与个人之间的交易。C2C 是我国电子商务的最早期模式。

6. O2O

O2O 是 Online to Offline 的缩写，是指线下的商务机构与互联网结合，让互联网成为线下交易的前台。

2013 年 O2O 进入高速发展阶段，开始了本地化及移动设备的整合，于是 O2P 商业模式横空出世，成为 O2O 模式的本地化分支。O2P 商业模式类似于 O2O，又区别于 O2O。它和 O2O 模式的区别是在线下消费。O2O 模式的电子商务，主要有以下三种方式：

1）自建官方商城+连锁店铺的形式，消费者直接向门店的网络店铺下单购买，然后线下体验服务。

2）借助全国布局的第三方平台，实现加盟企业和分站系统完美结合，并且借助第三方平台的巨大流量，能迅速推广带来客户。

3）建设网上商城，开展各种促销和预付款的形式，线上销售线下服务，这种形式适合本地化服务企业。

（七）跨境电商存在的问题和发展趋势

1. 存在的问题

随着跨境电商的飞速发展，跨境电商平台、跨境电商物流、跨境电商支付、跨境电商通关和融资等相关的外贸综合服务诞生，贸易的便利化程度大大提高，但是在商品、物流、通关和法律法规等方面存在一些行业性难题，这些难题成为制约跨境电商发展的重要因素。

（1）商品同质化严重，品牌意识不强

跨境电商发展迅速，吸引了大量商家的涌入，造成了行业竞争加剧。一些热销且利润空间较大的商品，众多跨境电商公司都在销售，商品同质化严重，行业内甚至出现了恶性的价格战。跨境电商的发展在很大程度上要依靠价格低廉的商品来吸引消费者。而且大部分跨境电商企业还未进入品牌化建设阶段，知识产权意识不够，导致很多商品因为知识产权问题不能出口。

（2）通关结汇难，物流时间长

随着跨境贸易逐渐向小批量碎片化发展，小额贸易存在难以快速通关、规范结汇、享受退税等问题。虽然目前国家针对跨境电商零售出口实行"清单核放、汇总申报"的通关模式，但该政策仅针对 B2C 企业，大量从事小额 B2B 的外贸中小企业仍存在通关困难的问题。在进口过程中，也存在进口商品品质难以鉴别、消费者权益得不到保障等问题。由于跨境电商涉及跨境，路途遥远，而且各国间政策差异较大，因此物流时间较长，商品从我国到美国和部分欧洲国家一般要 7～15 天，到南美、俄罗斯需要 30 天左右。除了物流时间长，收货时间波动也很大，消费者有时 7 天可收到商品，有时 20 天才能收到。

（3）信息网络安全体系不完善

电子商务的运作涉及多方面的安全问题，如资金安全、信息安全、货物安全、商业机密等，特别是有关网上支付结算的信息安全性和可靠性，一直困扰着电子商务的发展。网络安全是发展电子商务的基础，网络传输的误码以及网络连接的故障率都应尽可能低些。当前我国一些电子商务网站在安全体系上没有设防，很容易受到计算机病毒和网络黑客的攻击，给电子商务的发展带来很多安全隐患。跨境电商还面临交易安全的挑战，在跨境电子商务活动中，合约、价格等信息事关商业机密，而网络病毒和黑客侵袭会导致商务诈骗、单据伪造等行为。许多外贸公司不敢上网签约或交易结算，严重影响了跨境电子商务的发展。

（4）电子商务法律制度不健全

虽然在跨境电商方面，国家出台了一些政策和法规，但是在跨境电商征税、网上争议解决、消费者权益保护等方面的法律法规还较为缺乏。跨境电子商务是一项复杂的系统工程，它不仅涉及参加贸易的双方，而且涉及不同地区、不同国家的工商管理、海关、保险、税收、银行等部门。跨境物流存在运费高、关税高且安全性低等问题，支付环节则涉及外汇兑换和资金风险，如何公平仲裁、保障贸易纠纷双方利益，需要有统一的法律和政策框架以及强有力的跨地区、跨部门的综合协调机制。但是，目前我国有关电子商务的法律并不健全，如知识产权保护问题、信息资源与网络安全问题、电子合同的效力和执行问题等都需要法律方面的进一步完善。此外，在跨国家、跨地区、跨部门协调方面也存在一些问题，需要不断完善。

（5）跨境电商人才缺口大

随着跨境电商的快速发展，对于具备跨境电商知识和技能的人才需求也在不断增加。然而，目前市场上具备跨境电商实战经验的人才并不多，尤其是具备多语言能力、跨文化交际能力、国际贸易规则和跨境电商平台操作技能的人才更是稀缺。

造成这一现象的原因主要是跨境电商涉及的领域广泛，包括国际贸易、电子商务、市场营销、物流管理等多个方面，对于人才的要求也相对较高。同时，跨境电商的发展速度很快，需要不断更新知识和技能，保持敏锐的市场洞察力和创新思维。

跨境电商的发展趋势是多方面的，包括商品和市场的多元化、交易结构调整、移动端成为重要推动力、产业生态完善等，这些趋势将为跨境电商的发展带来更多的机遇和挑战。

2. 发展趋势

（1）商品品类和销售市场更加多元化

随着跨境电商的发展，跨境电商交易商品向多品类延伸，交易对象向多区域拓展。从销售商品品类看，跨境电商销售的商品品类主要为服装服饰、电子商品、计算机及配件、家居园艺、珠宝、汽车配件、食品药品等方便运输的商品。不断拓展销售品类已成为跨境电商业务扩张的重要手段，品类的不断拓展，不仅使中国商品和全球消费者的日常生活联系更加紧密，而且也有助于跨境电商抓住最具消费力的全球跨境网购群体。从销售目标市场看，以美国、英国、德国、澳大利亚为代表的成熟市场，由于跨境网购观念普及、消费习惯成熟、整体商业文明规范程度较高、物流配套设施完善等优势，在未来仍是跨境电商零售出口产业的主要目标市场，且将持续保持快速增长。与此同时，不断崛起的新兴市场正成为跨境电商零售出口产业增长的新动力：俄罗斯、巴西、印度等国家的本土企业并不发达，但消费需求旺盛，中国制造的商品物美价廉，因此在这些国家的市场上占有巨大的优势。尽管在中东欧、拉丁美洲、中东和非洲等地区，电子商务的渗透率依然较低，但有望在未来获得较大突破。

（2）交易结构上，B2C 占比提升，B2B 和 B2C 协同发展

随着消费者购买行为的改变和电子商务基础设施的完善，B2C 模式在跨境电商中的占比

逐渐提高。B2C 模式的交易流程简单、便捷，能够满足消费者对个性化、多样化的需求，同时也能享受更多的优惠。因此，越来越多的消费者选择通过 B2C 平台进行购物。虽然 B2C 模式在跨境电商中的占比逐渐提高，但 B2B 模式仍然是主要的交易模式之一。B2B 模式下的交易规模较大，能够满足大规模采购的需求，同时也能享受更多的折扣和优惠。因此，在某些行业和领域，B2B 模式仍然占据主导地位。为了适应市场的变化和满足消费者的需求，越来越多的跨境电商企业开始采取 B2B 和 B2C 协同发展的策略。通过建立多渠道的销售模式，将不同类型的商品或服务的销售渠道进行整合，实现线上线下的融合发展。

（3）交易渠道上，移动端成为跨境电商发展的重要推动力

移动技术的进步使线上与线下商务之间的界限逐渐模糊，以互联、无缝、多屏为核心的"全渠道"购物方式将快速发展。从 B2C 方面看，移动端购物使消费者能够随时、随地、随心购物，极大地拉动了市场需求，增加了跨境零售出口电商企业的机会。从 B2B 方面看，全球贸易小额、碎片化发展的趋势明显，移动技术可以让跨国交易无缝完成，卖家可随时随地做生意。基于移动端媒介，买卖双方的沟通变得非常便捷。

（4）在大数据时代，产业生态更为完善，各环节协同发展

跨境电子商务涵盖商检、税务、海关、银行、保险、运输各个部门，产生物流、信息流、资金流、单据流等数据，在大数据时代，这些都是可利用的信息，企业通过对数据的分析，为信用、融资、决策提供了依据。随着跨国电子商务经济的不断发展，软件公司、代运营公司、在线支付公司、物流公司等配套企业都开始围绕跨境电商进行集聚，其服务内容涵盖网店装修、图片翻译描述、网站运营、营销、物流、售后服务、金融服务、质量检验、保险等，整个行业生态体系越来越健全，分工更清晰，并逐渐呈现出生态化的特征。

 典型案例

二孩潮推动母婴跨境电商迅猛发展

国家全面放开二孩政策的推出，使很多已经生育了一孩的夫妻都积极进入二孩备孕的阶段，可以预见一大波生育潮即将来临。随着拥有自主平台的母婴跨境电商兴起，母婴电商行业生态将会发生根本性变化。最初母婴商品从海外进入国内的主要渠道是海淘，消费者通过在国外电商网站下单，然后将货物发回国内。然而，与国内网购相比，海淘的确还有一定的"门槛"。在海淘之后，海外代购逐渐兴起，母婴行业专家表示，海淘和代购无法解决两个重要问题，一个是假货，另一个是烦琐流程。而现在，随着国内母婴跨境电商的崛起，这种个人的非正式代购形式将逐渐被取代。母婴跨境电商企业依托公司背景，相比较个人而言更加正规，货源品质从根本上也得到了保障。

二、跨境电商平台介绍

（一）跨境电商第三方平台概述

B2C 跨境电商平台主要分为第三方平台和独立平台。第三方平台主要有 eBay、全球速卖通、亚马逊、Wish、敦煌网等，这几个平台适合个人、中小型企业入驻，门槛不高，申请账

户即可使用。独立平台主要以兰亭集势等为代表。每个平台各有自己的优劣势，买家可根据自己的企业规模和商品特性，选择适合的跨境电商平台。

1. 跨境电商第三方平台的定义

跨境电商第三方平台即电商销售平台，是外贸企业展示商品和进行交易的场所。其买卖双方一方是作为卖家的国内外贸企业，另一方是作为海外买家的消费者。第三方平台提供方是为外贸企业自主交易提供信息流、资金流和物流服务的中间平台，它们不参与物流、支付等中间交易环节，其盈利方式是在交易价格的基础上增加一定比例的佣金作为收益。

跨境电商第三方平台是互联网时代下的产物，相比传统贸易方式有着巨大的优势和市场活力，现已成为对外贸易的新锐力量，也推动着跨境零售出口成为新的外贸交易增长点。

2. 跨境电商第三方平台的类型

按交互类型，跨境电商第三方平台主要分为以下三类：B2B（Business to Business）模式、B2C（Business-to-Customer）模式、C2C（Customer-to-Customer）模式。

B2B 跨境电商主要是指通过互联网进行企业与企业之间的贸易往来与交易，大多是大宗贸易往来。B2B 模式跨境电商平台为不同国家或地区的企业提供商品的展示与营销平台，从而帮助企业最终达成交易。B2B 模式跨境电商平台的订单金额比较大，目前在跨境电商市场上占有重要地位。B2B 模式跨境电商平台的代表是阿里巴巴集团的国际站。

B2C 跨境电商通常是指分属于不同国家或地区的企业和消费者，借助互联网技术，实现商品的查询、选择、购买、支付，最后企业将商品用物流的方式运送到消费者手中的过程。B2C 模式跨境电商平台利用互联网技术为企业与消费者搭建一个交易的平台，在这个平台上，企业直接将商品卖给消费者，平台通过提供支付、物流、营销展示等服务获得利润。B2C 模式跨境电商平台通过互联网将商品信息发布到电商平台，全球消费者也通过电商平台选择来自全世界各地的商品，减少了原有的批发商、零售商等一些中间环节，使得跨境交易更加便捷。B2C 模式跨境电商平台的代表是全球速卖通。

C2C 跨境电商同目前盛行的"海淘"模式比较相像。C2C 模式跨境电商平台上聚集了世界各地的买家，是一个供个体与个体进行交易的场所，在这个平台上，大部分卖家都是个人。C2C 模式跨境电商平台同传统的海外代购相比也有着较大的优势：跨境电商平台会审核并提供相应保障来增加交易双方的信任度，同时又满足了不同消费者个性化的需求。C2C 模式跨境电商平台的代表是 eBay。

 行业洞察

《中国出口跨境电子商务发展报告》

报告显示，我国已经成为全球最大的跨境电商零售出口国、全球最大的 B2C 跨境电商交易市场，是全球电子商务生态链最为完善的国家之一。近年来，跨境电商 B2B 市场呈现加速发展态势，其规模占整体跨境电商市场比重已超七成，成为跨境电商的主体。在新冠病毒蔓延的背景下，我国跨境电商增势迅猛，2021 年我国跨境电商进出口总规模达 1.92 万亿元，同比增长 18.6%。其中，跨境电商出口额约 1.4 万亿元，同比增长 28.3%；进口约 5 319 亿元，同比下降 0.9%。目前，我国跨境电商贸易伙伴已覆盖全球 220 多个国家或地区。中国跨境电商海外市场也由传统的欧美日市场不断向东南亚、非洲、中东、拉美等新兴市场拓展，对"一带一路"共建国家和 RCEP 成员国出口比重进一步上升。2021 年，我国跨境电商出口货物主要去往美国、英国、马来西亚、法国、德国、日本、西班牙及俄罗斯等。随着共建"一带一路"倡议深入推进，我国与东南亚、非洲、中东、南美等新兴市场的跨境电商合作力度不断加大。RCEP 的正式生效将对促进我国出口电商产业升级、降低税费成本、延伸贸易半径、提升国际竞争力等方面产生积极作用。

（二）典型跨境电商第三方平台介绍

1. 全球速卖通

全球速卖通，是阿里巴巴集团旗下覆盖全球的跨境电商平台，在这个平台上，你可以把商品卖到你可以想到的任何国家。从 2010 年开始，经过多年的飞速发展，全球速卖通目前已拥有 44 个品类、18 个语种站点，业务遍及全球 220 多个国家和地区，成为全球最活跃的跨境电商平台之一，也是我国最大的国际 B2C 交易平台。

全球速卖通面向的客户群体广泛，但是主要针对的是新兴市场，俄罗斯和巴西的客户是平台的主要客户。同为阿里巴巴旗下的平台，最初的全球速卖通与淘宝共用大量的用户，并继续沿袭淘宝低价的营销策略，且绝大多数商品采用平邮小包的物流方式，商品利润低，客户体验差。但是，经过几年的不断改进，全球速卖通对于招商和用户考核的标准不断提高和完善，服务水平不断提高。全球速卖通可以短期吸引大批卖家的原因之一是操作起来很简易，规则不多，很适合跨境电商"小白"，并且全球速卖通平台上有许多的线上视频培训课程，基本上涵盖了卖家会遇到的所有问题，这更为跨境新人入门创造了条件。

全球速卖通及其业务具有以下特点：进入门槛低，能满足众多小企业做出口业务的愿望。阿里巴巴的全球速卖通平台对卖家没有企业组织形式与资金的限制，方便进入。交易流程简单，买卖双方的订单生成、发货、收货、支付等，全在线上完成。双方的操作模式如同国内的淘宝平台操作，非常简便。商品选择品种多，价格低廉。

全球速卖通上的商品具有较强的价格竞争优势，跟传统国际贸易业务相比，具有较强的市场竞争优势。2022 年 4 月阿里巴巴全球速卖通年度商家峰会公布了平台最新的战略目标：加速优质商家高质量成长，加快提升全球物流履约能力，持续优化平台机制和商家生态。

具体来讲，第一，针对优质商家，尤其是希望品牌化发展的优质商家，会有一个新的前台 IP——AE Mall。入驻 AE Mall 的商家会获得一个明确的标识，这个身份标识背后，将会有客户经理和对应的权益。

第二，2022 年全球速卖通在重点市场，包括西班牙、法国、巴西、韩国、美国等地，加大海外仓、优选仓等物流基础设施的建设投入。全球速卖通在海外的自提点、自提柜数量相较去年有了大幅提高。

第三，2022 年全球速卖通通过一系列举措优化平台机制，以物流履约为例，对能够在 72 小时内发货的商家，明确地给予流量加持，对入仓的商家，给予明确的透标支持和流量支持，平台商家的订单 72 小时内发货率达到 90% 以上。

2. 亚马逊

亚马逊，是美国最大的一家网络电子商务公司，位于华盛顿州的西雅图，是最早开始经营电子商务的公司之一。亚马逊成立于 1995 年，一开始只经营网上书籍销售业务，现在已成为全球商品品种最多的网上零售商。亚马逊在全球共有 10 个站点，拥有跨越全球的 109 个运营中心所组成的物流体系，物流配送覆盖 185 个国家和地区，全球活跃用户超过 2.85 亿人。

亚马逊"全球开店"是专门针对中国卖家通过亚马逊在网上向全球消费者销售商品的项目，目前该项目已扩展至美国、日本、英国等 18 个海外站点。亚马逊美国网站和英国网站已推出全中文化的操作平台，这也是亚马逊美国网站首次推出非英文的卖家支持工具。

（1）亚马逊的特点

与其他电商平台相比，亚马逊具有以下几个特点：

1）商品只以定价方式销售：亚马逊不提供任何拍卖模式的服务，商品只以定价方式销售，其商品通过展示、搜索及分类的形式显示。

2）"宽进严管"：亚马逊采取"宽进严管"的管理方式，个人和企业都可以在其平台上开店。除了一些类目需要卖家具备一些条件向亚马逊申请，其他类目完全向卖家开放，而且亚马逊允许卖家销售二手商品。相对于进入门槛，亚马逊对卖家的管理较为严格，无论是个人卖家，还是企业卖家，都必须遵守亚马逊的全方位保障条款，买家权益受到侵害将会得到亚马逊的全面支持。

3）平台采取以商品为中心的结构：在组织结构上，eBay 和国内其他电商开放平台一般都是以店铺为中心，亚马逊与之不同，它是采取以商品为中心的结构。亚马逊不为店铺开辟专门的二级域名，大多数店铺的首页就是商品列表，以此淡化店铺，确保亚马逊的统一品牌形象。

4）重商品详情，轻客服咨询：亚马逊没有设置在线客服，鼓励买家自助购物。由于没有客服可以咨询，商品详情页就更加重要了，卖家就要把它做得尽可能详尽，包含各种买家可能会关心的问题，这样才能促使买家尽快做出购物决策，避免买家因商品信息不全面而放弃购买。

5）重推荐，轻广告：亚马逊不太重视各种收费广告，买家进入网站后看到的一般都是基于后台数据的关联推荐和排行推荐，而这些推荐的依据一般都是用户的购买记录以及买家的好评度和推荐度。所以卖家可以增加选品种类、优化后台数据、采取措施引导买家留好评等，这样也就切合了亚马逊"重推荐"的特点。

6）重视客户反馈：亚马逊比较重视客户的反馈，包括商品的评论和客户对提供的服务质量的评价等级。在亚马逊，客户反馈和商品评论是很重要的，它代表着客户是否体验满意。

（2）亚马逊的发展趋势

在亚马逊官方网站、官方账号中我们能够获得亚马逊最新的政策，由此我们可以推测出亚马逊有以下发展趋势：

1）广告多元化发展：未来亚马逊广告将会多元化发展，亚马逊广告将更接近 Facebook 的复杂性，提高使用图像、标题和非亚马逊目标来区分广告的能力。亚马逊将为卖家优化广告活动，丰富广告的功能，精准广告投放对象。

2）产品排名变化：亚马逊从"以算法为中心"转向"以客户为中心"，产品依据产品浏览量和产品转化率进行排名。卖家要做的是改变目标和产品链接优化，以吸引消费者的注意力，然后勾起消费者的好奇心点击产品详情，提高产品转化率。

3）外部流量作用凸显：外部流量是指在亚马逊以外的平台进行产品宣传，包括社交媒体、谷歌广告、博客等宣传。在国内电商中也常会采用社交媒体推荐"种草"的方式来营销产品，在跨境电商中这样的方法同样适用。亚马逊一直试图模仿淘宝的做法，现在也推出了直播功能，众多的卖家可以在亚马逊 Live 中进行直播。

4）推出亚马逊卖家新功能：在亚马逊将免费自然流量+付费流量与优化店面相结合，推出亚马逊直播后，消费者购物体验将更好。想要拥有直播功能，必须注册品牌，成为品牌商家，才能拥有创建帖子和开通直播间的权限。注册品牌后就拥有了亚马逊 EBC/Aplus 列表、亚马逊店面、视频广告、亚马逊品牌分析、赞助品牌活动、品牌保护、违规报告支持、知识产权保护、品牌价值提升等众多功能。

亚马逊的收入来源于自营商品的销售收入和平台的服务费。针对使用亚马逊平台的卖家，亚马逊一般收取 5%～15% 的佣金，如果卖家使用亚马逊物流，亚马逊还会额外收取物流费和仓储费。

 行业洞察

全球速卖通在波兰市场占比超亚马逊成第一

波兰权威媒体《波兰日报》发布数据称，在当地最受欢迎的电商平台中，来自中国的跨境电商平台全球速卖通和当地本土电商 Allegro 领先。其中，在跨境电商领域中，全球速卖通排名第一。

报道称，尽管美国电商平台亚马逊和 eBay 也参与了市场竞争，但波兰人对来自亚洲的电商平台（如全球速卖通等）深信不疑。数据显示，亚马逊和 Shopee 并列第三。普华永道数据显示，波兰市场电商潜力巨大，疫情期间，消费者习惯网上购买的比例达到 85%。普华永道战略部经理 Pawe Kowalik 表示，即便波兰人已经可以去购物中心，但线上购物的习惯不会改变。

波兰正在成为中国跨境商家值得挖掘的又一市场。2021 年，全球速卖通在波兰建立了海外仓和自提柜。据了解，全球速卖通在波兰罗兹的海外仓不仅可以覆盖当地，还可辐射到东欧和中欧地区。截至 2022 年 6 月，全球速卖通自建的自提柜已经超过 500 组，主要覆盖波兰核心的 6 个城市。

全球速卖通欧洲市场负责人 Gary 表示，随着全球速卖通在波兰市场的受欢迎程度增加，2022 年全球速卖通将加速提升海外仓的配送时效，提升服务质量。从过往全国 3 日达，提升至次日达，甚至最快 24 小时送达，实现了相当于本地电商的服务体验。这可以大大提升中国跨境商家在当地的竞争力，帮中国商家快速低成本打开新市场。

在选品上，Gary 也给出了自己的建议，全球速卖通上波兰的女性用户占比超 55%，因此在夏天中国卖家可以着重选择与派对相关的服装、彩妆、穿戴装饰品、节庆用品，与家居相关的小清新家具装饰、彩灯、颜值电扇，以及与减肥相关的运动衣和居家运动器材等。

事实上，不仅是波兰，近期全球速卖通还在智利等多个国家市场拿到第一，成为国内跨境商家快速低成本打开新市场的重要平台。

3. eBay 平台

eBay 是一个可让全球民众上网买卖物品的线上拍卖及购物网站。eBay 集团于 1995 年 9

月成立于美国加州硅谷。eBay 是全球最大的 C2C 平台，其在全球范围内拥有 3.8 亿海外买家，1.52 亿活跃用户，以及 8 亿多件由个人或商家刊登的商品，其本地站点覆盖了全球 38 个国家和地区。eBay 对卖家的要求很严格，对商品质量要求较高，有价格优势，能做到真正的物美价廉。eBay 操作较为简单，资金投入不大，适宜有一定跨境电商资源的人使用。

（1）eBay 的特点

1）eBay 的开店要求相对比较低。但必需的材料和办理手续相对比较多，比如发票、银行账单等，因此必须特别了解 eBay 的标准。

2）eBay 开店是免费的，但发布一个商品必须付钱，这跟其他电商平台有很大差异。

3）eBay 的审核周期很长。刚开始不能多于 10 个商品，而且只可以拍卖，必须累积信用才可以越卖越多，并且出销售业绩和出单的周期也很长，累积时间有时让人吃不消，只能慢慢累积等候。

4）要是碰到投诉举报是最烦琐的事情。店面被封掉是常有的事情，因此品质一定要合格。

（2）eBay 的运营模式

1）eBay 信息流运作模式：eBay 提供了"站内信"的功能，使卖家能够轻松管理买家的电子邮件，与买家进行沟通。

2）eBay 物流运作模式：国际 e 邮宝为 eBay 中国寄件人提供发向美国等国家的包裹寄递服务。此外，2014 年 eBay 与万邑通签署战略合作协议，万邑通以海外仓为基础，依靠大数据，为 eBay 卖家提供海外仓管理和"最后一公里"派送的服务。

3）eBay 资金流运作模式：PayPal 是 eBay 推荐的收付款工具。PayPal 在全球范围内拥有超过 1.57 亿活跃用户，服务遍及全球 193 个国家或地区，共支持 26 种货币收付款交易。PayPal 可以让中国卖家无须在海外设立账户就能进行收付款。

4）eBay 盈利模式：eBay 的收费项目繁多，当卖家在 eBay 上刊登物品时，eBay 会收取一定比例的刊登费；物品售出以后，卖家需要缴纳小额比例的成交费。因此在 eBay 上交易所产生的基本费用为刊登费加上成交费。此外，为物品添加特殊功能和买家工具的使用还需缴纳相应的功能费。开设 eBay 店铺的卖家，每月还需额外支付相应的店铺月租费，根据所选的店铺级别不同，其月租费也不尽相同。

（3）eBay 的发展趋势

1）推广自有支付系统：在此之前，PayPal 是 eBay 卖家收取销售款的唯一选择，2021 年支付方式经过调整之后，卖家可以直接通过银行账户完成支付。在新的支付系统下，eBay 支付管理系统的费用根据商品成交价的 12.8% 收取，另外每笔订单还有 30 便士的费用。这意味着，个人卖家可以通过费用更低、操作更便捷的方式进行收款、提现。

2）提升广告流量服务：对个人卖家，提供广告方面的新功能，不仅可以帮助卖家提升流量，实现更全面的功能提升，而且让卖家能够有办法控制自己的流量，进而提高转化率。对品牌商，提供专属的品牌流量解决方案，除了在搜索、个别刊登的广告位等方面做进一步优化，还会有品牌的专属推介，将站外流量导向跟站内广告产品相结合，从而在技术层面让卖家有更多打造品牌导流量机制，以及有更多精细分析工具研究买家群体与买家倾向。

3）持续做介入和管理式的物流：eBay 现在拥有 SpeedPAK 介入式直发类系统，旨在帮助卖家更有效地管理库存和订单配送。该系统允许卖家在平台上直接管理物流过程，包括订单处理、库存管理、物流跟踪和客户服务等方面。通过 SpeedPAK，eBay 卖家可以获得更快速、更可靠的物流服务，同时减少物流成本和风险。eBay 的 Fulfillment by eBay（FBX）为卖家提供了一个完整的、可扩展的物流网络，以帮助其快速、有效地配送商品。

4. 敦煌网

敦煌网创建于 2004 年，是我国首家为中小企业提供 B2B 网上交易服务的网站，是为国外众多的中小采购商有效提供采购服务的全天候国际网上批发交易平台。目前，敦煌网已经实现 120 多万国内供应商在线，在售 3 000 多万种商品，业务遍布全球 224 个国家或地区，达到了 1 000 万买家在线购买的规模。敦煌网每小时有 10 万买家实时在线采购，每 3 秒就产生一张订单。

（1）敦煌网的特点

1）敦煌网在交易成功的基础上，根据不同的行业特点，向海外买家收取不同比例的服务费佣金，一般在交易额的 7% 左右，而一般传统的 B2B 电子商务网站普遍是向国内卖家收取会员费。

2）敦煌网提供诚信担保机制，实现了小制造商、贸易商与零售卖家之间的对接。

3）敦煌网针对一些已经接触过电子商务、有货源但是技能跟不上的企业，推出了外贸管家服务。针对这些企业，敦煌网会定期与企业见面，将客户对商品的样式、质量的反馈以及要怎么样推广这些商品与企业及时交流，以保证企业的交易成功率。

（2）敦煌网的运营模式

1）敦煌网信息流运作模式：敦煌网针对买卖双方分别开设了中英文站点，并且提供了相应的翻译工具，这是敦煌网为了方便买卖双方即时在线沟通交流的一种聊天工具，可以让卖家更加方便快捷地了解客户的需求及问题，简单快捷地管理买家信息。

2）敦煌网物流运作模式：敦煌网携手各大第三方物流和货运代理公司，为卖家推出了"仓库发货"物流服务。卖家只需在线填写发货预报，将货物线下发货至合作仓库，并在线支付运费，即可由平台直接提供国际物流的配送。此外，敦煌网在西班牙、俄罗斯、葡萄牙、意大利、德国、法国 6 国开启了海外仓服务。

3）敦煌网资金流运作模式：DHPAY 是敦煌网旗下独立的第三方支付工具，至今已支持全球 224 个国家或地区 400 万规模的买家实现在线跨境支付。除此之外，敦煌网支持 VISA、MasterCard、西联支付、Money Bookers、Bank Transfer 等国际化支付方式，这些支付方式可以很好地覆盖并服务全世界买家。

4）敦煌网盈利模式：敦煌网采取佣金制，免注册费，只有买卖双方交易成功后才收取费用。平台采用统一佣金率，实行"阶梯佣金"政策，平台的佣金规则为：当订单金额 ≥ 300 美元时，平台佣金 = 订单金额 × 佣金率（4.5%）；当订单金额 < 300 美元时，平台佣金 = 订单金额 × 佣金率（按类目不同为 8% 或 12%）。

5. Wish

Wish 创办于 2013 年，是一家新兴的移动 B2C 跨境电商平台，2014 年成为跨境电商界的黑马。Wish 不同于前四家跨境电商平台，移动端是其客户的主要来源。Wish 日均活跃用户超过 100 万，日均新用户超 9 万，超过 90% 的用户来自移动端。其 App 上销售的商品物美价廉，包括非品牌服装、珠宝、手机、淋浴喷头等，大部分商品都直接从中国发货。Wish 擅长用户数据的深度挖掘，采用数据算法进行商品推荐，紧密结合用户特征进行精准营销。

Wish 低调、飞速的崛起可以说是科技、广告和折扣策略完美应用的结果。与传统购物网站不同的是，Wish 一开始就十分注重智能手机的购物体验，通过商品图片给用户提供视觉享受。同时，Wish 的大幅折扣也刺激了用户的购买欲。作为一个电商新手，Wish 完全没有 PC 端购物平台的设计经验，这也使 Wish 能够不带任何思想包袱地开拓移动端市场。

Wish 的特点：

1）平台针对不同用户，推送个性化的商品信息。平台注重用户的购物体验，具有更多的娱乐感和用户黏性，呈现给用户的商品大都是用户关注的、喜欢的，每一个用户看到的商品信息是不一样的，同一用户在不同时间看到的商品信息也不一样。

2）不依附于其他购物网站，本身就能直接实现闭环的商品交易。在 Wish 上，用户在浏览到喜欢的商品图片后，可以直接在站内购买。Wish 淡化了品类的浏览和搜索，去掉了促销功能，专注于关联推荐。Wish 会随时跟踪用户的浏览轨迹以及使用习惯，以了解用户的偏好，进而再推荐相应的商品给用户。

📱 相关链接

Mercado（美容多）跨境电商平台介绍

【任务演练】

一、任务描述

某生态茶叶有限公司自成立起，前几年主要侧重于内销领域，为国内采购商提供特质茶叶，近几年开始涉及国际贸易，主要采取与第三方外贸公司进行合作的外销方式，向俄罗斯、欧洲、非洲销售绿茶、毛尖。

随着对外销流程的日益熟悉，通过第三方外贸公司进行国际贸易的问题也逐渐凸显出来，如信息反馈不及时、贸易周期长等。由于不同采购商对茶叶的具体要求有细微的差别，加上无法直接与国外采购商交流，采购商的意见往往需要通过中间商反馈回来，费时费力，而且中间商对制茶工艺不了解，有些特殊的工艺要求可能没办法准确传达，最终导致采购价格波动较大，企业利润低。

为了解决以上问题，该公司的张经理决定在销售部设立外贸组，准备通过电子商务进行国际贸易，张经理在做好前期的海外市场调研和市场定位之后，需要对不同的跨境电商平台进行数据分析和对比，选择适合自身企业特点的平台，进而在平台上发布公司信息和产品信息。

二、任务分析

（一）平台模式和特点分析

1. 平台模式

跨境电商平台在跨境交易中起到了至关重要的作用，提供了信息流、物质流和资金流的整合场所。目前，我国跨境电商平台主要有三种模式：第三方跨境电商平台、自建跨境电商平台和外贸电商代运营服务商。

第三方跨境电商平台提供统一的销售平台，外贸企业作为卖家，海外买家作为消费者。这种模式的盈利方式是在交易价格的基础上增加一定比例的佣金；自建跨境电商平台直接从外贸企业采购商品，然后通过自建的 B2C 平台将产品销往海外。这种模式的盈利方式是利润；外贸电商代运营服务商为从事跨境外贸电商的中小企业提供不同的服务模块，如市场研究、营销商务平台建设、海外营销解决方案等。

在 B2B 模式下，有信息服务平台和交易服务平台两类。信息服务平台通过第三方跨境电商平台进行信息发布或搜索完成交易撮合，主要盈利模式为会员服务和增值服务；交易服务平台能实现买卖双方网上交易和在线电子支付，主要盈利模式为收取佣金和展示费。

在 B2C 模式下，有开放平台和自营平台两类。开放平台开放内容涉及出口电商的各个环节，实现应用和平台系统化对接，并围绕平台建立开发者生态系统；自营平台对其经营的产品进行统一生产或采购、展示、在线交易，并通过物流配送将产品投放到消费者群体，以可靠品牌为支撑点，突显自身品牌的可靠性。

2. 几大跨境电商平台特点分析

目前主流的第三方跨境电商平台包括亚马逊、eBay、Wish 和阿里巴巴国际站等。

（1）亚马逊

亚马逊是全球最大的电商平台之一，也是跨境电商领域的重要参与者。它提供全球物流服务，协助跨境电商企业实现全球化经营。

（2）eBay

eBay 是跨境电商的重要平台之一，通过开设店铺和拍卖等形式，为跨境电商企业提供了便捷的销售渠道和物流服务。

（3）Wish

Wish 是以手机端为主的跨境电商平台，主要面向全球市场，以低价为特点，吸引了大量消费者和商家。

（4）阿里巴巴国际站

阿里巴巴国际站是阿里巴巴集团旗下的 B2B 跨境电商平台，提供全球贸易服务，包括海外采购、供应链管理、全球物流等。

这些平台各有特色，覆盖了全球多个国家和地区，为消费者提供了丰富的商品选择和便捷的购物体验。

（二）平台对比

经过上文的描述，我们已经了解到了现今中国出口跨境电商主要有 B2B、B2C 两种模式，不同的模式下有不同的电商平台，每种类型的平台有着各自独特的特点与服务。为了帮助张经理所在的茶叶公司选择合适的跨境电商平台，现从三种不同的电商平台模式下的代表性平台的经营范围和收费模式来进行对比。

1. 第三方跨境电商平台

第三方跨境电商平台比较稳定，具有完善的物流体系和支付平台，实力比较雄厚。它们一般不收年费，只收取一定比例的佣金，所以许多小微企业或刚起步的新企业常常选择第三方平台开展外贸业务。第三方平台模式的优势在于可以增加较多供应商自主上传产品的入口，突破网站后端供货的瓶颈，便于将电商平台打造成运营中心，形成规模效应。但是，随着第三方平台竞争压力越来越大，卖家不断增加，第三方平台的功能和服务需要进一步提高，以便更好满足平台用户的需求。

2. 自建跨境电商平台

随着第三方平台日益成熟，平台卖家之间的竞争也日渐激烈。一些实力强大的外贸企业建立了自己独立的 B2C 跨境电商平台网站，如 2007 年创建的兰亭集势，创新了商业模式，省去所有中间环节，直接对接中国制造商和外国消费者。兰亭集势在搜索引擎优化以及关键词竞价排名上的技术优势，使得它能够花最少的费用获得巨大的网络推广效益，进而为其带来非常可观的流量和销售收入。

兰亭集势直接向供应商采购商品，有自己的定价权，还可以定制产品。创新的商业模式、领先的精准网络营销技术、世界一流的供应链体系，使兰亭集势被业界认为是外贸 B2C 领头羊。2013 年 6 月 6 日，兰亭集势在美国纽交所挂牌上市。

帝科思（简称 DX）依靠平价、免运费，低价销售电子类消费品来盈利。在推广方面，帝科思采用的方式是"论坛营销"，即通过和论坛合作，把网站相关的产品信息、打折优惠信息曝光，并把不同的产品推送到不同的论坛，是用户黏度极高而成本又极低的一种推广方式。海外论坛以及灵活多样的社区化营销手法，极大促进了销售。

3. 独立外贸网站

随着第三方平台的竞争日渐加大，多数卖家都会选择平台收费功能，或者通过广告对产品进行推广，但成本比较高。另外，随着实力强、技术高的外贸企业自建 B2C 电商平台的增多，如兰亭集势，小微企业的发展压力越来越大。越来越多的外贸企业谋求独立建设自有外贸网站，这对于致力于提供外贸网店建设、外贸零售解决方案的服务商来说是个很好的发展机遇。建设独立外贸网站具有以下优点：

（1）设计自由，展示实力

独立外贸网站可以根据产品特点和风格进行设计，实现个性化特点，突出产品特色，摆脱第三方平台的很多规则限制，摒弃网店模式单一的缺点，能够更好地体现企业的实力，容易赢得买家的信任。

（2）推广简洁方便

独立外贸网站拥有独立域名和 IP、独特的风格与名称，更容易利用搜索引擎和社会化媒体营销等方式进行推广，并且网站的流量都是直接指向自己的网站的，能够产生直接的效果，大大降低了客户被抢走的概率。

（3）功能丰富

独立外贸网站拥有强大的功能，如通知朋友、折扣券、账号管理、产品评价、促销及站点地图等功能，为跨境卖家解决了众多难题，很好地促进了外贸业务的发展。

（4）节约成本

在前期，第三方平台可能会有免费，但是到了后期，随着平台卖家竞争日益激烈，卖家的广告费、推广费不断增加，许多跨境电商企业选择在继续借势第三方平台的同时开始建设独立的自有外贸网站，它们通过利用第三方平台挖掘客户资源，然后把客户吸引到自己的外贸网站上，既节约了成本，也有利于企业的品牌建设。

（三）平台数据分析

2022 年中国跨境电商市场规模达 15.7 万亿元，较 2021 年的 14.2 万亿元同比增长10.56%。2023 年，中国跨境电商正步入品牌出海黄金时代。随着更多跨境电商第三方平台的出现，包括很多海外本土电商平台对中国卖家开放，各大跨境电商平台间的竞争将加剧，跨境卖家有更多的选择。

1. 全球速卖通平台

茶叶在该平台的访客数和浏览量占比均较高，显示出平台对茶叶的推广力度较大。茶叶的支付金额和支付订单数占比都非常高，说明茶叶在该平台的销售表现优秀。供需指数显示，茶叶的跨境电商出口竞争激烈，但仍有上升趋势。俄罗斯是主要出口市场，占据了近50% 的支付金额，与平台主推俄罗斯市场有关。美国和英国这两个传统茶叶外贸市场在平台上的支付金额占比却较小，说明这两个市场还有推广和营销空间。

2. 敦煌网平台

茶叶在敦煌网上的成交量、成交金额和成交人数指数都有较大的环比增长幅度，显示出持续蓬勃的发展趋势。虽然竞争力有所下降，但整体上茶叶在敦煌网上的跨境出口仍在继续发展，出口额有望增加。美国是产品浏览量最高的国家，与敦煌网主推美国市场有关。英国虽然浏览占比不高，但成交量占比名列前茅，显示出其传统外贸中茶叶主要出口国的核心地位。美国、英国和俄罗斯是敦煌网上茶叶跨境电商的主要出口国，其中美国的买家最多，成交金额最大。

（四）平台选择

经过前面的平台分析、平台对比和平台数据分析，最后需要综合其结果，选择一个最适合企业的平台。

从企业目标市场和产品定位来看，张经理所在的企业前期在做传统外贸的过程中，面向的主要是美国、英国、俄罗斯市场，产品更多的是大额销售，面向的是采购商，同时企业是第一次开展电子商务业务，想通过其来拓宽销售渠道，故从这个角度来看，企业应该选择B2B 平台中的第三方跨境电商平台模式。

从跨境电商平台的规模和影响力来看，敦煌网成立时间最早，是在 2004 年，全球速卖通作为阿里巴巴旗下的跨境电商平台，其成立时间在 2009 年，但是依托阿里巴巴强大的资源，近几年发展迅猛，在 B2B、B2C 上都占据有一定的市场份额。考虑到企业更多的是面向采购商，而全球速卖通更多的是面向消费者，所以从这个角度来看，最后我们选择敦煌网作为张经理企业的跨境电商平台。

从电商平台服务项目收费情况来看，目前各种电子商务平台采取的都是佣金制，佣金率为3%~12%，而成立于2004年的敦煌网较早推出增值金融服务，它根据自身交易平台的数据，为敦煌网商户提供无需实物抵押、无需第三方担保的网络融资服务，这深受中小企业的欢迎，故从该角度来看，最后张经理选择的也是敦煌网。

综合以上分析结果能够看到，对于张经理所在的茶叶企业来说，若做B2B，选择敦煌网跨境电商平台是最好的选择。

三、任务评价

此任务通过小组分工合作完成，完成后各小组以PPT形式进行平台分析选择展示介绍。首先，根据各组成果的优缺点，对分析过程有针对性地点评，以启发学生的创新思维；然后对各组普遍存在的问题进行重点分析；最后针对各组的平台选择提出需要重点注意的问题。

任务二　跨境电商平台入驻

课件

近几年跨境电商蓬勃发展，十分受卖家的欢迎，在了解了跨境电商平台的基本相关知识后，接下来就要选择合适的平台进行入驻，不同的平台有不同的入驻条件要求和入驻流程。

【知识准备】

一、全球速卖通平台入驻

（一）全球速卖通平台店铺开通规则

1）全球速卖通平台接受依法注册并正常存续的个体工商户或公司开店，并有权对卖家的主体状态进行核查、认证，包括但不限于委托支付宝进行实名认证。

2）卖家同意就每个开设的店铺，按入驻的类目（经营大类）在其指定的支付宝账号内缴存一笔资金，并由支付宝冻结作为平台规则的履约保证金（保证金）。

3）卖家还应依法设置收款账户。卖家应按照规则提供保证金，或按照有关规定缴纳履约保证金；未完成上述任一资金缴纳的，不得开始线上销售。

4）商品发布后，卖家将在平台自动开通店铺，即基于全球速卖通技术服务，用于展示商品的虚拟空间（店铺）。除本规则或其他协议约定外，完成认证的卖家在全球速卖通平台上最多可开设6个虚拟店铺。

（二）入驻的基本条件

1）必须是注册的正常经营的企业，不能是个体工商户。

2）需要有自有品牌或者品牌授权书。

3）注册了企业支付宝账户。

（三）准入要求

一个企业可以申请开通六家全球速卖通店铺账户。但在同一个经营大类下，仅允许三家全球速卖通账户。一个全球速卖通账户可以保持在线商品总数 3 000 个。

全球速卖通经营分类：行业→经营范围→经营大类→主营类目；对应于每个账号：①行业、经营范围：选定不能修改；②经营大类：可经营一个或多个；③主营类目：多个类目可以分多次申请。

系统准入审核：①需上传 10 款主打商品（样品），能通过商品定位店铺，定位风格和品牌情况审核；②卖家上传商品的风格和质量需要与样品一致。

（四）全球速卖通店铺类型以及相关要求

同品牌唯一商标的品牌官方店：（二选一）①自有品牌：必须是 R 标；②代理品牌：必须是 R 标，同时申请人需要独占授权。

同品牌多商标的品牌专卖店：（二选一）①自有品牌：R 标和 TM 标均可（R 标有注册证，TM 标仅有注册申请受理通知书）；②代理品牌：需要有品牌授权书（自然人注册的品牌，需同时提交带签名的身份证复印件）。

经营多个品牌的专营店：（三选一）①自有品牌：R 标和 TM 标均可；②代理品牌：需要有品牌授权书；③合法进货凭证。

（五）特殊行业需要的资质

需要承诺书的特殊行业，包含平衡车、电子烟。

需要第三方验厂报告的行业，包括西服定制、配镜（不少于 50 款）。需要注意的是，第三方验厂可以是自营工厂，也可以是代工工厂。

（六）其他限制及要求

上一年度平台反馈的高纠纷，高投诉，低市场认可度品牌不能入驻。

限制类商标不能入驻，包含如下：①全球速卖通已有的或近似的；②名称包含行业名、热搜词或通用名的；③包含知名的地名、人名的商标；④近似知名品牌的商标；⑤纯图形；⑥鞋类、手机数据线、婚纱礼服商品需要邀约的。

其他要求：①生产商需要符合国家、地方、行业、企业强制性标准；②商标不得有侵权、误导、误认或易被混淆；③入驻经营期间不得存在高纠纷率、高投诉率、低市场认可度；④经营期间品牌因低评分被通知整改，若无实质改善会被清退。

（七）全球速卖通资费

入驻技术服务费按年缴纳，不同类目数额不同，大致为 1 万元、2 万元、3 万元、5 万元、10 万元。若退出，已缴纳费用按月返还，算头不算尾。退还在申请后需要 30 日。

平台按照类目抽取佣金，佣金范围 5%~8%，实时划扣收取。销售额达标后，可以返还本步第一项收取的"技术服务费"，返还比例一般为 50% 和 100%，具体返还比例以销售额判定。

（八）入驻方法

互联网搜索"全球速卖通"，点击进入该网站，在页面右侧单击"立即入驻"按钮，填写企业支付宝的电子邮箱账号，并填写英文名称，完成注册。点击"去认证"，进行企业认证，认证页面需要通过手机登录相应的支付宝，并扫码验证。

参加网站的考试；考卷提交后将会公布正确答案，以及错题；考试通过页面会提示，可以点击"查看达标情况"，将跳转到全球速卖通卖家后台。每次考试的试题均不相同。点击"我的全球速卖通"后，再点击"未申请店铺类型"，即可填写并提交入驻资料。

行业洞察

国务院办公厅印发《关于促进跨境电子商务健康快速发展的指导意见》

2015年6月16日，国务院办公厅以国办发〔2015〕46号印发《关于促进跨境电子商务健康快速发展的指导意见》（以下简称《意见》）。该《意见》分为支持国内企业更好地利用电子商务开展对外贸易；鼓励有实力的企业做大做强；优化配套的海关监管措施；完善检验检疫监管政策措施；明确规范进出口税收政策；完善电子商务支付结算管理；提供积极财政金融支持；建设综合服务体系；规范跨境电子商务经营行为；充分发挥行业组织作用；加强多双边国际合作；加强组织实施12个部分。

《意见》指出，近年来中国跨境电子商务快速发展，已经形成了一定的产业集群和交易规模。支持跨境电子商务发展，有利于用"互联网+外贸"实现优进优出，发挥中我国制造业大国优势，扩大海外营销渠道；有利于增加就业，推进大众创业、万众创新，打造新的经济增长点；有利于加快实施共建"一带一路"等国家建设，推动开放型经济发展升级。针对制约跨境电子商务发展的问题，有必要加快建立适应其特点的政策体系和监管体系，营造更加便利的发展环境，促进跨境电子商务健康快速发展。

二、亚马逊平台入驻

（一）材料准备

在入驻跨境电商平台之前需要先进行材料的准备，这样可以方便卖家在入驻平台时快速过审。需要准备的材料包括企业营业执照、法人证件、银行收付款账号信息、邮箱、联系方式等，这些资质是平台过审必备，也是完成入驻亚马逊跨境电商的第一步。

（二）账号注册

打开亚马逊官网，点击"我要开店"，选择开店地区后，根据要求提交各种资料。需要注意的是，卖家需要明确销售商品的类型，因为有些品类的商品需要严格审核，特殊商品需要提供一系列的产品资质。

（三）法人验证

如果前面的各项资质都没有问题，那么法人验证后基本可以通过审核。

行业洞察

企业搭建跨境电商平台准备工作

现在市面上有各式各样的电商平台，如果企业要搭建自己的电商平台，尤其是跨境电商平台，就需要各方面的准备，需要把技术、营销、品牌等多方面因素综合考虑。跨境电商平台搭建准备工作如下：

1. 企业备案

跨境电商平台搭建首要解决的问题是取得经营的合法性，根据中国相关规定，企业未备案前将不能接入中国服务器，跨境电子商务业务根本无法开展。而对于采取网上商店模式的跨境企业，其网上商店如果不提供任何经营性信息服务业务，只需要办理 ICP 备案即可。

2. 商品备案

已办理 ICP 备案的跨境电商企业，需要向相关部门提交准备经营的商品清单，供监管机构进行商品备案。一般而言，商品备案信息需提供中英文介绍，包括产品内部编号、品名、描述（文字、图片等信息）、用途等。

3. 技术对接

显然，跨境电商平台搭建重中之重是做好与中国电商系统的技术对接。所选平台都必须是关检认可的，可以独立与海关、国检实现系统对接的平台，其功能必须具备接收订单、实现网购及支付信息，并能向海关和物流平台推送订单实现数据交流。

【任务演练】

一、任务描述

2020 年 3 月，小茗成立了一家名为"小茗同学"的服饰公司，注册资本为人民币 30 万。该公司集网上销售、订单加工和商贸合作为一体，承接童装加工、贴牌加工订单，商品主要目标对象是 4~6 岁的儿童。

目前"小茗同学"同时进行线下销售和线上直营，线下销售主要以批发销售为主，线上直营主要以零售为主。在国内业务方面，该公司不仅设有自建电商平台，而且针对批发业务已在阿里巴巴 1688 平台开店，针对零售业务已在京东、淘宝经营和销售商品。在外贸方面，该公司还设有自己的工厂，主要与品牌合作商合作进行贴牌生产。但是近年来，随着人力成本以及原材料成本的增加，该公司在代加工上的利润越来越低。因此，"小茗同学"决定走自创品牌之路。

2021 年 1 月，"小茗同学"首次推出自创品牌"有机 T 恤"1 万件，该商品在一个星期内通过线上和线下销售方式被销售一空。现在，跨境电子商务发展迅速，小茗作为公司的总经理，看到同行在跨境电商上做得风生水起，迫切想选择一个适合本公司的跨境电子商务平台推广公司的"有机 T 恤"。面对众多跨境电子商务平台，小茗最终选择了全球速卖通平台，接下来小茗要进行全球速卖通平台的入驻。

二、任务分析

（一）为全球速卖通平台注册准备材料

在注册全球速卖通店铺之前，首先准备好注册全球速卖通所需的材料：一个企业支付宝账号、一个国际通用邮箱以及公司的营业执照复印件等。

（二）具体的全球速卖通平台入驻操作步骤

1. 开始注册

打开全球速卖通平台网址 www.aliexpress.com，将鼠标移到"卖家入口"，在下拉菜单中单击"中国卖家入驻"选项，进入注册流程，如图 2-1 所示。

图 2-1　中国卖家入驻

2. 公司入驻

在注册页面，选择"淘宝卖家入驻"或者"天猫卖家入驻"，确定公司所在地国家（中国卖家选择"中国大陆"），单击"下一步"按钮，如图 2-2 所示。

3. 注册账号

提供注册用邮箱、密码和手机号码等基础信息，单击"同意遵守 会员协议"，进入下一步，如图 2-3 所示。验证手机号码，添加登录用邮箱名。如果在收件箱内没有找到确认邮件，请查看垃圾邮件，验证邮件可能在垃圾邮件里。

4. 企业实名认证

企业用户和个体户用户均可以参加认证，需要一个已经完成认证的企业支付宝账号。全球速卖通提供两种认证方式供企业选择：企业支付宝授权认证和企业法人支付宝授权认证。

1
注册账号
2
完善信息
3
审核
淘宝商家入驻
天猫商家入驻
注册账号
公司注册地所在国家（中国商家选中国大陆）
中国大陆
中国大陆
俄罗斯
西班牙
意大利
土耳其
法国

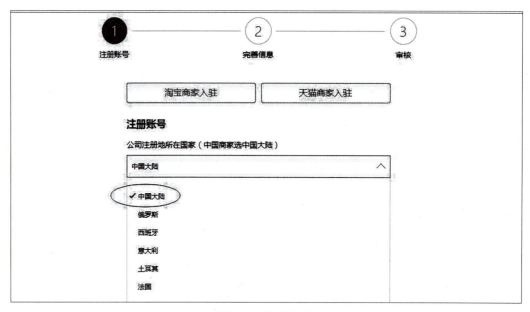

图 2-2 公司入驻

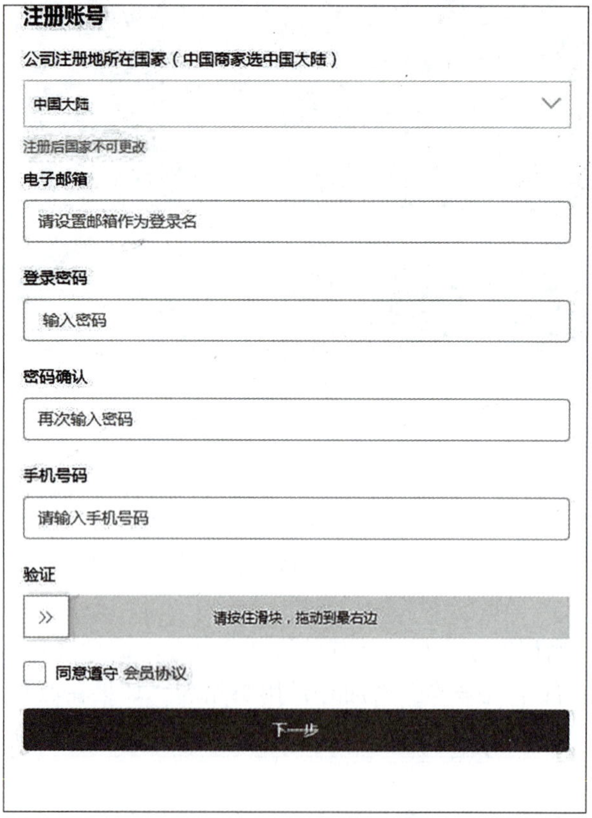
注册账号
公司注册地所在国家（中国商家选中国大陆）
中国大陆
注册后国家不可更改
电子邮箱
请设置邮箱作为登录名
登录密码
输入密码
密码确认
再次输入密码
手机号码
请输入手机号码
验证
请按住滑块，拖动到最右边
同意遵守 会员协议
下一步

图 2-3 注册账号

5. 申请经营大类

根据企业经营方向，申请经营大类权限。

6. 签署服务协议

认真阅读并同意《全球速卖通商户服务协议》，认真阅读并同意履行《阿里巴巴诚信体系服务协议》。

7. 申请经营大类

以玩具类产品为例：选择母婴玩具经营大类，该大类包含的类目有孕婴童、玩具和鞋子，根据全球速卖通的规则，申请经营大类时需要缴纳与运营该类目产品所对应的保证金，母婴玩具大类的保证金是 10 000 元，如图 2-4 所示。

图 2-4 申请经营大类

8. 开通账号

缴纳保证金后，经过全球速卖通审核，将开通全球速卖通平台的运营账号。

三、任务评价

学生完成全球速卖通平台店铺的注册和设置后，教师结合学生实操过程，对学生注册的全球速卖通平台店铺进行评价，给出建设性的总结意见。

任务三 跨境电商平台规则解读

完成跨境电商平台店铺的入驻后，在店铺运营时需要了解相关规则。

课件

【知识准备】

一、全球速卖通平台规则解读

根据全球速卖通官方平台公布，全球速卖通平台规则主要由基础规则、招商规则、禁限售规则、知识产权规则、行业标准、营销规则、物流规则、卖家保护政策等共同组成，其中基础规则主要有卖家义务、交易、违规及处罚三部分的规则。

（一）卖家义务

卖家在平台的任何行为应遵守中国及其他国家可适用的法律、法规，应就双方达成买卖交易自主对买家负责，切实履行卖家的信息披露、质量保证、发货与服务、售后及质保等义务；遵守平台各类目的商品发布规则；禁止发布禁限售的商品或信息，尊重他人的知识产权，保证出售的商品在合理期限内可以正常使用。

（二）交易

卖家使用合法邮箱在全球速卖通注册，全球速卖通有权终止、收回未通过身份认证或连续一年 180 天未登录全球速卖通或阿里旺旺（TradeManager）的账户。全球速卖通平台接受依法注册并正常存续的个体工商户或公司开店，卖家需经实名认证并绑定支付宝账户。

全球速卖通有两种销售计划类型，即标准销售计划和基础销售计划，一个店铺只能选择一种销售计划类型。无论选择哪种销售计划，均需根据系统流程完成类目招商准入，此后卖家方可发布商品。商品发布以后，卖家将在平台自动开通店铺，完成认证的卖家在全球速卖通可最多开设 6 个虚拟店铺，选择"标准销售计划"的店铺，店铺内在线商品的数量上限为3 000;选择"基础销售计划"的店铺，店铺内在线商品的数量上限为 300；特殊类目下每个类目在线商品数量上限为 5。

此外，平台交易规则还对搜索排序、订单超时、物流、纠纷处理、售后服务、放款、提现及佣金、拒付等方面做了相应规定。

（三）违规及处罚

平台将违规行为根据违规性质归类为知识产权严重违规、知识产权禁限售违规、交易违规及其他、商品信息质量违规，称为"四套积分体系"。这四套积分体系分别扣分、分别累计、分别执行处罚。

为保障消费者、经营者或全球速卖通的正当权益，在会员违规处理期间，全球速卖通可对会员采取警告、搜索排名靠后、屏蔽、限制发送站内信、删除评价、下架商品、删除商品、关闭经营权限、关闭提前放款功能、冻结或关闭账户等，直至全球速卖通确认风险基本可控后予以部分或全部解除管控。

另外，全球速卖通严禁获得任何违反规定的利润，这意味着它不允许侵犯其他卖家的财产权和合法权利。这些规则限制的操作有：①在交易过程中，卖方通过诱使买方违反全球速卖通的规定而获得任何不正当的利润；②卖方通过发布和提供任何伪造、服务或物流信息来获得任何不正当的利润；③在以前的账户因违规而关闭后，重新注册卖方账户；④如果以前的账户因违规而关闭，直接或间接使用或管理任何其他账户，并从其他方面获得不正当的利润。这些操作都违反了交易规则，卖方应在日常账户管理期间避免这些操作。

二、亚马逊平台的规则解读

从 2021 年 5 月开始，亚马逊掀起针对中国卖家的封号潮，据不完全统计，共有 600 个品牌和 3 000 多个中国卖家账号被封，直接和间接的经济损失超过 20 亿美元。这是中国跨境电商卖家第一次感受到亚马逊规则的力量，同时也是让很多人损失惨重的记忆。在跨境电商平台上经营店铺，必须熟悉各平台的政策规则，在平台允许的框架内运营，必须了解哪些"红线"是绝对不能碰的，否则会有很多店铺纠纷甚至被平台惩罚。

为了给广大买家提供一个安全可靠的购物环境，亚马逊平台设立了一系列的政策规则。根据亚马逊平台公布，亚马逊平台的政策规则主要由卖家行为准则、卖家资质审核、违规侵犯相关政策、产品合规政策、亚马逊欧洲增值税政策等这几大类共同组成。

（一）卖家行为准则

卖家行为准则要求卖家在亚马逊平台遵循公平、诚实的行事原则，以确保安全的购买和销售体验。卖家必须始终向亚马逊和买家提供准确的信息，公平行事，不得滥用亚马逊的功能或服务，不得试图损害其他卖家及其商品/评分或者加以滥用，不得试图影响买家评分、反馈和评论，不得发送未经请求或不恰当的沟通信息。卖家只能通过买家与卖家消息服务联系买家，不得试图绕过亚马逊销售流程。在没有合理业务需求情况下，不得在亚马逊上经营多个卖家账户。若违反行为准则或任何其他亚马逊政策，亚马逊可能会对卖家的账户采取相应措施，例如取消商品、暂停或没收付款以及撤销销售权限。

（二）卖家资质审核

为了保障亚马逊卖家以及消费者的合法权益，维护健康的市场环境，亚马逊在全球开店的注册过程中执行了卖家审核流程。另外，亚马逊会根据各站点的法律法规要求，对卖家采取差异化的资质审核流程。

（三）违规侵犯相关政策

亚马逊平台制定了严厉的违规侵犯政策，希望打造一个买家始终可以放心购物的电商网站，也希望买家知道他们在亚马逊购物时所投入的信任不会因购买到伪造商品而遭到破坏。所以在亚马逊上出售的商品必须是正品，严禁销售假冒伪劣商品，包括非法复制、仿造或制造的商品。如果卖家销售假冒伪劣商品，亚马逊会提供侵权申诉，在严重的情况下可能会暂停或终止卖家的亚马逊销售账户（以及任何相关账户）。

另外，2020 年 6 月 24 日，亚马逊宣布成立全球打假团队，专门负责打击那些违反法律法规和亚马逊平台规则，在亚马逊上销售假冒商品的售假者，并将其诉诸法律。

（四）产品合规政策

亚马逊的目标是确保买家能够有信心从卖家处购买相关产品，而不必担心产品的安全性、质量或可靠性。为此，亚马逊制定了完善的产品合规政策，包括禁限售商品政策、产品安全政策、亚马逊物流——危险品政策以及贸易合规政策等，目的是打造亚马逊平台商品合规的环境，让更多买家可以放心购物。

（五）亚马逊欧洲增值税政策

如果卖家在欧洲国家或地区销售商品，可能需要注册当地国家的增值税税号（VAT）。虽然增值税合规是每位亚马逊卖家独自承担的责任，但亚马逊会向卖家提供有用信息，帮助卖家了解欧洲国家或地区的增值税法规，例如在亚马逊平台上，可以查看到最新英国、德国、法国、意大利、西班牙、波兰、捷克等部分国家的增值税政策和要求。

📱 典型案例

"史无前例大封杀"！亚马逊中国卖家遭大规模封号

世界电商看中国，中国电商看深圳。在亚马逊上，70%的卖家来自中国；而在中国的跨境电商中，广东的卖家能占到70%，这当中50%的份额都来自深圳。因中国在抗疫防疫的优异表现，国内跨境电商行业迎来了一大波发展机遇。"一年买下深圳湾豪宅、喜提香车不在话下"，诸如此类的字眼频频出现在公众视野中。

从2020年开始，跨境电商就已进入密集 IPO 阶段，跨境通、联络互动、兰亭集势、新维国际等先后上市，2021年上半年，更有多家跨境电商公布 IPO 计划。然而，2021年5月以来的亚马逊"封号风波"却来得格外猛烈，波及超5万中国商家。深圳超级大卖家有棵树近340个站点被封、1.3亿元资金被冻结，成为当时已知亚马逊对国内卖家出手严打最重的案例。

亚马逊方面表示，封号的原因绝大多数是被平台审查出"使用评论功能不当""向消费者索取虚假评论""通过礼品卡操纵评论"等违规行为。对此，商务部回应称，将为企业提升风控水平，加强与国际经贸规则和标准对接提供帮助，坚决支持企业采取合理措施，保护自身合法权益。

【任务演练】

一、任务描述

受疫情影响，各行各业钱袋子都不足，许多人为了牟利使出各种手段恶搞同行，如商标抢注。不少卖家遭遇"商标劫匪"勒索、投诉，且抢注商标的花样很多，若卖家遇到商标被抢注的情况，其账户资金会被冻结，店铺也会被封，将吃尽苦头。

2018年，黄经理的公司在美国和欧盟以及英国都注册了商标并且在亚马逊上已经备案成功了。商家的主体类目和销售主体都是商标范畴中的，只是搭配了产品配件，但配件是不属于这个类目的。本来是没有问题的，但是"劫匪"抢注了产品配件的德国站同名商标，然后迅速在亚马逊备案，并以"商标侵权"为由开始投诉黄经理的公司。

随之而来的是公司产品被下架，"劫匪"还威胁说会不停投诉，直到公司无法接受被反复下架。公司面对此等骚扰，无奈只能妥协，以 8 万欧元与"劫匪"交易商标。自己吃亏，他人得逞。如果自己的店铺商标被抢注应该怎么办？

二、任务分析

（一）了解跨境电商侵权类型

跨境电商涉及的侵权类型主要包括四种：

是版权，通常指侵犯作者的著作权；二是商标权，未得到产品品牌官方的正规授权，擅自使用对方的商标或 Logo；三是发明专利权，如果出售的产品是别人发明的，而且别人申请了专利保护，卖家未经允许擅自生产销售，也就是指销售仿品；四是外观设计专利权，是指对产品的形状、图案、色彩或者其结合所做出的富有美感并适于工业上应用的新设计，外观专利有 60%以上相似就视为侵权假货。

（二）商标被抢注如何处理

1）申请中的商标：向商标局提出异议，扼杀抢注商标。
2）已抢注成功的商标：申请宣告无效或撤销。

若仍无法解决，可选择直接放弃商标和市场，或与抢注者协商，出资"赎回"自己的商标，大多数抢注者都是为了牟利，卖家只能破财消灾了。但这终究不是最优解，最好的方法还是注重商标保护和完善商标布局，以规避商标被抢注发生。

（三）如何防止商标被抢注

1. 商标先行，布局市场

强化商标先行意识，在布局商标、品牌的时候，提前做好规划，全面布局自己的知识产权，在做好商标注册的同时提前将域名进行系统性注册申请，不让恶意抢注者"有机可乘"。

2. 防御性注册——商标防弹衣

商标注册有类别之分，卖家可在与该商标类似或非类似商品类别上分别进行防御注册，做好商标布局，以免遭受恶意侵害。

3. 加强商标监测

即便成功注册商标，卖家也不能掉以轻心，不仅要筑好商标护城河，还要做好监测保护工作，一旦发现相同或近似商标，及时提起异议或诉讼，将抢注扼杀在摇篮之中。

商标一旦被抢注，无论采取哪种解决方式，都会劳神伤财；与其亡羊补牢不如未雨绸缪，相对于事后采取维权措施，提前做好商标布局，规避商标被抢注或侵权风险才是护航品牌稳健出海的最优解。

二、任务评价

学生能够合理妥当地处理商标抢注问题并进行合理的分析。

【思政园地】

规则意识：遵守亚马逊平台运营规范

亚马逊是全球最大的电商平台之一，也是中国跨境电商卖家的重要市场。然而，这几年，亚马逊对中国跨境电商卖家展开了前所未有的打击，大规模封杀了涉嫌违反平台规则的账号和品牌。

2023 年 4 月底，亚马逊又执行惯例，每逢大促将至，亚马逊总会进行一次账号扫描，尤其对老用户的账号进行格外严查。卖家若未及时进行验证操作，可能会导致接收款项异常或账户遭到冻结。据多位卖家反馈，这一次的扫号行动异常广泛，且仍在持续进行中，其主要目标锁定在 2021 年之前注册的老账号，主要是在核实其真实性和有效性。

亚马逊坚持"顾客第一"的原则，因此在算法上买家的评论有很高的权重，一个差评可能会导致卖家的产品链接排名下降很多。而在竞争激烈的跨境电商市场中，排名意味着流量和销量。因此，一些卖家为了追求超额利润，不惜采取"刷单""好评返现"等违规手段来提高排名和口碑。然而，这种行为不仅违反了亚马逊平台的《卖家行为准则》等格式条款，也损害了消费者的权益和平台的信誉。除了平台规则之外，"刷单"行为还可能触犯其他国家的法律法规。例如，在美国，"刷单"可能构成欺诈罪或串通罪，并受到《反托拉斯法》等相关法律制裁；在欧盟，"刷单"可能违反《不正当商业行为指令》等相关法律规定，并受到《通用数据保护条例》等相关法律监管。

"刷单""好评返现"行为不仅损害了消费者利益和平台的信任度，而且可能触犯其他国家和地区的法律法规，引起舆论和监管压力。因此，在这样一个背景下，亚马逊采取了强硬措施来整治违规行为，也就是亚马逊封号以及账号核查。所以说，在跨境电商行业中，一家店铺的成功与否并不仅仅取决于产品的质量和竞争力，更重要的是运营者是否具备规则意识，并且能够遵守平台的法律法规与运营规范。在这个充满竞争和机遇的领域中，卖家一不小心就可能违反规则，导致店铺遭受处罚甚至被关闭，因此，遵守规是店铺可持续发展的关键。

【同步测试】

同步测试

项目三
跨境电商选品

学习目标

【知识目标】

掌握跨境电商产品的特点和选择标准；熟悉全球速卖通平台选品规则；了解其他第三方平台选品规则。

【技能目标】

能对产品进行正确的定位；能分析竞争者和行业产品；能分析平台数据，撰写调研报告，发现新的市场机会。

【素养目标】

树立"中国制造"到"中国创造"的中国梦，强化品牌意识和差异化选品的创新思维。

任务一　跨境电商选品认知

课件

跨境电商店铺成功的核心就是差异化的特色。面对近年来跨境电商的发展趋势，要想做好一个跨境店铺，就一定要有自己的店铺特色，包括特定的目标市场选择、差异化的客户需求满足、个性化的店铺核心竞争力（包括价格、款式、销售策略等），其中最为重要的是跨境电商店铺选品。跨境电商选品的核心要求是：有品质的商品，优势的价格，符合跨境销售特性，满足目标海外市场需求，突出自己的特色竞争优势。

【知识准备】

一、跨境电商产品的特点和选择标准

（一）跨境电商产品的品类

品类（Category）是指消费者认为相关且可相互替代的一组特殊商品或服务。从大类角度选择，品类分别为儿童用品、摄像器材、汽车配件、手机周边、服装服饰、电脑周边、电子、美容保健、家居园艺、首饰手表、办公用品、体育用品、玩具收藏品、游戏配件等。

品类管理（Category Management，CM）是"分销商和供应商合作，将品类视为策略性事业单位来经营的过程，通过创造商品中消费者价值来创造更佳的经营绩效"。品类管理是把所经营的商品分为不同的类别，并把每一类商品作为企业经营战略的基本活动单位进行管理的一系列相关活动。

（二）跨境电商产品的特点

1. 本土化

不同市场，因为地域、风俗、文化、环境、教育等因素，所构成的用户画像属性也不同，所以跨境产品一定要具备本土化特征，切实贴合市场受众的刚需。

2. 市场容量

选择的产品是否在这一市场中存在竞争者，竞争者之间的现状是怎么样的，市场是否已经饱和。如果选择的产品，在卖家选择的市场已有很多人在销售同类型的产品，那再选择这种产品是非常不明智的。

3. 差异化产品

不论卖家选择什么样的产品，都会有一定数量的竞争对手，在同质性如此高的情况下，卖家要想脱颖而出，就得做出属于自己的差异化产品。

（三）跨境电商产品的选择标准

1. 重量不能太重

卖家想节省成本，就尽量选择一些重量不超过 500 g 的产品销售，这样会相对节省运费。

2. 排除敏感货、危险品等品类

敏感货就是指一些液体状、粉末状、带电池的、有异味的产品，其在无形之中会增加发货的难度和成本，而且不确定因素也很多。

3. 尽可能选择不需要审核的产品

以亚马逊美国站为例，有些类目不对美国本土以外的买家开放，还有些类目属于半开放式，如果想卖也可以，但是必须先通过亚马逊的类目审核。

4. 规避垄断寡头品牌

有实力、有技术、有资源的先进入者已经将自己的品牌做大做强，基本处于行业垄断地位，不建议进入这种类目进行竞争。

5. 市场容量要足够大

产品类目前 20 名的销量不能太少，如果连小类目热销产品每天都只有 5 个销量，那卖家进入这种类目并没有实际意义。

6. 要及时关注大小类目的排名

例如在亚马逊产品页面上都有一个热销产品排名，上面是大类目排名，也就是亚马逊的一级类目排名，下面会有一个或多个小类目排名。

7. 避免选择季节性或节日性的产品为主力产品

以亚马逊美国站为例，美国每年有很多的节日，如万圣节、圣诞节、感恩节等，选品应尽量避开这些季节类的产品。

📄 **典型案例**

中国品牌 Anker 亚马逊运营的选品思路

在多个"中国品牌海外知名度"调研的榜单中，Anker 在全球范围的消费者认知度与海尔、海信等国内耳熟能详的品牌排在同一水平线，消费电子品类仅次于联想、华为和小米，可以说成功实现了全球品牌的打造。

Anker 最初是以出售移动电源为主，它的主要焦点一直是简单的黑白风格。选择这种设计风格的原因是欧美人对于黑色更加偏爱。因此，Anker 在装饰电子商务商店时将主背景色设置为黑色。

Anker 在移动电源领域取得了显著成绩，形成了在 3C 数码配件领域的绝对优势。在发展中，Anker 既不盲目扩张，也不坚持停滞。目前，Anker 的产品线涉及移动电源、充电器和数据线。虽然产品选择类目已经扩大，但主线是明确的。Anker 有针对性、有节奏的扩张，既能避免错失商机，又能避免因试错而产生的高昂成本。

在 Anker 几十万的评价中，每一款产品的星级评分基本在 4.5 分左右。从具体的评价可以看出，虽然也有不好的评价，但大多数顾客对产品本身的质量以及包装和服务都相当满意。所有的营销，没有质量，都是浮云。打造品牌的第一步就是追求好质量。

二、跨境平台选品规则

（一）全球速卖通平台选品原则

选品主要遵循由泛选品到精选品的流程。

先泛选品，优先保证价格处于热销价格的中低水平，例如智能手表价格区间在 8～14 美元，均价 11 美元，那么建议卖家做 11 美元以下的智能手表，前期可以铺设产品线，重点产品重点上，不重点产品也可以适当上。

经过一段时间的数据沉淀和分析，卖家精选了一些产品，并发现某个品类的出单表现尤为出色。因此，卖家决定将这个品类作为重点推广对象，并在接下来的 1 至 2 个月内不断推出新品。随着时间的推移，店铺产品结构将逐渐变得清晰，并最终锁定到某个或某几个子类目中，这将有助于提高店铺的知名度和销售额。

对于卖家而言，面对平台不断地改革与调整，要做的就是随平台而变，甚至能够前瞻性地预测平台走向，提前做好准备，并将其落实到店铺运营中的每个细节中去。

选品时要避开红海竞争，瞄准小蓝海进行深挖。若产品遍地可以拿到，价格又没有优势工厂价，建议放弃。分析全球速卖通竞品市场，确定受众国，并扩展其他平台如"独立站"，实现增量扩盘，也可优化订单主要来源国家的物流、收款方式等。

（二）亚马逊平台选品原则

要想在亚马逊平台上进行商品销售工作，卖家的商品就要符合一定的原则标准，卖家通过了解选品原则可以进一步确定商品的可选择范围。由跨境电子商务的主要流程可知，在运营亚马逊店铺时，卖家主要是通过跨境物流和跨境电子商务平台展开商品销售流程。因此卖家选择商品的原则主要有以下几点：

1. 销售原则

销售原则即成品在销售时需要遵守的原则。了解销售原则有助于卖家选择的商品在跨境电子商务平台上获得更好的销量，为店铺发展带来较大的帮助。销售原则主要包括商品利润、商品优势、法律问题、侵权问题，下面进行具体介绍。

（1）商品利润对于卖家十分重要

卖家花费较大的精力从事跨境电子商务，其最终目的就是获得利润，除了平台佣金扣点和商品的成本，跨境运输的距离较长，商品运输的费用也是比较高的，因此卖家在考虑商品利润时也要考虑跨境物流的运费。对于商品利润问题要注意商品的利润率和商品的货值。

一般情况下，卖家所选择的商品利润率最好不低于50%，越高越好，这样除去平台扣点和物流费用，卖家还是会有一定的收益，否则可能会面临亏损。卖家要选择货值较高的商品，商品货值高，那么卖家销售一款商品所获得的利润就比较多。

（2）商品优势主要包括商品质量、商品差异化和供货能力

卖家选择的商品如果存在较多的质量问题，遭到买家投诉，那么亚马逊平台就会禁卖这款商品，所以商品质量是一个十分重要的原则，卖家在选择商品时对于商品质量要进行严格的把控。

商品的差异化可以提高商品的优势，减少相同商品之间的竞争。例如，其他卖家正在销售一款打蛋器，但他们的打蛋器的材质是金属的，那么卖家就可以生产以环保材料所制成的打蛋器，以此作为差异化销售给买家。在销售过程中，卖家要保证所选择的商品拥有稳定且优质的货源。如果在销售过程中，由于商品断货而导致无法正常销售，则会导致店铺的销售业绩遭到巨大的打击。因此卖家在选择商品时，一定要注意商品的供应能力。

（3）侵权问题

境外国家对于商品的知识产权保护意识是相当强的，所以卖家在选择商品时，一定要注意商品的外观是否侵犯了其他商品外观专利，甚至包括商品拍摄的图片、视频等都存在侵权问题。如果卖家的商品存在侵权问题，那么卖家就会面临相当严重的处罚。

（4）法律问题

亚马逊规定卖家必须销售合法的产品。这意味着卖家必须遵守相关法律法规，不得销售禁止销售的产品，例如仿制品、盗版产品、侵犯知识产权的产品、危险化学品等。

2. 物流原则

关于跨境物流的禁运商品主要包括以下几点：

1）大多数跨境物流不能运输液状、乳状的流体类商品，如洗发水。

2）大多数跨境物流不能发带电、腐蚀性、放射性或易燃易爆的商品，如硫酸。

3）国家不允许出口的商品，如动植物及制品、烟草、武器、文物等。

4）商品规格主要是指商品包裹的重量和尺寸要求。当商品包裹的重量或尺寸超过限制时，可能导致商品不能邮寄或者跨境物流卖家会收取另外的附加费。不同的物流公司对商品的尺寸、重量要求的规定也会有所不同，卖家要根据自己所选择的跨境物流具体了解。

3. 平台原则

除了销售原则和物流原则对于商品选择有较大的影响，亚马逊平台也对商品有一定的限

制，如果卖家想要在平台上销售商品，那么一定要遵守亚马逊平台的相关商品规则。买家对于亚马逊的信赖源自能放心购买亚马逊平台上的商品。在亚马逊平台上不合法、不安全，需要处方才能销售的商品或其他禁售限售商品均被严格禁止。如果卖家选中一款觉得还不错的商品，但又有点怀疑这样的商品可能销售受限，那么可以到亚马逊平台的受限商品页面进行比对。此外，卖家也可以直接找亚马逊的客服确认商品是否违反平台原则。提前进行相关信息的核实可以避免因为平台对商品的限制问题造成的店铺损失。

 典型案例

UR 跨境电商如何选品

UR 是快尚时装有限公司旗下的服装连锁零售品牌。自 2006 年在中国广州开出第一家店铺，经过 10 年的发展，现于上海、北京、广州、成都、大连等重点城市开设有近百家店铺。2013 年，UR 看好阿里巴巴旗下网购零售平台 B2B 销售模式，注册了天猫旗舰店。UR 天猫旗舰店每周每店进行两次货品更新，每年推出万款新品，致力于让消费者的每一次入店都有眼前一亮的新鲜感。

随着近两年跨境电商外贸的兴起，UR 也看好国际外贸市场，想迈进跨境电商的行业。对于有着四年天猫运营经验的 UR 公司来说，进入跨境电商有着绝对的优势。那么该如何选品？

从市场角色关系看，选品即选品人员从供应市场中选择适合目标市场需求的产品。一方面，选品人员必须把握用户需求；另一方面，选品人员要从众多供应市场中选出质量、价格和外观最符合目标市场需求的产品。成功的选品，最终将实现供应商、客户、选品人员三者共赢的结果。此为选品价值之所在。

从用户需求的角度看，选品要满足用户对某种效用的需求，比如带来生活方便、满足虚荣心、消除痛苦等方面的心理或生理需求。

从产品的角度看，选出的产品，即在外观、质量和价格等方面符合目标用户需求的产品。由于需求和供应都处于不断变化之中，选品也是一个无休止的过程。

【任务演练】

一、任务描述

调研全球速卖通平台产品品类、产品标题描述和详细描述，并形成报告。

二、任务分析

1）打开全球速卖通在线交易平台（网址：http://seller.aliexpress.com），进入平台规则界面，如图 3-1 所示。

2）点击"全球速卖通规则"，查看全球速卖通禁限售商品目录和全球速卖通平台规则，了解禁限售规则，并熟悉禁限售商品目录。

3）进入全球速卖通买家页面（网址：http://www.aliexpress.com），查看产品类目。全

图 3-1　全球速卖通平台规则界面

球速卖通平台共计 30 个一级类目，每个一级产品类目下又有二级类目和三级类目。

4）从买家首页了解热卖行业。

5）点击 "BestSelling"，了解热销产品和每周热销产品。然后进入热销产品页面，查看每周热销排行和热销产品，做到对买家喜欢的产品有一定了解，从而选择合适的产品。

6）选择其中一款产品，了解其产品标题和详细描述选择。

例：以一款女士平跟鞋为例，其标题为：New Arrival Big Brand women flats shoes super-soft Pointed toe Sheepskin Ankle Strap flat sandals Big Size 34-41，该产品标题描述包含了核心词汇、属性词汇、流量词汇。该产品详细描述包括基本属性、图片展示、产品生产过程介绍、尺码介绍、支付和物流方式及退换货政策等。

7）根据调研情况撰写调研报告。

三、任务评价

序号	评分项	评分标准
1	调研产品品类	能选择合适的全球速卖通平台产品品类
2	产品标题描述	能进行产品标题描述和详细描述
3	选品调研报告	能根据调查得出科学合理的选品结果

任务二　站内外选品

课件

跨境电商选品可以通过站内选品和站外选品两种方式进行。其中站内选品是通过运用跨境电商平台站内的一些数据分析工具来辅助卖家选品，站外选品是指通过参考相似平台或借助第三方数据分析工具帮助卖家选品。

【知识准备】

一、站内选品

站内选品指的是根据全球速卖通平台的情况，结合一定的数据分析以及自身的情况来选择要经营的行业及具体类目下的产品，具体分为行业选品、类目选品、属性选品、网站推荐选品以及参考同行业其他卖家款式选品。

（一）行业选品

行业选品指的是卖家根据全球速卖通平台目前的情况，确定要经营的行业。以"生意参谋—市场大盘指数"为参考，按交易指数对行业类目进行分析，可以得知一个类目的大致市场规模和品类的天花板。通过对全球速卖通主要类目数据进行简要分析，可以找出各个一级类目下 Top3 的品类，比如运动及娱乐类目下最大的三个品类依次为 Cycling、Fishing 和 Camping&Hiking，如图 3-2 所示。这三个二级类目的成交额之和约占运动及娱乐类目的 63%。通过这样的分析，我们可以轻易得知哪些行业市场容量大、机会多，从而为我们的选品指引方向。

行业构成

排名	行业	搜索指数 ⇕	交易指数 ⇕	在线商家占比 ⇕	供需指数 ⇕	父类目金额占比 ⇕
1	Cycling 较前1日	144,395 +7.83%	1,514,681 +0.40%	48.78% +0.12%	647 +9.57%	31.93% -0.59%
2	Fishing 较前1日	89,883 +10.62%	1,054,924 +2.77%	33.03% +0.49%	492 +12.25%	16.52% +3.70%
3	Camping & Hiking 较前1日	135,036 +10.23%	1,000,822 -1.15%	41.30% +0.56%	664 +11.89%	15.01% -3.35%
4	Hunting 较前1日	76,662 +9.34%	815,013 +0.07%	23.44% +0.47%	502 +11.08%	10.34% -1.15%
5	Fitness & Body Building 较前1日	93,503 +7.88%	668,087 +1.30%	40.71% +0.20%	442 +9.63%	7.21% +1.12%

图 3-2　运动及娱乐类目下 Top3 品类

卖家也可以查看目前平台下具体某一行业的发展概况，包括行业数据、行业趋势和行业国家（地区）分布等数据。

1. 行业数据

选择自己的行业，查看该行业最近 7 天/30 天的浏览商品数、交易指数和客单价等数据，了解市场行情变化情况。根据图中显示的选择"女装>棉服"，查看最近 7 天的数据，如图 3-3 所示。

2. 行业趋势

选择相关行业进行数据趋势对比，可以分别从访客指数、供需指数、客单价等指标进行对比分析。图 3-4 显示的是"女装>棉服"与"女装>女士套装"访客指数最近 30 天的行业趋势对比。

图 3-3　棉服最近 7 天数据

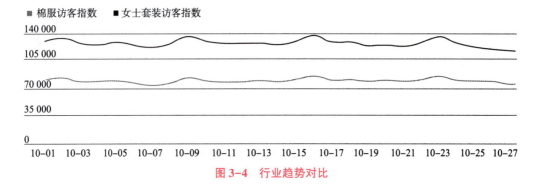

图 3-4　行业趋势对比

3. 行业国家（地区）分布

根据选定行业的访客数和成交额的分布情况，在商品发布及运费设置时做更多针对性操作，让目标国家（地区）的买家可以更加方便地购买商品，提升商品的转化率。

（二）类目选品

卖家选定行业后，就要确定要卖这个行业下的哪些类目的商品，也就是类目选品。

1. 了解行业下的类目

在类目选品之前，必须要了解目前行业下平台有哪些类目的商品。以服装服饰行业为例，若了解该行业的具体类目，卖家要在了解整个行业下的具体类目商品后，再从中选择自己熟悉的行业。

2. 了解卖家热卖的商品与买家最需要的商品

对一个行业下的商品类目有了了解后，还要了解平台上的卖家都在卖哪些类目下的商品及平台买家需要的商品。这里就需要用到"生意参谋—选品专家"功能。进入"生意参谋—选品专家"页面，选品专家提供了"热销"和"热搜"两个维度。其中，"热销"是从卖家的角度来说的，"热搜"是从买家的角度来说的。在"热搜"维度下，同样也可以将最近 30 天的数据下载下来并进行排序分析，其中涉及搜索指数、搜索人气、购买率排名、竞争指数等 4 个指标。

（三）属性选品

除了以上介绍的在行业中选品和在类目中选品，卖家还可以利用"生意参谋"中的"选品专家"，按照"热销"和"热搜"两个维度，在商品中选品。进入"生意参谋—选品专家"页面，选择"热销"维度，选择"女装>连衣裙"，"国家"选择"全球"，"时间"选择"最近7天"，然后单击"dress"（连衣裙）一词，我们可以看到它的成交指数为335 219。进入"dress"（连衣裙）一词页面，可以分别查看该商品的关联商品、热销属性和热销属性组合数据等信息，如图3-5所示。

图3-5　连衣裙"热销"维度

1. 关联产品分析

TOP关联产品是指买家同时浏览、点击、购买的产品。其中，产品与产品之间的连线越粗，其关联性就越强，即买家同时浏览、点击、购买的人越多。圆圈越大，表示该产品的销量越高。圆圈的颜色表示产品的竞争情况：颜色越红，竞争越激烈；颜色越蓝，竞争越小。我们可以看到与dress相关联的产品有sweater、women set、skirt，如图3-6所示。

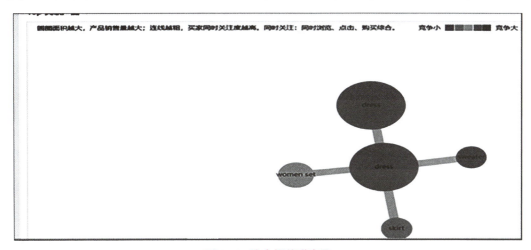

图3-6　连衣裙关联产品

2. 热销属性分析

TOP 热销属性是指某个品类下热销的属性。属性值的圈越大表示销量越高；同一类颜色在此图只作属性分类用。

3. 热销属性组合分析

TOP 热销属性组合指的是某个品类下热销属性组合，相同颜色代表同一类属性组合，颜色占比越大表示销量越多。卖家可以根据属性组合结合供应情况进行选品。

（四）网站推荐选品

全球速卖通平台也为卖家提供了一些行业在某个时间段内平台流行趋势，卖家可以参考其中的产品进行选品。

1. 首页类目推荐

以平台首页女装行业目前在平台上流行的类目产品为例，比如 Blouses & Shirts（女士衬衫）、Dresses（连衣裙）、Tees（T 恤）等，卖家也要注意关注这里的产品信息。

2. 平台活动选品

前台能上平台活动的产品，说明这是认可的产品，该产品还可能是行业稀缺或者受欢迎的产品。对于平台活动款，建议不要跟款，但可以做相似款，即对产品在尺码、颜色、性能等方面进行改良。

全球速卖通前台中 Super Deals 中的产品都属于全球速卖通活动的产品。能够上平台活动的产品，其流量、热销度相对都比较高。卖家可以分析行业内能上平台活动的产品有哪些，参考平台活动产品特点，作为选品思路。

（五）参考同行业其他卖家款式选品

我们可以将平台上同行业其他卖家的产品款式作为自己选品的参考。在买家端首页输入想要了解的产品，如 Lip gloss（唇彩），将搜索结果以降序形式排序，画面所显示的是该类目下目前平台上卖得最好的卖家都在卖哪些款式的产品，可将这些产品作为自己选品的参考。

 行业洞察

跨境电商助力中国企业逐步实现品牌出海

跨境电商的发展所带来的一个变化就是中国品牌的出海。随着中国品牌越来越受到国际消费者的喜爱，"中国制造"也越来越得到海外的认可。中国企业正逐步实现从产品出口到品牌出海的跨越，但也面临着更激烈的市场竞争和对技术升级的要求。

Meltwater 的数据显示，2020 年在境外各大社交媒体上提及中国制造相关关键词的发帖总数达 1.55 万，日均提及量为 44；而 2021 年 1 至 10 月，在境外各大社交媒体上提及"中国制造"相关关键词的发帖总数达 1.78 万，日均提及量为 59。

作为"世界代工厂"，我国在制造业的优势不言而喻，相对成熟完善的供应链也让"中国制造"获得了海外的认可。而如今，跨境电商让"中国制造"不仅仅局限于产品，还为中国品牌提供了国际化的展示平台。

然而，值得注意的是，成功出海的中国品牌在海外市场也遇到了技术和竞争力的双重难题。在其他本土品牌已经打下的江山上突破重围并不容易，中国企业也面临着产品和技术的双重升级。因此品牌出海也成为自主研发的新动力。

二、站外选品

（一）Google Trends（免费）

Google Trends，顾名思义它是帮助我们了解趋势的工具，国内对应的是百度指数。

Google Trends 是谷歌旗下一款基于搜索数据推出的分析工具，只要有 Google 邮箱账号即可使用。它通过分析 Google 搜索引擎每天数十亿的搜索数据，告诉用户某一关键词或者话题各个时期下在 Google 搜索引擎中展示的频率及其相关统计数据，用户就可以通过这些搜索数据了解到市场、受众信息以及未来的营销方向等相关信息。

（二）Google Adwords（免费）

Google Adwords 是一款寻找关键词的工具，注册比较简单，Google 邮箱即可。卖家用它来选品，它的后台会显示关键词以及相关关键词的价值，通过关键词的价值可以了解买家的行为喜好。

（三）Jungle Scout（29~99 美元/月）

该工具专注帮助亚马逊 FBA 卖家选品。目前 JS 网页版主要包含了三部分功能：①寻找热销品；②搜索供应商；③关键词分析及管理。

Jungle Scout 可以帮助卖家快速分析产品排名和获取产品实时销量数据，为卖家决策产品是否值得卖和发货的数量提供数据支持，以确保更高利润和更大销量。支持站点：美国、英国、德国、墨西哥、加拿大、法国、印度、意大利、西班牙。

（四）Keepa（15 欧元/月、149 欧元/年）

Keepa 支持火狐、Google、Opera 等浏览器插件安装。通过 Keepa 可以简单推理和判断竞争对手产品推广起来的原因；查询竞争对手有没有做秒杀活动，其活动效果怎么样；实时追踪竞争对手的价格，什么时候降价了，什么时候涨价了，可以对自己的产品进行优化，提高自己的竞争度。Keepa 还有很多整体分析数据的功能，功能非常强大，基本涵盖从"刷单"、做活动到价格控制再到整体分析。

Keepa 支持的站点：美国、法国、英国、德国、日本、中国、印度、巴西、意大利、西班牙、澳大利亚。

📱 相关链接

亚马逊上如何开发产品

【任务演练】

一、任务描述

运用全球速卖通店铺后台数据对某类产品进行行业分析。

二、任务分析

1）进入全球速卖通后台，打开"生意参谋—行业情报"页面，根据产品类型选择合适参数。从页面可以看出行业的访客指数、浏览商品数、商品浏览率、供需指数、客单价、商品加购人数和加收藏人数等数据，如图3-7所示。

图3-7 行业情报

2）根据访客指数对比趋势图可以看出，本周期访客指数比上周期访客指数有一定幅度的增长，如图3-7所示。

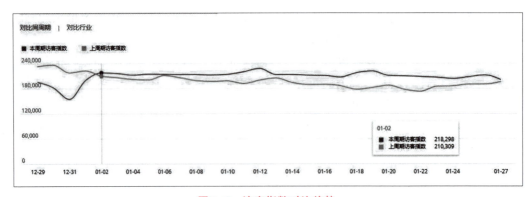

图3-8 访客指数对比趋势

3）从分析页面也可看到多个国家在访客指数、浏览商品数、商品浏览率、供需指数、客单价、商品加购人数和加收藏人数等的具体数据，如图3-9所示。

4）根据上述分析，可以得出行业结论。

排名	国家&地区	访客指数 ↓	浏览商品数 ↕	商品浏览率 ↕	供需指数 ↕	客单价 ↕	商品加购人数 ↕	加收藏人数 ↕
1	俄罗斯 较前30日	624,849 +5.09%	6,333,064 +11.66%	16.32% -0.73%	260 +10.01%	16.07 -4.17%	1,171,024 +19.83%	934,625 +18.36%
2	美国 较前30日	314,916 +5.24%	3,301,245 +6.43%	14.49% -6.58%	117 +3.86%	40.18 -22.01%	521,984 +11.33%	308,194 +14.77%
3	西班牙 较前30日	285,694 +2.80%	2,566,907 +7.27%	15.47% -5.15%	105 +2.34%	23.04 -19.30%	255,490 +5.31%	158,465 +9.89%
4	法国 较前30日	244,951 +2.64%	2,199,416 +4.18%	14.15% -5.03%	96 +2.36%	26.76 -10.59%	219,765 +5.71%	111,728 +8.57%
5	巴西 较前30日	225,031 +5.58%	1,590,392 +10.41%	14.88% +0.34%	87 +6.57%	60.35 -4.07%	140,659 +11.31%	106,727 +15.50%
6	波兰 较前30日	223,234 +19.63%	1,545,718 +31.75%	15.00% -3.85%	73 +25.83%	14.77 -11.72%	119,142 +41.54%	96,132 +40.02%
7	乌克兰 较前30日	216,714 +4.94%	1,999,867 +13.33%	14.80% -1.92%	88 +7.62%	13.73 -4.20%	125,637 +8.75%	137,183 +14.20%
8	以色列 较前30日	183,975 -5.03%	1,690,280 -4.92%	17.58% +0.69%	56 -9.28%	24.46 -1.96%	153,495 -13.44%	67,973 -9.26%

图 3-9　国家构成页面

三、任务评价

学生能够选用合适的方法根据全球速卖通店铺后台数据对某类产品进行行业分析。

任务三　第三方工具选品

课件

除了参考跨境电商站内的一些资源来进行选品，卖家还可以利用站外资源作为选品参考，比如借鉴其他跨境电商平台上的热销产品，或者是采用第三方选品工具。

【知识准备】

一、Shopify pify/全球速卖通利基分析工具——FindNiche

FindNiche 是全球速卖通和 Shopify 的定位分析工具。它能帮助卖家找到关于竞争者的全部信息，也能在卖家所在的领域内激发卖家的产品灵感，其威力在于大数据的选取。卖家可以通过各种筛选条件，逐渐锁定潜在获奖产品。

当卖家通过各种筛选条件发现潜在利基产品后，再查看产品的详细信息，如订单量、售价、评论数量、评分等，了解该产品，或者直接到全球速卖通供应商商店查看具体的评级和产品说明等。经过各种数据的分析，基本上可以确定该产品是否有潜力成为下一个爆款产品。

（一）方法一：通过筛选，检索数据库

通过不同的筛选组合，可以过滤出满足不同要求的商品结果，再选择符合自己要求的潜

在爆款。常用的筛选组合如下：

1）低竞争度爆款：筛选品类、7 天订单增幅>50%、竞争度为 1~5、订单走势上升的商品。该组合筛选的商品竞争卖家比较少，但是目前市场卖得好，为需求持续上升的商品。

2）有优化潜力的爆款：筛选品类、商品评分为 3~4 分、7 天订单量>50、订单走势上升的商品。该组合筛选的商品有较高市场需求，但是商品特征无法满足用户需求，可以通过评论再次优化商品特征或页面。

3）最新潜在爆款：筛选发布时间在近 30 天、7 天订单>50、7 天订单的增幅>50%、订单走势上升的商品。该组合筛选的商品为近 30 天卖得比较好的新款，这些新款都可能是潜在的爆款。

（二）方法二：通过榜单查看近期爆款

榜单分为热销榜和新品榜。热销榜代表所有商品按订单或增长率数值排序。新品榜代表最新上架商品按订单或心愿单排序。通过分类筛选，可以进一步细化市场，提高效率。

（三）方法三：通过 AI 智能算法推荐可能的爆款

如果不知道如何找到哪些潜在的爆款，那么 FindNiche 还提供 AI 智能算法为卖家推荐潜在的爆款。这些商品有基本的周订单量保证，并且在 AI 智能算法预估下，该商品之后会呈现增长趋势。卖家再通过分类筛选，缩小爆款区间，更精确地找到自己品类的爆款。

二、亚马逊选择工具——AmzChart

AmzChart 是一款免费的亚马逊选品工具，拥有大量商品数据，功能强大，基于大数据和人工智能技术，为亚马逊跨境卖家提供一站式选择、跟卖监控等服务。该工具深入分析亚马逊 Best Seller Rank（BSR，热销品排名）的产品数据，以及商品类别分析，帮助卖家寻找蓝海市场。AmzChart 选品工具的主要功能和优势有三个：

（一）涵盖丰富的产品数据，帮助卖家找到畅销品

AmzChart 工具有很强大的数据抓取能力，几乎涵盖亚马逊美国站所有品类。其所有正在活跃的产品，目前可抓取的商品数量超过 5 000 万，而且每日还更新 900 多万商品，让卖家可以获取最新数据。同时，AmzChart 提供 20 多个筛选项，允许卖家用不同的筛选功能来缩小选品范围，还有 400 种选品思路，让卖家可以从不同角度来进行选品工作。另外 AmzChart 使用的是全新的关键词搜索系统，具备丰富的分析维度，这样一来，卖家可以用关键词选品，找到有销售潜力的爆款产品。

（二）发现利基类目，为卖家提升 BSR 榜单

如果将亚马逊视为一棵树，那所有的品类都是它的分支，进一步缩小区分成不同的子类目，每个类目都可以看作是一个市场。亚马逊品类研究是为了了解市场饱和度、竞争情况以及成功概率，因此 AmzChart 配备了品类洞察分区，为卖家提供帮助。品类洞察分区不仅帮

助卖家发现利基市场、利基类目和产品，还提供产品的上架时间、品类活跃度分析、品类价格趋势、品类竞争度分析、在品类内排名靠前的商品分析等，让卖家了解某个品类及具体产品的竞争激烈程度，帮助卖家探索蓝海市场。AmzChart 也提供可视化的市场分析报告，以及多维度筛选条件，让卖家全面了解市场。

（三）商品榜单页可查看所有品类的畅销商品

目前支持查看美国站、日本站、印度站三个站点的商品榜单。热卖榜是指基于过去 7 天或 30 天内的销售相关数据（如排名、评论等）综合评估下亚马逊最畅销的产品榜单。新品榜单是指基于过去 7 天或 30 天内的销售相关数据，同时商品上架时间在 6 个月内，综合评估下亚马逊最有潜力的产品榜单。飙升榜是指过去 7 天或 30 天内，亚马逊 BSR 增幅飙升的产品榜单。

三、跨境电商店铺分析工具——Seller Center

Seller Center 功能强大，使用免费，目前支持亚马逊、Shopify、全球速卖通、Wish、Shopee 等 5 大平台。也就是说，用 Seller Center 这款分析工具，卖家可以在亚马逊、全球速卖通这几个平台搜索优秀卖家，了解他们的店铺和产品情况，帮助选品、寻找合适而优质的供应商，还可以精准定位竞争对手。

（一）Shopee 卖家分析

目前 Seller Center 数据库里的 Shopee 顶级卖家有 160 万，日更 100 万卖家数据，用户满意度达 94%。Shopee 主要卖家分布在东南亚地区，市场前景广阔，但竞争也非常激烈。卖家要在 Shopee 平台立足，必须做好选品工作，规划适合的销售活动和策略。用 Seller Center 搜索 Shopee 最佳卖家和店铺，可以获取店铺名字、地址、所属利基市场、店铺创建时间和站点、响应速度、产品数量、关注者数量、评论数量、评分情况。

（二）亚马逊卖家分析

目前 Seller Center 数据库里的亚马逊顶级卖家数量达到 42 万，日更 6 万卖家数据，用户满意度高达 94%。无论是亚马逊平台的新入驻卖家，还是计划拓展业务规模的老卖家，都需要分析竞争对手，这是必要操作。比如，竞争对手排名是否更高？顶级卖家是否有布局你所在的利基市场？自己还可以从哪方面提升？这些问题，都可以通过在 Seller Center 搜索亚马逊优秀卖家找到答案。可以用店铺关键词、高级筛选项来精准搜索某个利基市场的优质卖家，在搜索、研究亚马逊优秀或顶级卖家的时候，可以看到各项综合分析指标，比如其店铺是在哪个站点开的，属于哪一个利基市场，其店铺产品数量和类目数量、评论数量，不同时期的好评占比等。

此外，卖家还可以点击各个优秀卖家店铺，进入详情页面了解更多，并且应当重点关注优秀家店铺的产品链接质量、每一款产品的评论数量、产品销售排名、广告活动、定价策略，然后将这些策略运用到自家产品链接的优化上面，从而提高转化率，增加销量。

（三）全球速卖通平台卖家分析

目前 Seller Center 数据库里的全球速卖通平台顶级店铺有 20 万，日更 1 万店铺数据，用户满意度也高达 94%。事实上，对跨境电商卖家而言，全球速卖通平台更像是一个商品库存采购网站，该平台有数千家供应商，提供批发销售和代发货服务，用 Seller Center 正好可以帮助卖家找到优质的供货商，了解他们的各项数据，包括店铺创建时间、店铺评分。除了寻找优质供应商，卖家的全球速卖通店铺要想脱颖而出，也可以借鉴这些顶级店铺的成功经验，比如最畅销产品、新品、产品数量、类目数量、不同时期的产品评论和评级情况等。

 相关链接

跨境电商选品需要规避的风险

【任务演练】

一、任务描述

运用各种方式，结合第三方工具进行跨境电商选品。

二、任务分析

（一）跨境电商平台选品

最直接的选品办法就是利用跨境电商平台作为搜索入口进行选品，即通过平台搜索框查看热门词，确定好热销产品，这也是目前大部分新手卖家会选择的做法。具体操作是：进入跨境电商平台，输入产品关键词，搜索框就会出现对应的产品，再把这类热门词放在第三方工具上分析。这种做法几乎适用于所有的跨境电商平台，但是不同的跨境电商平台也有着差异化的选品搜索方式。

1. 亚马逊

亚马逊跨境电商平台的卖家可以通过后台和前台查看三级目录，这种通过类目定位选品的方法可以帮助卖家深挖到更多产品；除此之外，还有秒杀页面也是个很好的选择，亚马逊的秒杀页面是将所有产品呈现在同一个页面上的，如果想选择某一个类目，可以直接通过定位类目进行选品。

2. 全球速卖通

与亚马逊有着类似的选品搜索方式，第一种方法是可以按照全球速卖通最新或者最畅销的热门产品进项查看，深挖同样类目可以帮助卖家找到合适的选品；第二种方法就是可以在全球速卖通平台上直接搜索关键词，很多独立站的爆款大多来自全球速卖通，因为全球速卖通解决了很多独立站卖家的货源问题。

3. eBay

eBay 选品可以直接通过工具进行查找，比较好用的工具就是 WatchCount 和 TopRatedSeller，这两个工具选品的区别在于，WatchCount 是按照条件筛选出热卖产品，TopRatedSeller 是按照销量排名进行选品的，相对来说，大家普遍常用的就是销售比较火的产品。

4. GoogLe

GoogLe 可以通过搜索引擎优化的方式进行选品，若与该产品相关的搜索结果较少，就说明该产品竞争度较低，可以考虑选择。在通过 Google 选品时候要注意避开竞争度太低的产品，比如说在 GoogLe 搜索某个产品关键词的时候，如果出现大量广告，那么就说明该产品的竞争度是比较高的，可以排除该产品的选择。

5. Wish

通过 Wish 进行选品，一是看流行趋势，二是看热销榜，然后就可以大致确定热门产品。

（二）海外市场网站选品

除了用跨境电商平台进行选品，也可以通过浏览海外市场网站进行选品，或者进入网站查看产品热销排行榜，特别是最新款式的产品，都可以用来作为选品的方法。

（三）分析社交媒体上的热词

跨境电商店铺的运营支撑在于获得终端客户。现在国外大部分的市场信息聚集在社交软件上，比如 ins，Facebook、Twitter 等，卖家可以通过热门软件了解消费者的习惯和爱好，关注社交媒体热词，掌握社交媒体重要信息，这样一来，就等于抓住了市场风口。

（四）增加产品类目的关键词

增加产品类目和拓展长尾词等方式也能快速增加店铺产品流量，这个方式同样能解决跨境电商选品的问题。选品最重要的是了解市场需求，选择适合自己的产品。

三、任务评价

学生能够综合运用各种方式进行合理的选品。

【思政园地】

Anker：中国消费电子品牌的崛起

为高质量推进品牌建设工作，全面提升我国品牌发展总体水平，2022 年 8 月 5 日，国家发展改革委联合多部门发布《关于新时代推进品牌建设的指导意见》(以下简称《指导意见》)。《指导意见》指出，品牌是高质量发展的重要象征，加强品牌建设是满足人民美好生活需要的重要途径。近年来，我国品牌建设取得积极进展，品牌影响力稳步提升。

以中国品牌 Anker 为例，它是安克创新旗下的高端创新充电品牌，致力于在全球市场塑造中国消费电子品牌，通过不断创新，将富有科技魅力的领先产品带向全球消费者，弘扬中国智造之美。Anker 在全球范围的消费者认知度与海尔、海信等国内耳熟能详的品牌排在同一水平线，消费电子品类仅次于联想、华为和小米，连续 3 年位列 Google、WPP 和凯度联合发布的 BrandZ™ 中国出海品牌榜 Top10，可以说成功实现了全球品牌的打造。

安克创新除了成功打造了智能充电品牌 Anker，还相继推出来 Soundcore、eufy、Nebula 等自主品牌，进一步拓宽了业务领域，在 AIoT、智能家居、智能声学、智能安防等领域均有出色表现，在全球 100 多个国家与地区拥有超 1 亿用户。

Anker 能连续 3 年成为 BrandZ™ 中国出海品牌榜 Top10 不无道理，过硬技术研发能力和敢于创新，为市场带来革新化的物种，并通抓住用户痛点提供与之对应的产品。同时从设计到生产源头狠抓质量环节，采用业内大品牌物料器件制作，为长久稳定运行打下基础，并采用超长质保政策给予用户舒心的使用体验。依赖于质量口碑，Anker 终于获得了苹果认可，成为继 mophie、贝尔金后又一家进驻苹果商店的第三方品牌，并成功上市敲钟。成功并无捷径，在各种组合拳下 Anker 脚踏实地稳扎稳打，力求让每一位用户都获得正面体验，正是因为如此，Anker 才能走出与其他品牌不一样的道路。

同时，《指导意见》也指出，我国品牌发展水平与全面建设现代化国家的要求相比仍有差距。我们要不断适应新时代新要求，进一步引导企业加强品牌建设，进一步拓展重点领域品牌，持续扩大品牌消费，营造品牌发展良好环境，促进质量变革和质量提升，推动中国制造向中国创造转变、中国速度向中国质量转变、中国产品向中国品牌转变，久久为功促进品牌建设高质量可持续发展。

【同步测试】

同步测试

项目四
跨境电商视觉设计

学习目标

【知识目标】

掌握全球速卖通产品的分类属性、标题描述和详细描述的方法；熟悉常用的平台数据分析工具和调研报告的写作方法；掌握图片处理技术。

【技能目标】

能够处理产品图片；能够对产品进行信息化处理，设置产品属性，撰写产品标题和详细描述等。

【素养目标】

培养学生在视觉设计上严谨细致、善于思考和精益求精的工匠精神，提升学生的审美能力。

课件

任务一　店铺首页装修设计

店铺首页是网店的身份符号，一个好的店铺首页不仅能很好地体现店铺的文化和内涵，同时也能在买家心中留下良好的第一印象，进而对店铺产生强烈的信任感。同时，店铺首页也是企业的无形资产。

【知识准备】

一、网店 Logo 设计与制作

（一）网店 Logo 的类型

网店 Logo 作为一种视觉图形传播符号，有强烈的传达功能，承载着企业的无形资产，是企业综合信息传递的媒介。因为网店 Logo 容易被人们理解和使用，所以成为国际化的视觉语言。在网店形象宣传过程中，网店 Logo 应用最广泛，出现频率最高，同时也是最关键的元素。从常见的表现形态来看，网店 Logo 主要有以下几种类型：

1. 文字型 Logo

文字型 Logo 主要由英文字母单独构成，适用于多种传播方式，最大的优点就是一目了然、简洁明了，辨识度高，买家的接受度也高。如果选择此种类型的 Logo，特别要注意 Logo 的设计要和店铺所出售的产品的整体风格相适应，而且不建议使用字母特别多的单词，最好以简洁明了和具备视觉冲击力为主要设计依据。

2. 图形型 Logo

图形型 Logo 一般直接用图形，而不出现任何字符类元素。因此，图形型 Logo 留给人的印象不是很深刻，如果不配合店名来看的话，让消费者有一种不明所以的感觉，不能确定店铺主要售卖何种产品。除非图形的辨识度非常高，否则一般在实际应用中不推荐使用此类单纯的图形型 Logo。

3. 图文结合型 Logo

图文结合型 Logo 是图形与文字相结合的表现形式。图文结合应该是最能让人记住的一种组合方式，其既有图形化的视觉冲击力，又能通过文字部分清楚地表达店铺信息，因此也是应用最广泛的一种网店 Logo 类型。

总之，每种设计都有其优势和劣势，卖家在选择设计形态时，可以根据自己网店的优势与特征采用合适的设计形态来进行表现。

（二）网店 Logo 设计规范

网店 Logo 的设计会因店铺的产品（主题）定位、战略定位、风格定位的不同而有所不同，比如，有的比较时尚新颖，有的比较大气稳重，有的比较幽默逗趣，有的比较清新甜美。在设计网店 Logo 时，通常需要注意以下三方面：

1. 网店 Logo 尺寸

网店 Logo 的设计应符合网站的尺寸规范，否则很容易导致图片变形，这样不仅影响视觉效果，也会大大丧失一些买家。

2. 网店 Logo 的外观

网店 Logo 的外观受尺寸的限制，不宜太过复杂，要利于查看。因此网店 Logo 要尽量简洁，可以是简单的图形，也可以是文字与图形组合，甚至可以直接将店名制作成网店 Logo。动态网店 Logo 的动画不宜复杂，动画跳转速度不宜过快，否则容易给买家造成视觉疲劳。

3. 网店 Logo 的稳定性

为了树立店铺形象，网店 Logo 也不宜时常更换，应在一定时间内保持稳定。

此外，网店 Logo 采用的文字和图形必须遵守相关的法律法规，重要的规范要求如下：

1）未经许可，严禁使用电商平台专用文字和图形作为网店宣传的文字和图形。

2）网店 Logo 禁止使用带有种族歧视、仇恨、性和淫秽信息的语言或不良言辞；网店 Logo 禁止使用与国家名称、国旗、国徽、军旗相同或者近似的文字或图形。

3）网店 Logo 禁止使用与政府间国际组织的旗帜、徽记、名称相同或者近似的文字或图形。

4）网店 Logo 禁止使用与第三方标志相同或者近似的文字或图形，如中国邮政、中国电信、中国移动、中国联通、中国网通和中国铁通、"红十字"标志、"红新月"标志等。

5）如用户或网店不具有相关资质或未参加相关活动，不允许使用与特定资质或活动相关的特定含义的词汇，如消费者保障计划、先行赔付等。

6）网店 Logo 禁止使用带有民族歧视性的，有害于道德风尚或者有其他不良影响的或夸大宣传并带有欺骗性的文字。

7）网店 Logo 禁止使用县级以上行政区划的地名或者公众知晓的外国地名，地名具有其他含义的除外，已经注册的使用地名的网店 Logo 继续有效。

（三）网店 Logo 设计技巧

Logo 是徽标或者商标的英文缩写，是人们在长期的生活和实践中经过提炼、抽象与加工形成的一种视觉化的信息表达方式，是具有一定含义并能够使人理解的视觉图形，有简洁、明确、一目了然的视觉传递效果。在竞争越来越激烈的全球市场上，严格管理和正确使用统一标准的徽标，将为公司提供一个更有效、更清晰和更亲切的市场形象。

一个出色的网店 Logo 设计能吸引买家的眼球，进而增加店铺的浏览量。在设计网店 Logo 时，可以运用以下设计技巧：

1. 设计要有造型

在设计网店 Logo 时，最好使网店 Logo 有特别的造型。因为网店 Logo 造型的优劣不仅决定了其传达店铺信息的效力，还会影响到买家对产品品质的信心与对店铺形象的认同。

2. 设计要有主导性

网店 Logo 视觉设计是网店视觉传达的核心要素，也是网店信息传达的主导力量。网店 Logo 是店铺经营理念和经营活动的集中表现，其不仅具有权威性，还是店铺其他视觉要素的核心。因此，网店 Logo 设计的前提就是要有主导性。

3. 设计要有统一性

网店 Logo 的形象设计需要与店铺的经营理念、文化特色，以及经营的产品和特色相统一，只有这样才能反复加深买家的印象。

4. 设计要有识别性

识别性是网店 Logo 设计的基本要求。通过独具个性的标志与其他店铺进行区分，可以增强店铺的市场竞争力，因此经过整体规划和设计的视觉符号必须具有独特的个性和强烈的冲击力才能具有较强的竞争力。在企业识别（Corporate Identity，CI）设计中，Logo 是最具视觉认知、识别信息传达功能的设计要素。

5. 设计要有时代性

面对发展迅速的电商市场及不断变化的市场竞争形式，要适时对网店 Logo 形象进行改进，才能使网店 Logo 与时俱进，具有鲜明的时代特征。

6. 设计要有系统性

网店 Logo 的识别设计一旦确定，随之展开的就是网店 Logo 的精致化。这其中包括网店 Logo 与其他基本设计要素的组合规定，目的就是要对未来网店 Logo 的应用进行规划，以达到系统化、规范化、标准化的科学管理。

7. 设计要有延伸性

网店 Logo 的识别设计是应用最为广泛、出现频率最高的视觉传达要素，有时需要在各种传播媒体上广泛应用。网店 Logo 图形要根据印刷方式、制作工艺技术、材料质地和应用项目采用多种对应性和延展性的设计，以产生切合、适宜的效果与表现。

相关链接

格式塔原理在视觉营销中的应用

二、网店首页店招设计与制作

店招即店铺招牌，它展示在店铺的顶部，用于向买家展示店铺的 Logo、名称等。一个精美的店招既能"传情达意"，又可以让买家感到赏心悦目，从而给买家留下美好的印象，进而吸引其浏览店铺、购买产品。如果店招设计得不够精美，可能会让买家认为店铺不专业，从而降低其对店铺和产品页面的信任度，最终离开店铺。因此，店招对于店铺而言是非常重要的。

（一）店招的构成

店招的构成主要有店名、主营类目、主推产品、二维码、优惠券、关键词搜索框、促销活动提醒以及店铺的客服服务、物流服务等。

1. 店名

店招中重要的就是网店 Logo，目前全球速卖通越来越注重品牌出海，因此 Logo 可用品牌的商标，能够使得买家收获良好的品牌认知度。在设计 Logo 时，通常使用英文来表示，可以是店铺或者品牌的英文首字母，采用大写或者大小写搭配的方式进行设计。

2. 主营类目

主营类目代表店铺主营产品的类目，对于某些类目，涉及第二级、第三级类目非常多，比如店铺主营类目为"工具"这一类目下，有焊接工具、起重工具、木工工具、测量工具、工具零件、焊接设备等。在店招制作时，需要考虑店铺的主营类目，并将其通过全球速卖通平台的类目划分展示出来。

3. 主推产品

主推产品是在主营类目确定以后，每个类目中会有一些表现比较好的单品，卖家要在店招制作过程中体现这些产品。比如某店铺主推产品为电钻和钻头，那么在店招设计时，需要加入电钻和钻头的产品图片。

4. 二维码

二维码主要是辅助站外推广，比如 Facebook，Twitter、VK 等社交媒体，买家可以通过扫描店铺二维码，在社交媒体关注卖家的店铺动态，卖家也可通过社交媒体，与买家进行站外互动，增强粉丝黏性。

5. 优惠券

若店铺设置了优惠券活动，则可在店招制作过程中体现出来，如满 30 减 3，满 50 减 5

等优惠券，以便当买家浏览店铺时，吸引买家下单购买。

6. 关键词搜索框

由于店铺内产品是非常多的，那么在店招中添加搜索框就能够为买家提供极大的便利，比如买家在搜索框中输入想要购买的产品——钳子，那么店铺内对应的产品将会展示在买家面前。

7. 促销活动提醒

当店铺参与一些平台大促活动、节假日活动时，可在店招中添加相应的提示。比如在"328 大促""双 11"等大促时，卖家可通过店招通知买家参与店铺的平台活动，包括活动类型、活动日期等相应提示。

8. 买家及物流服务

店招往往在制作时，还会增加店铺内的买家服务及物流服务信息，比如快速发货、免运费、24 小时客服、海外仓优势等，以此告知买家，店铺在美国、英国、俄罗斯等地有海外仓，发货速度非常快，买家 3~5 天便能收到产品。通过这些附加优势，增加买家产生购买行为的概率。

（二）店招设计规范

不同的电商平台对店招的图片尺寸要求不同，下面以全球速卖通为例来介绍店招的设计规范：

1）App 端店招尺寸：750px×300px。支持 JPG、PNG 图片格式，大小不得超过 2 MB。
2）PC 端店招尺寸：1 920px×90px。支持 JPG、PNG 图片格式，大小不得超过 2 MB。

（三）店招设计技巧

店招要真正发挥吸引买家的作用，在设置时要遵循"明了、美观、统一"的原则。所谓明了，就是把主营产品用文字与图像明确地告知买家，而不是设计得过于含蓄或故弄玄虚；所谓美观，主要指图片、色彩和文字的搭配要合理，要符合大众的审美；所谓统一，就是指店招风格要与整个店铺的风格保持一致。

店招的首要功能就是要清晰地展示店铺名称。在店招上可以添加品牌宣传语、打折促销信息、收藏或移动端二维码等元素，力求利用有限的空间传递出更多的信息，以刺激买家的购买欲望。但要注意的是，这些元素最好不要超过三个，因为足够的空间留白有利于打造视觉重点，让设计元素发挥出最大的效能。

为了树立店铺的品牌形象，彰显店铺的专业和品质，要注意保持店招与导航条风格的统一，利用色彩、修饰元素与风格的相似性来营造两者视觉上的一致性，打造独特的店铺装修风格，让买家在浏览店铺的短暂时间内能对店铺产生预期的印象。

三、网店首页 Banner 的设计与制作

在店招与导航条的下方就是店铺首页的 Banner（横幅广告）。这个模块占据的面积较大，可以放入大量信息，也是整个网店首页中最醒目的部分。

在店铺首页的产品图片展示板块中，在其开端位置放置单张 Banner 图片可以在一定程度

上聚焦买家的视线，让其有继续浏览页面的兴趣。打开网页后第一时间出现在视线中的区域，其实就是店铺首页的第一屏，在该区域会形成首焦位置。

首焦位置是买家进入店铺后第一时间看到的内容，如果这部分内容能够首先抓住买家的眼球，就会大大提高其继续浏览店铺页面的可能性。相较于在首焦位置使用大量文字说明的布局安排而言，图片结合文案的设计形式更符合买家追求轻阅读与轻松购物体验的心理。同时，放置买家最渴望看到的信息内容也是这个板块设计的重点。

（一）Banner 布局类型

1. 两栏式

把整个版面分为左右两个部分。可以文案在左，产品在右；也可以文案在右，产品在左，这需要根据需求去选择。一般两栏式 Banner 会对文案进行装饰或添加背景，以达到左右均衡。左侧为说明性文字，右侧为产品图片，整个画面和谐美观。为了制作动态视觉的 Banner，可以根据产品外观和需要，为两栏式 Banner 的文本或产品设置倾斜效果。

2. 三栏式

把整个版面分为左中右三个部分，一般文案在中间，两边放置模特和产品图像。三栏式 Banner 的效果，画面稳定、文字信息突出。

3. 上下式

把整个版面分为上下两个部分。可以文案在上，产品在下；也可以文案在下，产品在上。由于 Banner 的尺寸高度限制，所以这种类型一般较少使用。

4. 组合版式

将模特添加到两侧，中间的文案和产品进行上下排列；或将模特添加到一侧，另一侧的文案和产品进行上下排列。

5. 满版式

满版式 Banner 一般以场景或背景颜色填充整个版面，文字在画面中占比较大，为主要展示对象，产品和其他小元素装饰在文字周围。这种版式通常视觉传达比较直观，给人以大气、舒展的感觉，同时视觉冲击力也比较强烈。也可以在文字周围添加一些小元素，使整个效果更加饱满。

6. 中心式

中心式 Banner 的产品或模特在画面中占比较大，为主要展示对象。一般将产品或模特放置在版面中心，在其上层、下层或周围使用文案或其他元素进行装饰。这种版式直观大气，视觉冲击力很强，便于展示产品细节，常用于有模特展示的服装、美妆等 Banner 的设计中。

（二）Banner 构成要素

店铺首页中的 Banner 基本上是由三个要素组成的，即完整、精致的产品形象，唯美、绚丽的背景，以及精心编排的广告文字。

1. 背景

Banner 的背景图像一定要与产品的形象保持一致的风格，或者能够烘托出某种特定的气氛。比如以节日为主题和以店铺活动为主题的背景，可以清楚地看出两者的差别。背景是决定整个 Banner 设计成败的关键，很多情况下设计的 Banner 并不是针对某个风格明显的节日，因此在选择 Banner 背景素材时就需要进行更多的思考，例如，可以使用溶图。

溶图是用两张或两张以上的图片拼合成的一张图片，讲究构图严谨、细节处理得当。制作精良的溶图配上文字可以是一幅优美的艺术作品。在选择溶图时要注意，要么溶图的色调与产品相似，要么溶图的影调与产品能够和谐搭配，只有满足其中一个要求，才能保证 Banner 具备较理想的视觉冲击力和浑然天成的视觉效果。

2. 产品形象

Banner 中的产品形象是产品和买家的"初次见面"，它直接关系到转化率的高低。色彩得当、画质清晰的产品图能够树立良好的产品形象。因此，Banner 中的产品图一定要经过色调和光影处理，能够真实再现产品的色彩和品质；或者根据背景和文字的风格和影调做适当修饰。处理前和处理后的产品形象如图 4-1 所示，可以看出处理后的产品形象更能打动人心。

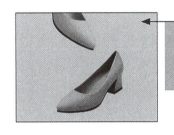
处理前：色彩灰暗，画质朦胧，画面层次不清晰，背景色调不理想

处理后：色彩纯净，画面清晰，画面层次感强，商品形象更突出

图 4-1　产品形象处理前后对比

3. 文字

文字是 Banner 设计中不可或缺的重要元素，很多不能用图片表达的信息都需要通过文字来传达，如活动的内容、产品的名称、产品的价格等。因此，艺术化的文字编排在 Banner 中就显得尤为重要，其中文字的字体与字号、色彩的变化等是设计中最为关键的环节。

（三）Banner 设计规范

Banner 的尺寸与店铺的布局紧密相关。与店招一样，每个平台对于 Banner 的要求有所不同。目前全球速卖通平台 Banner 的要求分为 App 端和 PC 端，两个端口对 Banner 的要求有所不同。

1. App 端

图片格式：支持 JPG、PNG；

图片大小：不得超过 2 MB；

图片尺寸：宽度 750px，高度不超过 960px。

2. PC 端

图片格式：支持 JPG、PNG 图片格式；

图片大小：不得超过 2 MB；

图片尺寸：宽度 1 200~1 920px，高度 60~750px；

（四）Banner 文案设计技巧

虽然很多卖家认识到了图片轮播区域的重要性，但很多店铺的图片轮播只停留在展示产品图片或单纯地为了装饰店铺的层面，而忽略了轮播图中文案的重要性。在网络环境下，买家对一则广告的关注时间平均不超过 2 秒，而图片轮播图作为静态广告，要想给买家留下深刻的印象，其广告文案必须要精简。

1. 简化文案结构

传统平面广告的文案一般包括标题、副标题、广告正文和广告口号四个部分，但在轮播图中，由于图片尺寸限制及展示产品的需求，其广告文案只要包含标题和广告描述两个部分即可。此外，需要注意的是，在轮播图广告文案中，广告标题承担着吸引买家注意力的重任，所以它不能是类似于联系方式或引导语之类的信息。如图 4-2 所示，在某茶具品牌轮播图广告文案中，广告标题"CLASSIC CUP & SAUCER"和广告描述"More Than 19 Years Experience"不仅极具吸引力，而且简单、明确地传达了文案的主旨。

图 4-2　某茶具品牌轮播图

2. 只选择最重要的内容

与写文章不同，轮播图广告文案不需要有明确的语法结构，只需要用最简练的语言或文字清晰地表达出你想向买家传达的信息即可。图 4-2 所示的轮播图中的文案只有"CLASSIC CUP & SAUCER"描述杯子的关键性信息。

文案中应减少一切不必要的信息，以免无关信息对买家造成影响。什么都想表达造成的最终结果往往是什么都表达不清楚。轮播图的广告文案可以使用关键词代替整句话，使文案简单、易记。

3. 使用特定短句式

相对于长句，短句更便于买家记忆。如果广告文案的字数较多，可以将文案写成对仗句式或长短句；对于相同字数的广告语，使用长短句可以让广告文案看起来更短。因为对仗句式读起来更朗朗上口，长短句也能显得短促有力，更易于买家对广告文案的记忆。

【任务演练】

一、任务描述

店铺首页的视觉设计，是买家对这家店铺的第一印象，直接决定售卖产品的格调。用心且有个性的店铺首页，能让买家产生信任感，并能在同类店铺中脱颖而出。现在正值跨境电商大促期间，请重新进行店铺的首页装修设计。

二、任务分析

网店首页是店铺的招牌和形象，这个其实和实体店铺一样，首页的设计代表着整个店铺的风格和定位，使买家对店铺产生深刻的印象。

网店首页按照区域和功能划分，一般来说有店招、页面导航、轮播海报/首页海报、首页宝贝展示区、页尾区五个区域。

1. 店招设计

店招即店铺的招牌，着重展示店铺名称/品牌名称和Logo，还可以加上一段品牌的标语，即广告语，加深品牌形象和定位。店招一般是网页版的店铺必备的，移动端的店招设计则是统一的字体，对于Logo和品牌名称的设计可以放在宣传海报和宝贝主图及详情页中。

2. 页面导航布局

页面导航主要是给买家一个引导功能，方便买家更加精准地查找所需的内容。

网页版的页面导航一般为首页、宝贝详请页（可根据产品功能和系列细分为多个页面）以及其他相关介绍，如店铺活动介绍、品牌故事介绍、会员礼、保障等。

移动端的页面导航基本上是固定的：店铺首页、全部宝贝、店铺动态、宝贝分类、店铺会员。

3. 首页海报/轮播海报设计

首页海报设计是整个店铺首页装修设计的重中之重，由于其占比非常大，承载的内容也会更多，也是人们眼睛更先关注到的位置，所以首页海报的设计非常重要。

首页轮播海报在网页端和移动端都是非常重要的，不同的是网页端把首页海报设计成横屏展示，而移动端把首页海报设计成竖屏展示，两者需要分开来设计。

轮播海报数量最好选择3张以上，可以是店铺热推产品，也可以是品牌的介绍或者优惠活动的介绍。轮播海报往往是带有链接属性的，放在首页轮播展示区的产品也需要卖家做好选择，策略优化好了才能带动产品的销售量。

4. 首页宝贝/产品展示区布局设计

首页宝贝/产品展示区一般是店铺主推的产品，可以按照系列划分，也可以按照功能划分，还可以相互组合。

5. 页尾区设计布局

店铺首页的页尾区可发挥的空间比较大，可以为店铺的介绍和品质保障，也可以在底端设置图片链接引导买家收藏店铺或点击进入产品区。

网店首页的布局了解清楚之后，接着就是明确设计思路、确定整体风格、规划布局、素材收集、确定字体和配色、排版。

店铺装修设计是设计公司的工作，卖家需要做的是和设计师沟通好想要的效果，可以适当地发送一些参考图以便双方更好地沟通和理解对方的意图，还需提供必要的产品图片和功能介绍、广告标语和Logo，以及宝贝的卖点介绍。

三、任务评价

对学生的店铺首页装修进行建设性的评价。要求首页装修美观有亮点，符合店铺定位，与产品特色相符合。

课件

任务二　产品主图拍摄与制作

买家是否能够进入产品页面，进而形成有效购买，在很大程度上取决于产品主图的质量。一张好的主图能够最有效地吸引买家的注意力，是产品信息的精确传达，避免买家的误会点击。良好的买家印象，不仅能提升产品点击率，而且能促进转化率的提升。

【知识准备】

一、产品主图拍摄技巧

图片会说话，有时无需太多的文字，一张优质的图片往往就能吸引买家的注意，激发其购买的欲望。要想让主图最大限度地吸引买家的关注，在拍摄产品照片时需要讲究一些技巧。

首先，在拍摄产品照片时，要选择专业的拍摄设备，最好选择适合拍摄静物的相机，且相机具有微距功能。为了避免相机发生晃动，在拍摄照片时可以使用三脚架来稳定相机，这样能更好地保证图片的清晰度。此外，还可以使用定时自动拍摄功能，以减少按快门或触摸相机所造成的相机晃动。让相机一直处于稳定的状态，才能拍摄出高清晰度的照片。

其次，在拍摄产品照片时，要有效使用自然光。使用自然光也能拍摄出高质量的产品照片，而使用人工打光反而讲究技巧，如果没有拍摄经验，操作起来就会比较困难。

卖家最好将拍摄地点选择在室内靠近窗户的地方，这样就可以利用自然光让产品呈现出最自然的照明效果。最好不要将拍摄地点选择在室外，因为室外容易导致照片出现曝光过度或阴影太强的情况。

如果选择靠近窗户的地方作为拍摄地点，那么不能让窗户处于相机的正前方或正后方的位置，应该让光源从侧面射向产品。通常来说，窗户的光源只能从一个方向射向产品。为了避免光线分布不均匀，可以在产品的另一侧放一个反光板，让光线发生反射，进而让光线均匀分布。

另外，在拍摄产品照片时，要使用白色背景。专业的产品照片通常选择使用白色背景，因为用白色做背景能让光线反射在产品上，从而让产品的光线更加饱和。

如果要拍摄的产品体积比较小，可以使用椅子和全开白卡纸自己搭建一个简易的小型拍摄台。如果要拍摄的产品体积比较大，可以制作一个布景架，或者用挂钩将布景固定在墙上，这样也方便长期拍摄。

拍摄服装类产品时，拍摄之前要先将服装的褶皱整理好，然后将产品平铺在摄影台上进行拍摄；如果有模特，在模特穿戴好之后要再次检查并处理产品的褶皱，然后进行拍摄（此时可以将白卡纸贴在白墙上作为拍摄背景）。

如果产品是纯白色的，如婚纱、白色服装等，通过打光也不能完全避免出现阴影的情况，在拍摄照片时可以先使用纯蓝色的背景，然后在后期处理时使用图像编辑工具进行背景置换。

二、产品主图制作

产品照片拍摄完成后还需进行编辑和优化。对照片进行编辑与优化也是非常重要的一步，卖家可以使用 Photoshop 之类的图像编辑工具对照片进行优化。在编辑优化之前我们需要知道平台对产品主图的规范要求，以全球速卖通为例：

1）图片将在产品详情页展示，至少上传 1 张，图片格式只支持 JPG、JPEG、PNG，且大小不超过 5 MB。

2）图片像素要求不要低于 800px×800px，宽高比例为 1∶1（建议 1 000px×1 000px）或 3∶4（建议 750px×1 000px），同一组图片尺寸必须保持一致。

3）建议不要在产品图片上添加除产品外的其他信息，如水印等信息。

4）图片保护提醒：切勿盗图，一经发现将对产品进行下架处理，同时将对卖家予以处罚。

不同行业也会有不同的规范，在进行图片后期处理和制作过程中要具体查看具体的规范要求。图片在后期处理和制作过程中需要注意以下几点：

1）拒绝杂质：全球速卖通产品图片背景要求为白色或纯色。全白背景看似简单，但是由于灯光、阴影、角度等因素的影响，其实很难拍出好效果，图片中常有各种各样的杂质，因此需要后期利用 Photoshop 进行处理。

2）多图、细节图：移动端的买家通过左右滑动屏幕的方式查看产品的多张主图非常方便，但是要查看产品详情描述页面需要再次点击，因此建议卖家充分利用主图，通过多图、细节图尽量让买家通过主图能大致了解产品的基本情况。

3）不要加水印、文字及边框：建议产品的图片上不要添加文字、水印等。水印不仅会影响图片的美观，而且在图片上加文字，移动端的买家可能根本看不清楚是什么，因此加文字意义不大，反而影响美观。店铺和品牌的 Logo 可以放置在左上角，以不挡住产品为基本要求。

4）控制图片的文件大小：移动端的买家在访问时，如果网络情况不稳定，可能会出现打开、加载缓慢的情况，买家不一定有耐心等待加载完成。因此，卖家可以在保证清晰度的情况下，尝试在 Photoshop 中将图片存成 Web 格式，并且通过调整"品质"的数字获得清晰度的最佳值。

【任务演练】

一、任务描述

对拍摄完成的产品主图进行处理。

二、任务分析

在处理产品图片时，一般会用到 Photoshop 中常用的抠图、修图基本工具以美化产品图片。

1. 裁剪工具

Photoshop 的裁剪工具（C 键）比任何一个图像处理软件都要强大，可以用来调整图片的最佳角度。

2. 矩形和椭圆选框工具

选择矩形和椭圆选框工具选项，按住鼠标左键，在画布中拖动可以创建一个矩形、椭圆的选区，然后可以对选区的内容进行复制、剪切、填充等操作。在做宝贝描述的时候，可以将大图中的细节部分用矩形选框工具或椭圆选框工具选中进行复制或裁剪做成细节展示效果。

3. 魔棒工具

例如，需要将一只背景色为白色的运动鞋从背景中抠出来，放在一个新的背景图片上。

步骤 1：打开"运动鞋""绚丽背景"图片；

步骤 2：在"运动鞋"图片窗口中，选择"魔棒"工具（W）；

步骤 3：设置容差值为 32，消除锯齿，连续；

步骤 4：在属性栏中选择"添加到选区"，这样就可以将每次单击后产生的选区相互添加在一起。在运动鞋白色背景区域不断单击，直到所有白色部分全部选中为止；

步骤 5：选择"选择→反向"命令，然后"编辑→复制→粘贴"到"绚丽背景"；

步骤 6：调整运动鞋大小，最终效果如图 4-3 所示。

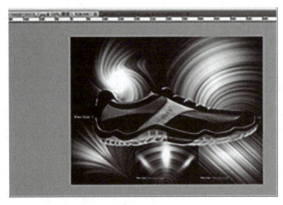

图 4-3　最终效果图

4. 钢笔工具抠图

例如，小熊故事机要将图片背景去掉变成白底图。

步骤 1：打开图片文件，将图片放大显示，选中钢笔工具，沿着要抠的主体的任一边缘部位单击一下，出现一个锚点，再沿着抠图的边缘继续单击，出现下一个锚点，直到回到起始位置；

步骤 2：切换到转换点工具，使所有的锚点全部显示，然后按住 Alt 键调整方向，与下一步抠图方向一致直到弧线与主体边缘完全吻合；

步骤 3：在创建的锚点路径上单击右键，选择"建立选区"，设置羽化半径为 1，选择"编辑→拷贝"命令；

步骤 4：新建一个比复制图片大一点的画布，然后粘贴，最终效果图如图 4-4 所示。

图 4-4　小熊故事机效果图

三、任务评价

学生能够熟练使用 Photoshop 图片处理工具对图片进行处理。

课件

任务三　产品详情页设计

在进行产品详情页设计时，需要针对目标客户群体，了解他们的需求和喜好，制定合适的设计方案。同时，要注重文案的撰写，用简洁明了的语言介绍产品的优势和特点，以及使用场景的描述。此外，还需要注意图片的质量和真实性，以及排版的简洁和美观性。

【知识准备】

一、产品详情页构成

产品详情页是展示给买家浏览的页面，也就是当买家搜索到满意的产品进行浏览的页面。产品详情页里包含的主要是单个产品的详细描述，详情描述的目标就是让买家浏览后促成更多的直接成交，也就是提高转化率。做好产品详情页的排版，目的也是进一步提升店铺转化率。那么如何进行排版呢？原则应该是根据买家的浏览习惯进行详情页的合理排版。但是不同产品的买家浏览习惯是不同的，所以在具体排版布局上不同的产品也是不一样的。

一般来说，一张完整的产品详情页应该包括店铺活动、产品关联销售、产品文案、产品整体图、产品细节图、包装包裹图、工厂车间仓库团队图、好评图，以及物流、付款、退换货等政策示意图、其他信息等内容。

 相关链接

亚马逊卖家如何防止图片侵权

二、产品详情描述设计与制作

（一）产品详情描述图片设计技巧

在网购中，买家主要是通过产品图片来了解并选择产品的，图片质量的好坏会直接影响买家的购买行为，进而对产品的销量产生影响。因此，一个成功店铺的卖家从来不会忽视产品图片的作用。对于产品详情页中的图片展示，卖家可以从以下几个方面入手：

1. 展示产品全景图

产品全景图能让买家对产品产生全面的印象，对产品形成一个形象、真切的认识。用于展示产品全景的图片大小、颜色、分辨率等非常重要，要尽可能地让买家能够清晰地感受到产品的材料和质地等。

2. 模特场景展示

向买家展示产品全景图只能让买家知道这件产品究竟是什么样子的，要想进一步刺激买家的购买欲望，可以使用一些模特、场景图来展示产品的使用效果，让买家对产品的使用效果有切实的感受。例如服装类的产品，使用真人试穿的图片更能体现出其试穿效果，更能让买家放心地购买自己心仪的产品。

此外，还可以使用有场景的产品照片，这样的照片更具视觉冲击力，给买家以真实感，还能起到装饰店铺的作用，进一步吸引买家的眼球，增加买家对店铺的好感。除了模特展示图，卖家还可以展示一些已经购买过产品的买家的试穿效果图，这样更能增强说服力。

3. 展示产品细节，透视卖点

买家不都是只看图片就能下定购买决心的，他们还会注重产品的细节，希望从各个方面尽可能详尽地了解自己中意的产品。因此，卖家要尽可能多地展示产品细节，让买家能够直观、清晰地看到产品各个部位的特点，增加其购买的决心。

（二）产品详情页的设计要点

产品详情页的模块需要根据产品进行策划。对于数码产品等标准化产品，买家大多数是基于理性购买，关注的重点多为功能性，此时就需要涉及细节展示、产品参数、功能展示等模块；对于非标准化产品，如女装、手包、珠宝饰品等，买家更多的是基于感性购买，此时产品的展示、场景的烘托等就显得尤为重要。总之，产品详情页的内容要引发买家的兴趣，在策划模块时需要把握以下三点：

1. 引发兴趣、激发潜在需求

产品详情页可以利用创意性的焦点图来吸引买家眼球，兴趣点可以是产品的销量优势、产品的功能特点、产品的目标消费群、营销等，以激发买家的潜在需求。

2. 赢得买家信任

赢得买家信任可从产品细节的完善、买家痛点和产品卖点的挖掘、同类产品对比、第三方评价、品牌附加值、买家情感、塑造拥有后的感觉等方面入手。

3. 替买家做决定

通过品牌介绍、数量有限、库存紧张、欲购从速等手段号召犹豫不决的买家快速下单。

若买家浏览整个详情页后仍然没有下单，可通过相关推荐模块进行产品推荐，图4-5通过限制时间来号召犹豫不决的买家快速下单。

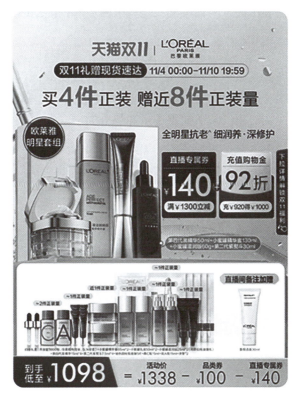

图4-5 利用推荐模块进行产品推荐

（三）产品详情页的设计思路与设计准备

产品详情页是提高转化率的关键因素，好的描述内容不但能激发买家的消费欲望，增加买家对店铺的信任感，还能打消买家的消费疑虑，促使买家下单。因此，在设计详情页时要注意，其目的不是要告诉买家本产品该如何使用，而是要说明该产品在什么情况下使用会产生怎样的效果。通常可按照如下步骤进行设计思路规划和设计准备：

1. 设计产品详情页应遵循的前提

产品详情页主要用于进行产品细节和显示效果的展示，需要与产品标题和主图契合，从真实性中体现产品的信息。产品中起决定性作用的多为产品本身，因此，在设计时不能只在乎图片的效果而忽略产品本身的价值。

2. 设计前的市场调查

市场调查是掌握产品行情的基础。设计前需分别进行市场调查、同行业调查、规避同款和买家调查等。从调查的结果中分析买家群体的消费能力、喜好，以及买家购买所在意的问题等。

3. 调查结果及产品分析

当完成简单的市场调查后，可根据产品市场调查结果对产品进行系统的总结，整理出买家所在意的问题，同行的优缺点，以及自身产品的定位，挖掘产品与众不同的卖点。

4. 关于产品定位

不同产品有不同的定位，可根据产品定位设计需要表现的内容，如卖皮草的店铺，需将皮草的质感、款式、风格展示出来，而不能只是将东西放着拍照，因为皮草属于高端产品。

5. 产品卖点的挖掘

产品卖点即产品拥有的独一无二的特点和特色。每一个产品因为其功能的不同，需要展现的卖点也有所不同。产品卖点越清晰诱人，越能够提升成交率。例如，某个卖键盘膜的商家，将键盘膜"薄"的特点，作为产品的最大卖点，并通过"超薄的键盘膜"文案，让产品从众多同类型产品中脱颖而出，从而使得销量和评分大增。

6. 准备设计元素

根据买家分析，产品自身卖点的提炼，以及产品风格的定位，准备所用的设计素材、产品描述所用的文案，并确定产品描述的用色、字体、排版等。最后还要烘托出符合产品特性的氛围，例如羽绒服产品的背景可以采用雪景、冰山等元素。

（四）产品详情页设计技巧

1. 分析产品

分析产品即分析产品的优势、劣势、机会、威胁。产品是根本，产品特点要明确表述，不要拐弯抹角、怎么好看怎么做，要基于产品本身，表现产品性能，引发买家购买的兴趣。

2. 分析目标客户

分析内容主要包括目标客户是谁，目标客户的年龄、性别、消费层级、消费习惯，购买可能产生的顾虑以及如何解决其顾虑，满足其需求。

3. 分析详情页买家浏览习惯

买家在详情页停留的时间大概为一分钟，大部分买家只看详情页的前 3 屏左右，看完详情页的买家非常少，所以详情页不能太长。详情页内图片不要过多，也不要过大，加载时间过长可能导致买家直接关掉详情页。图片应是高清大图，文案要精练，排版要有条理。

4. 确定需要哪些模块以及模块顺序

在发布产品之前先确定产品详情页的基本架构、各模块的顺序，以及如何排版更能发挥详情页的作用，实现订单转化。

总之，以上针对详情页的说明基本上抓取了较为普遍的一些特点，原则和方向适合大多数产品。原则基本唯一，方向可有多种，卖家在经营店铺时应善用这些原则和方向，若将其应用到某个产品上还需要灵感与实践。另外，详情页的优化乃至产品本身的优化，都需要较强的审美能力与对用户习惯的把握能力，这不是一件可以简单模仿的事情，需要真诚、用心对待。

（五）产品详情页图文混排技巧

图文并茂是产品详情页的基本要求，不仅可使产品信息的表达更加多元化，还可以大大增强可读性，增加买家的阅读兴趣。纵观大多数优秀的产品详情页都是以图为主，文字为辅，清晰、直观的图片可以明确地展现产品的特点，是产品详情页中至关重要的元素，它和文字一起构成了产品详情页的内容。

1. 产品详情页顶部图文混排技巧

为了能在第一眼就吸引买家的目光，顶部都会放置最精彩的图文并茂的大图。可以放置产品的整体图，也可以是产品最精彩的细节部分，或者两者皆有之，但是这个细节要尽力放大。在展示的过程中加一些小技巧，如关于产品的价格描述，在设计图中有粗体字的阿拉伯数字，或者有各种店铺的优惠券，或者是店铺根据营销规划关联性搭配起来的套餐等。

属性描述也是不可少的。整体图占屏幕面积最大，排在最前面，其次是细节图，再是功能性描述的文字或者数字。文字或者属性描述一般排在最前或者两者之间，不建议排在最末尾，这样容易被忽视。且一般描述都是精益求精，不追求篇幅，以视觉美感或者利益诱惑取胜。

2. 产品详情页中部图文混排技巧

如果产品详情页的中部是精华，开头是春华，那么中部便是秋实了。因而中部主要包括的内容有产品视觉全方位角度的展示、效果展示、对比展示、质量展示等。

第一，应该是产品全方位角度的图片展示，因为买家在购买之前并不能看到实物，这一点可以让买家对产品有更多的了解，质量展示也是这个目的。比如衣服的详情页中部大多是模特的试衣效果。

第二，以服装产品为例：首先便是在中间穿插衣服的布料、原材料；然后就是关于衣服的尺寸大小，适合什么身量的人穿，以供买家参考；最后就是对比展示。很多卖家都会放置买家的好评图片，或者是买家的展示，这能够让很多新来光顾店铺的买家非常明了地看到卖家秀和买家秀的区别，提高买家的购买信心。当然有些卖家在产品详情页中部设计的是各种店铺同款产品的对比，目的是降低买家的跳失率。

3. 产品详情页尾部图文混排技巧

产品详情页的尾部一般放置的是店铺的经营许可证；有些在线下也有店铺的卖家，会展示实体店；或者展示生产厂家，向买家证明自己的店铺的实力，说明自家店铺出售的产品都是正品、可靠的产品，请放心购买。

详情页的最后位置就是设置物流服务。物流服务是解决买家后顾之忧的法宝，因而这一点是一定不能少的。卖家一定要详细说明售后的相关服务，为自己的店铺树立良好形象。

【任务演练】

一、任务描述

产品详情页是买家完成购买产品时必经的页面，请完成一份跨境电商店铺产品详情页的设计。

二、任务分析

（一）对产品分类属性进行设置

1）登录卖家店铺管理页面。登录全球速卖通账号，单击左侧的"发布产品"按钮，进入产品发布页面。

2）类目选择。选择类目正确的产品类目，遵循并同意"全球速卖通平台规则（卖家规则）"。一定要根据自己产品所属的实际类目进行选择，方便买家快速地找到产品。

3）填写产品属性。根据产品信息，正确填写产品的各类属性。

（二）对产品标题进行描述，对产品其他情况进行详细描述

1）了解产品属性及类别。从选品中得出想要做的产品，然后了解它的基本属性以及类别，进行关键词分析。

2）下载最近 30 天的数据分析关键词。

3）找出适合的关键名词。遵循三段法"营销词+核心名词+属性词"，为产品撰写合适的标题。得出营销词、核心关键词及属性词，遵循基本的"形容词+名词"原则，形成基本标题。

4）产品属性填写。产品属性填写要详细，尤其是"加"的选项，是必填项，产品中没有的选项，要添加到自定义选项当中，完善产品属性，提高买家的浏览体验。

5）编辑产品详情页。以某网店鞋子为例，西方国家普遍是以英寸为单位的，要了解不同国家不同鞋子尺寸的对照，做好多语言工作，在详情页面做好鞋子尺码对照表，这样才能打消买家的疑惑，增加买家的下单概率。

产品详情页包括产品属性的基本概况，例如鞋子就需要有鞋子尺码，如图 4-6 所示。

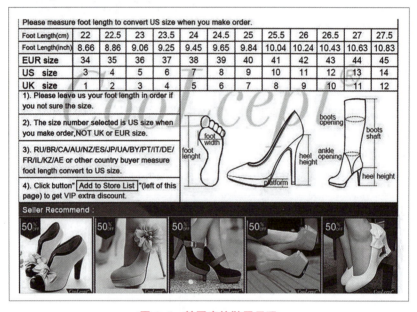

图 4-6　某网店的鞋子尺码

6）产品的关联营销。关联营销首先做到风格统一，避免杂乱无章的排放。关联营销的方式包括两种，即产品图片的超链接和产品信息模板。

三、任务评价

学生能够掌握产品详情页的设计步骤，完成设计操作。先介绍产品的基本信息，附带产品使用场景图；接着，从不同角度具体描述产品，并图文说明；然后设计产品质量对比图，突出产品优势卖点；同时，对店铺实力及品牌进行包装宣传；最后，是物流、售后服务等。针对以上步骤学生能够熟练地完成。

任务四　海报和营销活动页设计与制作

课件

许多卖家为了提升店铺的浏览量，会采用各种宣传方法来推广网店。经专业机构研究发现，其实视觉营销在网店的装修与运营过程中起到了至关重要的作用。为了塑造网店的良好形象，卖家应该按照视觉营销的思路来装修店铺，使其具有更大的视觉冲击力，从而吸引买家的关注，激发买家的兴趣和购买欲望。

众所周知，视觉在人类所有感觉中占有主导地位，人类对外部信息的感受大多数是通过视觉来传达的。视觉为人的知觉、注意与兴趣等心理现象提供了最广泛、最重要的素材。网店视觉营销的根本目的在于塑造网店的良好形象和促进产品销售。对于网店来说，视觉营销的重要性主要表现在吸引买家眼球、传播品牌文化、提高转化率和降低广告费。

【知识准备】

一、营销海报的设计和制作

（一）营销海报设计的考虑因素

1. 了解设计元素

点、线、面是图像中最基本的三大要素，并且点、线、面具有不同的情感特征，在设计中，将三者进行组合应用可以制作出丰富的视觉效果，向买家传达对应的情感诉求。

2. 了解色彩搭配

色彩与风格是买家进入店铺中首先感受到的内容，因此色彩是做好视觉营销的基础。在设计时要把握好主色调、辅助色、点缀色的应用，避免因色彩应用杂乱，造成浏览者视觉疲劳等情况出现。好的色彩搭配不但能够让设计稿更具亲和力和感染力，还能提升店铺浏览量。

3. 了解文案设计

可读性强及搭配合理的文案能够直观地向买家展示活动和产品的详细信息，引导买家完成产品的浏览与购买。如果在设计中应用了不和谐、不恰当的字体，卖家想要传输给买家的信息就会大打折扣，因此，文案的选择与设计也是设计图中的重要元素。同时，字体的选择和排列方式应与产品、购物人群特征相匹配。利用亲密性、对齐、对比等原则，进行文案排版。

4. 了解视觉设计构图

在进行设计时，需要根据产品与主题要求，将要表现的信息合理地组织起来，构成一个协调完整的画面，良好的视觉构图能够让店铺更加出彩。为了提高构图水平，可以学习常见的构图方法，如中心构图法、九宫格构图法、三角形构图法、黄金分割构图法。在设计时，要有选择地根据各自的特点和设计风格使用。

（二）营销海报设计的技巧

在旺铺首页，营销海报位于店铺首页主区内，是一个非常重要的产品展示区域，多张广告图以滚动轮播的形式进行动态展示，让产品信息表达得更直观、更生动。虽然很多卖家认识到了图片轮播区域的重要性，但很多店铺的图片轮播只停留在展示产品图片或单纯地为了装饰店铺的层面，而忽略了轮播图中文案的重要性。

在网络环境下，买家对一则广告的关注时间平均不超过 2 秒，而图片轮播图作为静态广告，要想给买家留下深刻的印象，其广告文案必须要精简。

1. 确定主题

明确海报的宣传目的和受众，确定设计主题，这是设计海报的第一步。

2. 突出亮点

在海报中突出产品或服务的独特卖点，吸引受众的注意力。

3. 选择合适的颜色

根据主题和受众选择合适的颜色搭配，使海报更加吸引人。

4. 使用简洁明了的字体

字体要清晰易读，大小适中，避免过于复杂的字体影响阅读。

5. 利用视觉层次

通过调整元素的大小、颜色和位置，引导受众的视线，突出重要信息。

6. 使用高质量的图片

选择与主题相关的高质量图片，增强海报的视觉效果。

7. 保持设计的一致性

在设计过程中保持风格和设计元素的一致性，有助于强化品牌形象。

8. 强调品牌标识

在海报中适当展示品牌标识，提高品牌知名度。

9. 考虑文化和地域差异

在设计过程中要注意目标受众的文化和地域差异，避免引起误解和冲突。

（三）营销海报设计的表现手法

灵活运用海报的设计和布局可以提升海报的美观度，快速吸引买家的注意力。好的海报表现手法能让买家第一时间了解海报中的重要信息，甚至对产品产生亲切感和信任感，下面分别对海报的三种表现手法进行介绍。

1. 直接展示法

这是一种运用十分广泛的表现手法，它将产品或主题直接展示在海报上，并充分运用摄影或绘画等写实表现技巧，细致刻画和着力渲染产品的质感、形态和功能用途，将产品精美的品质清晰直接地呈现出来，给人以逼真的现实感，使买家对产品快速产生亲切感和信任感。

2. 对比衬托法

对比是一种趋向于对立冲突的表现手法，它把海报中描绘的产品的性质和特点放在鲜明的对照和直接对比中进行表现，目的是从对比呈现的差别中，实现集中、简洁的表现效果。该手法能更鲜明地强调或提示产品的性能和特点，给买家带来深刻的视觉感受。

3. 突出特征法

运用多种方式抓住和强调产品与众不同的特征，把它表现出来，并置于广告画面的主要视觉部位或加以烘托处理，使买家在接触的瞬间即可感受到，从而引发视觉兴趣，达到刺激购买欲望的目的。

二、节日营销活动页设计与制作

（一）节日活动主题类型

做跨境电商的卖家除了要做好店铺产品，也需要了解很多外国人的习惯，例如他们喜欢在什么节日购物，然后需要有针对性地开展节日促销活动。

1. 情人节

每年的 2 月 14 日是情人节，这是一个表忠心节、秀恩爱节，主要热销化妆品、巧克力、鲜花等。卖家一定要利用好这个节日，做好促销，提高销售额，这时要比拼的就是卖家的产品质量和个性化。

2. 复活节

复活节象征着重生与希望，在这天，人们会用精美漂亮的彩蛋做各种各样的游戏。而用巧克力制成的小兔子和彩蛋，也是复活节的特色。

3. 感恩节

感恩节的晚餐是美国人眼中最重要的一餐，火鸡和南瓜是必备菜肴。感恩节主要大卖产品：滑雪装备、滑雪服、火鸡烤盘、围裙、食物储存用品、其他厨房用品等。

4. 黑色星期五

这就是传说中的 Black Friday，指每年的 11 月的第四个星期五，这个节日跟国内的"双11"很像，也有人把他叫作"洋人双11"，热销产品相对来说是家庭实用型的。

5. 圣诞节

有人把这个节日称作西方国家的过年，相当于咱们国家的农历春节。此时圣诞树、圣诞卡、圣诞老人等元素将盛行起来。节日期间，圣诞树、雪花、铃铛、靴子等相关产品势必成为热销品。

6. 新年前夜和新年

新年指每年的 12 月 31 日和 1 月 1 日。过年了，有很多外国人也会购买很多新的东西用以换掉旧的东西，例如布置新居之类的，所以选的品类也是家庭实用型的，有新年气息的产品。这个节日也是一个冬季打折季，温暖的大衣、棉服、帽子、手套都会成为热销品。卖家需要利用好这个节日，做好促销活动。

（二）节日营销活动页设计要点

每个节假日人们除了感受到浓烈的节日氛围，还会被五花八门的促销活动所包围。在国外，每逢节假日的时候人们都会开展疯狂消费，相关数据显示，在节假日的时候产品销售额会比往日增长 30%~40%，由此我们就可以知道对于卖家来说节日是非常重要的。那么卖家在进行节日营销的时候应该注意哪些要点呢？

1. 营造节日氛围

为了过好节日，营造节日氛围是必不可少的。在国外，圣诞节是一个非常重要的节日，因此在圣诞节前夕，可以在网站首页增加一些节日小元素，如圣诞树等，营造节日氛围。很多国内电商的节日页面都做得花里胡哨，虽然看来很漂亮，却不一定适合跨境电商做参考，因为西方人的审美多以简洁为主。

2. 海报、文案、关键词契合节日主题

无论是传统节日，还是网络节日，卖家都少不了借助热点话题制造营销噱头，借势营销早已成为重要的营销手段之一。借势营销不是几句简单的祝福，能否挖掘产品亮点，并和节日完美嫁接，才是考验运营者借势营销成功与否的关键。

3. 平台 Banner 迎合节日主题

将店铺平台的 Banner/相册更换成节日主题营销活动页面。页面主题需要侧重节日主题形象，活动内容不仅要与平台节日营销活动内容相契合，更要推陈出新，具有自己的创意与风格。

4. 页面设计风格迎合海外目标用户的审美习惯

以美国和俄罗斯的人们对于圣诞节的理解为例，有别于美国的圣诞老人，俄罗斯的新年象征是冰之父和她的孙女。欧美的圣诞老人形象在俄罗斯是不被接受的，俄罗斯人更喜欢本民族的冰之父还有她的孙女这一形象。

从页面视觉设计来说，俄罗斯人更倾向于用蓝色来装饰，同时也会用一些暖色系的颜色，如红色、金黄色等。但是他们并不喜欢中国式的全页面被红色覆盖的感觉，他们倾向于用 20% 左右的红色来装饰页面，所以在页面视觉方面来说要从该国家人们的审美习惯来布局。

活动页的装修是最需要功底的，建议卖家先用纸或者网站策划工具画出大体的活动页版式，例如活动分为多少个主题区，每个主题区怎么分布排版。特别需要提醒的是，一定要让店铺的主打和最得意的产品突显出来。

三、促销活动页设计与制作

（一）促销广告的黄金设计要素

网店促销的形式多种多样，然而无论采用哪种促销方式，都需要先让买家知道店铺中有促销活动，再让他们参与其中。告知买家的最直接的方式就是促销广告。有了吸引人的促销活动，就要以吸引人的广告表现出来，这样才能体现出促销的价值与意义。

1. 保证设计的基本美感

具有视觉营销力的促销广告需要具备基本的设计美感与清晰度。例如，设计时考虑文字的易读性、色彩搭配的协调性、图形图像元素运用的美观性等。如果不考虑这些因素，就容易破坏促销广告的视觉吸引力，从而影响促销广告的宣传效果。如果想使促销广告图片更富有吸引力与协调感，就要特别注意以下四个方面。

（1）平衡

促销广告图片中的平衡取决于各个元素的"视觉重量"。例如，我们不能一味地将所有元素堆放在广告图片一侧，而将另一侧完全留白，因为这样画面会失去平衡感。同时，针对促销广告图片横向布局较多的状况，有时也可以选择横向拍摄的产品图来维持构图的平衡感。

（2）势能

这里所讲的势能是指在设计促销广告时可以利用视觉元素制造出对买家视觉的牵引力，以吸引买家更多的注意力，并引导他们对促销广告图片进行浏览。势能可以分为动态势能与静态势能两种类型。

（3）集群

人们在感知事物时习惯把位置相近的事物看作一体，所以在进行促销广告图片的设计时可以将关联性高的信息与元素组合在一起形成集群，便于买家接收信息，避免主要信息布局分散的情况发生。

（4）标签分割

利用适当的图形元素来分割促销广告图片，既能丰富画面的构图形式，也能让画面整体看起来更具装饰意味。这些图形像是被贴在画面中的标签，因此我们将这种构图方式称为标签分割。装饰图形可以是常见的几何图形，如圆形、长方形、菱形等，也可以是一些有具体含义的装饰图形。

2. 营造促销氛围

促销广告通过良好的设计，引起了买家的注意，这其实只是走向成功的第一步。如果不能加入更多的视觉营销元素来激发买家的点击欲望，那么促销广告同样起不到应有的作用。在设计促销广告时，除了添加促销活动的本身内容，设计者还可以添加引导标签、限制提示等元素，营造出更为浓郁的促销氛围，进一步引导买家点击促销广告图片。

（1）添加引导标签

在买家的认知经验中，箭头具有引导性，而按钮则是用来点击的，因此当他们的视觉接收到箭头或按钮这一信息后，大脑中便会无意识地发出跟随或点击的指令。这可以说是一种习惯，也是一种潜意识的表现。

根据买家的这种认知经验，卖家在促销广告中添加明确的箭头或按钮，会对买家产生不可忽视的心理暗示作用。

需要注意的是，人们的浏览习惯通常是从左到右、从上至下的，因此引导按钮应该放在图片的右下角，这样当买家将促销图片中的内容浏览完毕之后，他们的目光会顺势落在引导按钮上，这时便很可能会受到引导按钮的影响与暗示，情不自禁地进行点击操作。

（2）添加限制提示

在生活中，我们在商场里看到某件产品时可能会觉得非常喜欢，买回家以后却发现它没有在商场中那样看起来吸引人，这就是受到了整体销售气氛的影响。当商场中很多产品摆在一起时，就营造出了浓郁的消费环境与氛围，当产品脱离了这样的环境单独存在时，很可能会因为失去了衬托，氛围感就显得不那么耀眼了。促销广告图片的设计也是如此，图片营造出热闹的促销气氛也能影响买家购物的冲动与下单的速度，其中添加限制提示就是一种常见的手法。

（二）促销广告图片的设计原则

除了具有基本的设计美感和促销氛围，促销广告图片的设计还要遵循主题突出、风格统一与目标明确的设计原则。

1. 主题突出

产品或店铺品牌等信息并不是促销广告图片中需要被重点展开描述的对象，相反，为了迎合促销广告的"促销"性质，价格、折扣、包邮等促销活动则成为需要被重点突出的内容，需要被放在图片视觉焦点的位置上，让买家能够明确地感受到促销的氛围。

2. 风格统一

与钻展图设计方法类似，促销广告图片也需要保持视觉设计元素的风格统一。无论是产品的拍摄还是文字的搭配都要凸显品牌所传递的"极简"风格。

3. 目标明确

当促销广告图片有明确的适用人群时，广告中模特的选择，以及文字、色彩等其他视觉元素都要迎合适用人群的特点。例如，图 4-7 所示的两张促销广告图片中，在背景颜色上就根据产品所针对的不同人群而采用了不一样的纯度与色相饱和度；除此之外，文字与文字色彩，以及模特的选择也都不同。

图 4-7　促销广告图对比

（三）促销活动页面视觉要点

真正的视觉设计往往要考虑品牌风格与页面逻辑。

1. 主题视觉策划

主题视觉策划要适合主题的变化，不同的促销活动有不同的主题，其主题要贯穿预热期间。店铺品牌做大促的时候同样适用，比如全球速卖通平台"双 11"活动、亚马逊平台黑色星期五、阿里国际站 9 月采购节等。

2. 色调氛围：根据促销目的有所区别

色调主要受促销、季节、品牌三个属性影响。服饰鞋履等季节性较强的产品，要结合相应的季节颜色。店铺强调品牌感，视觉就要尽量使用品牌原色，再搭配促销元素。如果想让促销氛围更浓，可以考虑使用 GIF 动态图。

3. 布局排版：逐步分解，先品类再款式

店铺产品在陈列时要注意逻辑与层次，可以对大促产品进行分解，从品类款式一一细化，对首页进行分类时要让页面比平时更"扁平化"，方便买家在短时间内浏览点击更多产品。

4. 视觉引导

在设计上尽量提供多个入口，同时减少出口。在驱动买家好奇心的同时，让他们流连忘返。在"双 11"这场年度盛宴中，成千上万的卖家将会竭尽全力博取买家关注，此时卖家店铺想要突围，务必得在视觉上下功夫。如果掉以轻心，最终效果只能是千篇一律、聊胜于无。

四、会员活动页设计与制作

（一）会员活动类型

会员类型不同，要策划的活动类型也不同，活动类型如下：

1. 拉新活动

拉新活动一般针对头部会员，通过活动奖励和会员权益，刺激头部会员分享/邀请，常见的拉新活动类型有邀请有奖、分享裂变、投票打榜等。

2. 促销活动

促活动一般针对新用户和普通会员，通过活动策略提升会员活跃度和黏性，常见的促活动有话题社区、内容互动、线上训练营等。

3. 转化活动

转化活动一般针对忠实会员，通过营销活动策略提升会员复购率和客单价，常见的转化活动有满赠、爆品限时抢、满额抽奖等。

4. 召回活动

召回活动一般针对流失用户，此类用户已进入休眠状态，针对此类用户，要通过组合召回活动策略，进行触达激活，常见的召回活动有新品上新、爆品回归、周年庆等。

（二）会员活动页构成要素

1. 会员活动的主题

会员活动主题是对活动内容的统领式的概括，比如大力度满赠、折扣、会员盲盒赠送等一些比较新潮的活动创意。

2. 会员活动时间/阶段

会员活动时间包括开始启动宣传的时间、开始预热的时间、活动正式开始的时间、结束的时间等。如果活动要分几个阶段进行的话，还要写清楚每个阶段的时间、每个阶段的主题以及详细的时间安排等。正常时间安排应该以天为单位；如果活动周期比较长，那么时间安排可以以周，甚至以月为单位。

3. 会员活动相关文案

会员活动相关文案指活动执行过程中需要用到的广告内容、传播阶段需要用到的宣传文案。

（三）会员活动页设计技巧

会员活动页就是用于品牌宣传推广、营销产品发布、节日促销等活动的页面，一般以 Banner 加标题文案的方式来展现。一个好的活动页设计非常重要，不仅可以吸引买家的注意，而且能让买家有主动参与活动的兴趣，最终达到企业制定的目标。那么如何设计好一个活动页面呢？可以从以下四个方面来设计：

1. 充分利用首屏，展示核心信息

首屏将活动的核心信息展示给买家，核心信息一般包括活动主题、时间、折扣奖励以及活动参与入口。核心信息放于首屏的好处就是很容易获得买家的注意，再配上"Call to action"按钮，将有非常好的效果。

2. 主题要阐明活动价值

主题要能够阐明企业品牌与活动带给买家的核心价值，主题要做到精辟简短，一些诸如"免费""立减"等词都可以起到很好的效果。

3. 参与入口设计要醒目

参与入口其实就是"Call to action"按钮，按钮设计需要足够醒目但是又不能让人感觉很突兀。按钮采用对比色、渐变、投影等效果会让按钮的视觉效果更加突出。

4. 页面布局清晰，突出重点

承载多步操作的活动页，在首屏提供简易的示意，让买家扫一眼即可了解活动流程。

活动页面成功上线后设计师的工作其实并未结束，每一次活动页面的投放结束后，都需要分析数据，评估活动效果。活动页设计要注重信息表达，充分利用首屏布局核心信息（如标题、参与入口、奖品展示等）；找准页面核心任务并凸显核心操作，提供友好简明的流程引导与提示。

（四）会员活动页设计注意事项

那么，在活动页设计的基础上，对于会员活动页，一定要突出以下两点：

1. 会员权益展示

正是有多次会员权益的展示，买家才会一步步与店铺加深黏性，最后产生交易，会员权益的展示有以下几个关键点：

1）需要有会员权益专题页：用来介绍会员积分的价值，展现会员权益活动，引导新会员参与。

2）页面定期更新：会员权益页面需准时根据不同活动进行更新，尽量不重复相同的会员活动主题，保证会员权益的新鲜感。

3）页面设计配合店铺节奏，重点突出：会员权益页面需要配合策划活动的目的，及时调整页面设计及排版，将重要活动信息放在首屏位置。

4）提供多个入口：会员页面需要在关键位置露出入口，且这些位置应基于用户购物动线，以确保会员及时看到。

2. 新鲜丰富的权益礼品

丰富多样的礼品，是让会员保持黏性的重要手段，若没有多样的礼品，仅仅只是店铺常规的产品或优惠券，一方面容易造成价值对比影响权益价值，另一方面，会员也会产生审美疲劳。保证有持续丰富的礼品上线，有以下注意事项：

1）后端供应支持：店铺后端需要有一定供应能力，能支撑定期更新会员礼品种类，丰富会员活动的礼品。

2）多档位满足不同需求：会员礼品价值需要有不同阶梯档，如低档价值、中档价值、高档价值等。

3）规划前置：需要至少提前 1 个月去做礼品的规划，才能保证礼品能定期上线更新。

4）沟通触达：会员礼品更新上架后，需及时触达对这类会员礼品感兴趣的会员，吸引会员互动回购。

【任务演练】

一、任务描述

海报和营销活动页的目的就是营销转化，一个好的落地页可以提高买家的转化率。请完成一份跨境电商店铺营销活动详情页的设计和制作。

二、任务分析

1）打开电脑浏览器，输入要发布产品的平台网址，进入登录后台，发布供应产品。

2）滚动页面，找到产品详情说明编辑页面。

3）对产品进行介绍设计，建议上传产品使用场景图，这样可以让买家身临其境；同时补充产品基本信息。

4）可以从多个角度上传产品实拍图，拍摄产品的不同位置，使买家对产品有整体的了解，如果卖家有工厂，还可以拍产品生产图、包装图、操作使用图等。

5）对产品功能进行特写拍照，以突出其卖点优势，吸引眼球等。对产品的品质、设计图片进行直观对比，增加买家的认同感；同时，还可以补充产品的个性定制说明等。产品介绍完后，还可以上传店铺或者企业概况、资质证书，做实力证明。

6）设计上传关于产品的细节以及售后服务等，这样从上到下地设计排版，可以让买家对产品及店铺有一个全面的了解，从而达到营销成交的目的。

三、任务评价

学生能够熟练完成跨境电商店铺营销活动详情页的设计和制作。

【思政园地】

践行工匠精神，走技能报国之路

习近平总书记指出："要在全社会弘扬精益求精的工匠精神，激励广大青年走技能成才、技能报国之路。"时代发展，需要大国工匠；迈向新征程，需要大力弘扬工匠精神。

工匠精神的深刻内涵是"执着专注、精益求精、一丝不苟、追求卓越。"作为跨境电商运营者，在进行店铺视觉设计工作时，我们的工作不仅仅是简单地完成任务，更是要将小的细节做到极致。只有执着专注，严谨细致，我们才能在设计中表现出精益求精的态度，设计出精益求精的页面，吸引和转化更多消费者。因此，在店铺视觉设计工作中，我们要追求卓越，不停地迭代和创新，善于思考如何提升用户体验；如何通过页面设计引起消费者的共鸣和兴趣；如何运用颜色、排版、图片等元素，让页面更加吸引人，易于导航和使用。

工匠精神不仅仅是一种个人追求，更是社会进步的推动力量。国家制定了"十四五"规划和二〇三五年远景目标，一个时代有一个时代的气质，我们的时代将以怎样的面貌被历史书写，取决于我们每个人的表现。工匠精神不仅是个人的安身之本，亦是社会品格、国家形象的荣耀写照。中国未来的发展还需要匠心之人的努力，我们不必人人成为工匠，却可以成为工匠精神的践行者，将精神源远流传下去。

【同步测试】

同步测试

产品发布与优化

学习目标

【知识目标】

熟悉成本、费用、利润等基本概念；掌握上架价格、销售价格和成交价格三个术语的基本含义；熟悉全球速卖通平台产品定价规则；了解其他第三方跨境电商平台定价规则；熟悉全球速卖通平台产品发布规则；了解其他第三方跨境电商平台产品发布规则。

【技能目标】

学生能合理核算产品的上架价格；能在跨境平台发布产品信息。

【素养目标】

遵循各平台产品刊登规则，培养学生诚信经营的意识和品质；立足产品发布各个环节，培养学生严谨细致、精益求精的工匠精神。

课件

任务一　产品信息化整理

在跨境电商平台上发布产品时，需要注意产品内容的完整度以及内容的营销性。详细准确地填写系统推荐和自定义产品属性，可以方便买家更精准地搜索到卖家的产品，提高产品曝光机会，更重要的是让买家清晰地了解产品的重要属性，减少买家的顾虑和沟通的成本，提升交易成功的概率。因此在发布产品之前，我们要进行产品相关信息的整理。

【知识准备】

一、平台搜索排序机制

对于跨境电商卖家来说，要想增加产品的搜索曝光量就需要了解平台的搜索排序规则。不同平台的搜索排序机制有所不同，影响卖家搜索排名的因素有很多，其中主要包括产品信息描述质量、产品与买家搜索需求的相关性、产品的交易转化能力、卖家的服务能力及搜索作弊的情况。

（一）产品信息描述质量

为买家提供高质量的产品信息描述，向买家展示真实、全面的产品信息，更有利于让产品获得比较靠前的排名。卖家可以从以下三个方面出发提高产品的信息描述质量：

1. 如实描述产品信息

卖家提供的产品描述信息要真实、可靠，要如实地展示产品的各个方面，帮助买家快速地做出购买决策。如果卖家提供了虚假的产品描述，不仅容易引起纠纷，进而影响自己产品的排名，甚至将受到平台的处罚。

2. 产品描述信息尽量准确、完整

产品的标题、发布类目、属性、图片和详细描述对买家做出购买决策有着重要的影响，所以卖家一定要准确、详细地填写这些信息。

3. 提供高质量的产品图片

产品图片是展示产品的重要载体。卖家要对自己所销售的产品进行实物拍摄，并对产品进行多角度、重点细节的展示，这样更有利于买家快速、全面地了解产品，促使买家做出购买决策。

（二）产品与买家搜索需求的相关性

相关性就是指通过判断买家在输入关键词搜索产品与进行类目浏览时，卖家的产品与买家实际需求的相关程度。相关性越高，产品在搜索结果中的排名就越靠前。对产品与买家搜索需求的相关性造成影响的因素有很多，其中最主要的是产品的标题，其次是产品发布类目的选择，最后是产品属性的填写及产品的详细描述等内容。

首先来看产品标题，产品标题的设置是重中之重。标题的拼写要符合国内外买家的语法习惯，没有语法错误和错别字；标题不能是关键词的堆砌，如将标题设置为"MP3，MP3player，Music MP3player"，因为堆砌关键词的标题不仅不能提高产品的搜索排名，反而会被搜索降权；标题要真实、准确，不可有虚假描述，比如卖家销售的产品是 MP3，为了获取更多的曝光量，在标题中添加类似"MP4/MP5"之类的关键词，这样的行为就属于虚假描述。虚假描述行为一旦被全球速卖通平台监测到，卖家将会受到处罚。

其次产品发布类目的选择一定要准确。选择正确的类目有助于买家通过类目浏览或类目筛选快速定位到卖家的产品，而将产品放到错误的类目下将会降低产品曝光的机会，并且卖家可能会受到平台的处罚。

最后产品属性的填写要完整、准确，详细描述要真实、准确，这样有助于买家通过使用关键词搜索、属性筛选快速地定位到卖家的产品。

（三）产品的交易转化能力

产品交易转化能力高，代表买家对该产品的需求度高，该产品具有市场竞争优势，在搜索结果中的排名就会靠前；而交易转化率低的产品在搜索结果中的排名会靠后，甚至因为没有曝光的机会而逐步被市场淘汰。卖家要重视产品成交量的积累和好评量的积累。成交量和好评量能够帮助买家快速地做出购买决策，并让产品在搜索结果中的排名靠前。产品好评率的高低会严重影响产品在搜索结果中的排名。

（四）卖家的服务能力

除了产品本身的质量，卖家的服务能力也是影响买家购物体验的重要因素。在搜索排名上，全球速卖通非常看重卖家的服务能力，服务能力强的卖家排名会靠前，服务能力差、买家投诉较多的卖家排名会严重靠后，甚至不能参与排名，还可能会受到平台的处罚。在搜索排名机制中，全球速卖通对卖家服务能力的考察主要集中在以下四个方面：

1. 卖家的服务响应能力

对卖家服务响应能力的考察包括卖家在阿里旺旺上的响应能力，以及即时在线消息（IM）的响应能力。合理地保持旺旺在线，及时对买家的询问做出答复，都有助于提升卖家在服务响应能力上的评分。

2. 订单的执行情况

卖家发布产品进行销售，当买家付款之后，卖家应该及时地为买家发货。由于卖家原因而造成的无货空挂、拍而不卖的行为，将会对买家的购物体验造成严重的影响，也会对卖家所售产品的排名情况造成影响。情况严重时，卖家所有的产品都不能参与排名。此外，卖家如果为了规避拍而不卖而进行虚假发货，将会被视为欺诈，卖家将会受到平台更加严厉的处罚。

3. 订单的纠纷、退款情况

卖家应该保证产品的质量，并如实描述产品的相关信息，向买家真实、准确地介绍自己的产品，避免买家收到货以后产生纠纷、退款的情况。如果遇到买家对产品有不满意的情况，卖家应该积极、主动地与买家进行沟通与协商，避免产生纠纷，特别是要避免纠纷上升到需要平台介入进行处理的情况。纠纷少的卖家会得到平台的鼓励，纠纷严重的卖家将会受到搜索排名严重靠后，甚至不能参与排名的处罚。当然，因非卖家责任引起的纠纷、退款不会被考虑在内。

4. 卖家的 DSR 评分情况

卖家的服务评级系统（Detail Seller Rating, DSR）评分是指交易结束后买家对产品和卖家服务能力的评价，是买家满意与否的最直接体现。全球速卖通平台会优先向买家推荐 DSR 评分高的产品和卖家，给予它们更多的曝光机会和推广资源；而对于 DSR 评分低的卖家，全球速卖通平台会给予卖家店铺大幅度的排名靠后处理，甚至不让其参与排名的处罚。

（四）搜索作弊的情况

全球速卖通平台禁止并大力打击卖家靠搜索作弊行为来骗取曝光机会、获取排名靠前的行为。平台会对搜索作弊行为进行日常的监控和处理，作弊的产品会被处理，处理手段包括产品的排名靠后、产品不参与排名和产品被隐藏。对于作弊行为情节严重或屡犯不改的卖家，平台会对其店铺给予一段时间内整体排名靠后或不参与排名的处罚；情节特别严重的，会给予关闭卖家账号、清退卖家的处罚。搜索作弊主要由"黑五类"产品的乱放、卖家重复铺货或重复开小账号抢曝光、产品标题或关键词滥用、产品发布类目乱放、产品超低价骗曝光等构成。

搜索处罚调控的手段作用于卖家的单个产品或卖家的所有产品，根据违规情节的严重程度在处罚力度上也有所区别，主要有以下三种手段：

1. 搜索降权、排名靠后

一定时间内单个产品或卖家的所有产品的排名较之前有较大幅度的下降，甚至全部只出现在任何关键词搜索结果的最后。

2. 搜索屏蔽、不参与排名

一定时间内单个产品或卖家的所有产品在搜索结果中不出现。

3. 搜索过滤、产品隐藏

在买家搜索时，默认不展示相应的产品，点击特殊链接后展示。

二、产品信息化整理

在发布产品之前，我们要进行产品相关信息的整理，一般包括产品图片、文案描述和关键词三部分。

（一）产品图片

以全球速卖通为例：

1. 全球速卖通对产品图片的基本要求

1）图片像素：建议 800px×800px 以上，图片横向和纵向比例建议 1∶1~1∶1.3。

2）图片数量：产品主图最好是 6 张，详情页图片中细节图 5 张，重点说明图 2 张。

3）图片背景：统一背景颜色，最好是白色或纯色。

4）图片要素：图片不得有边框及水印，Logo 要放在左上角。

2. 全球速卖通对详情页的图片要求

1）图片要能突出产品卖点：根据产品的特性，从不同角度去提取产品的卖点，例如细节、工艺、面料等，将最主要的卖点突出，注意也不宜过多，否则不利于买家记忆，起不到作用。

2）必须是实拍图：全球速卖通详情页的产品图片，一定是要自己实拍的，如果是供应商提供的话，要看看他们是否有原图，否则不建议使用，如果被投诉了，后果是很严重的。对于自己拍摄的原图，一定要保留好原图，日后图片被他人盗用投诉时，这些原图可作为举证材料。

3）文字要简明扼要：详情页图片的文字不宜过多，主要就是对产品及其卖点做简短的解析，帮助买家更好地了解产品，从而刺激他们的购买欲望。

（二）文案描述

一份优秀的产品文案，需要能做到通过简洁的语言向买家介绍清楚产品的特色与品质，从而达到吸引买家的目的。能在简单的产品文字描述中独辟蹊径，就能很好地吸引买家的注意，从而提升店铺的销量。

1. 如何写好产品的用处

在买家对产品普通的功能和规格可能不感兴趣，他们想知道产品还有什么其他用处，这就是为什么需要强调产品最佳功能的好处。

下面是 Method Home 描述他们的一种洗手液的方法：

"有时候我们需要季节性洗手液的气味来唤醒假日情感。我们的天然衍生凝胶洗手液有各种节日香氛可供选择，让您的双手柔软，干净。"

Method Home 的文案主要是说明他们的洗手液不仅仅能让手变得柔软干净，还能唤醒你的假日情感，使得假期更有节日的氛围，使你更愉快。

产品如何让客户感到更快乐、健康或更高效？产品可以有效地帮助客户解决哪些问题或麻烦？要仔细考虑产品最佳功能的好处，并体现在文案里。

2. 避免使用空泛的夸赞文案

当我们不知道还能写什么时，经常会添加一些空泛的文案，如"优秀的产品质量"等。一旦潜在买家看到这样的句子，他就会想：每个卖家都是这么说的。所以表明产品的优点时，不能用"我的产品很好"这样泛泛而谈的描述。可以简单用1234排列描述每个技术优点，注意一定要简短。

3. 谨慎使用最高级

除非能够清楚地证明为什么产品是最好的，否则用最高级形容产品会让人就觉得不真诚。

4. 激发买家的想象力

有一种文案技巧可以增加买家的购买欲望：让买家想象拥有产品会是什么样子。要练习这种文案技巧，帮助买家想象使用场景，并通过解释买家在拥有和使用产品时的感受来完成文案写作。

5. 巧妙运用品牌小故事，引发共鸣

在产品描述中，采用讲故事的手法，可以增加买家好感。

比如，英国葡萄酒销售商 Laithwaites 通常会写一篇引人入胜的葡萄酒酿造故事。"一个美好的圣诞夜，拥有鲁西永顶级酒店 ChâteaudeJau 的 Dauré 家族成员，正在智利科尔查瓜阿帕尔塔山谷园上酿造着香甜的葡萄酒。"在讲述品牌故事时，要考虑这两个维度：是谁在制作产品？是什么激发了产品的创造灵感？

6. 擅用感官词语

感官性的词语可以调动人的本能欲望，从而增加销售额。来看一下巧克力制造商 Green and Black 的案例。"松脆的太妃糖搭配丝滑的黑巧克力，甜蜜可口，令人回味，一眼看到，就会爱上。"感官形容词不仅仅有味道，还包括声音和触觉：松脆和丝滑，这些感官形容词的有效使用可以丰富并加深买家对产品的品牌记忆。

（三）关键词

以全球速卖通为例，介绍挖掘与搜集关键词的方法。

产品标题是关键词的直接体现。关键词的好坏直接影响买家能否搜索到卖家的产品，其重要性不言而喻。卖家需要掌握挖掘与搜集关键词的方法，这样才能更好地了解市场，为标题的设置奠定数据基础，进而设置出高质量的产品标题。下面介绍几种挖掘与搜集关键词的方法。

1. 生意参谋搜索分析选词

借助"生意参谋"中的"搜索分析"功能来搜索买家热搜的词是目前常用的一种选词方法，其中为卖家提供了三种词性的关键词分析：热搜词、飙升词和零少词。

热搜词，顾名思义就是热门的词汇；飙升词是指在某个时间段搜索量突然提高的词汇；

零少词指有一定的搜索量，但搜索结果数较少的词，即竞争度较低的词。

卖家可以通过设置行业类目、国家和地区、数据时间段三个分析维度获得相关的关键词数据，还可以下载相关分析结果，在 Excel 中对数据进行排序与筛选，整理出有效的关键词词表。

2. 搜索提示词

一般搜索框下拉列表中的词具有很强的参考意义，它们是全球速卖通平台根据买家搜索习惯推荐的词。卖家可以将这些关键词进行整理与筛选，从中选择与自己产品相关性较高的关键词作为标题设置的备选关键词。

3. 产品所属的类目名称及规格

产品所属的类目名称通常属于热门关键词，且与产品具有非常紧密的相关性。此外，在搜索结果页面左侧也会有系统列出的产品类目，以及与产品规格相关的关键词，这些词也可以作为产品标题设置的备选词。

4. 参考其他卖家的关键词

参考竞争对手的产品标题设置是一种比较省时、省力的搜集关键词的方法。卖家可以使用产品的核心关键词在搜索框中进行搜索，在搜索结果页面中将销量较好和评分较高的产品链接的标题搜集起来，并将其复制在 Excel 表中，5~10 条产品链接即可。然后对这些标题进行观察和分析，通过直观地对比就可以发现哪些是重要信息，哪些是产品核心关键词，从中找出人气卖家经常使用的关键词，并逐层过滤筛选，最终选出适合自己产品的关键词。

5. 借鉴其他平台同行人气卖家的产品标题

在 eBay、亚马逊、敦煌网、Wish 等同类平台上也有大量的同款产品，卖家能够找到很多与自己产品相关的关键词。通过用不同的关键词在搜索栏中进行搜索，可以得到很多有用的关键词，最后进行筛选，选择与自己产品相关性高的关键词即可。

【任务演练】

一、任务描述

整理产品相关信息，有条理地对店铺产品进行信息化处理。

二、任务分析

（一）从内到外剖析产品

从外观到内涵不放过产品的每一个细节，然后整理成文档说明。从内到外剖析产品整理成为产品说明书，从这份说明书，可以清晰了解到产品的 80% 的信息。然后做市场调研与讨论，整理出产品的卖点与特色。

（二）产品信息化整理流程

1）信息化整理产品图片。
2）对产品进行文案描述。
3）设置产品关键词。

（三）产品广告营销投放

确定产品宣传渠道，产品信息确实且经过信息化整理后，就要有针对地进行广告投放工作。

三、任务评价

学生能够有针对性地对店铺产品进行信息化整理，流程能够撰写清晰，内容能够书写完整。

课件

任务二 产品发布

在跨境电子商务平台上，买家无法看到产品的真实信息，只能根据产品的图片、描述来进行判断，因此真实准确地描述一个产品尤其重要。高质量的产品发布，能够更加好地提升产品的可成交性，加快买家的下单决定。

【知识准备】

一、跨境电商产品的价格

（一）跨境电商产品价格的构成

价格＝（采购价+费用)/[汇率×(1-利润率)×(1-佣金比例)×(1-折扣)]

其中，采购价为从产品供应平台（如 1688）或从工厂采购（批发或者零购）的成本价，可含税（增值税，如能提供增值税发票，可享受退税）。

费用主要包括国内运费、跨境物流运费及其他费用。

利润是指销售的合理利润，可根据产品的实际情况、竞争者的价格、产品定位以及市场情况确定合理的利润率。

（二）与价格有关的几组术语

1. 上架价格（List Price，LP）
上架价格是指产品在上传时所填的价格。

2. 销售价格（折后价）（Discount Price，DP）
销售价格是指产品在店铺折扣下显示的价格。

$$销售价格＝上架价格×折扣率$$

3. 成交价格（Order Price，OP）
成交价格是指买家在最终下单后所支付的单位价格。

$$成交价格＝销售价格-营销推广成本$$

（三）上架价格计算

某产品成本是 5 美元，根据全球速卖通目前的平均毛利润率（15%）、佣金费率5%，以及部分订单产生的联盟费用3%~5%，如何计算上架价格？

第一步：先计算销售价格。

$$销售价格 = 5 \div (1-0.05-0.05) \div (1-0.15) = 6.54(美元)$$

再保守点：

$$销售价格 = 5 \div (1-0.05-0.05-0.15) = 6.67(美元)$$

其中，5%的联盟佣金并不是所有订单都会产生的，但考虑到部分满立减、店铺优惠券直通车等营销投入，以5%作为营销费用，基本没有差错。

当然，销售价格中还可能涉及丢包及纠纷损失的投入，按照邮政小包1%的丢包率来计算，又可以得到：

$$销售价格 = 5 \div (1-0.05-0.05-0.01) \div (1-0.15) = 6.61(美元)$$

再保守点：

$$销售价格 = 5 \div (1-0.05-0.05-0.15-0.01) = 6.76(美元)$$

第二步：得到销售价格后，我们需要考虑该产品是作为活动款还是一般款来销售。

假如作为活动款，那么，按照全球速卖通平台通常活动折扣要求40%（活动最高可以达到50%）来计算：

$$上架价格 = 销售价格 \div (1-0.4)$$

假如作为一般款，平时打30%折扣。

$$上架价格 = 销售价格 \div (1-0.3)$$

建议折扣参数不低于15%，因为平台大促所要求的折扣是不高于50%，折扣过大容易给人以虚假折扣的嫌疑。

而根据全球速卖通官方的统计，折扣在30%左右是买家最钟情的折扣，属于合理预期范围。

对于50%折扣的活动要求，基于以上定价的模式，基本上相当于平出，不会亏本或者略有亏损，假如买家购买两件及两件以上产品，卖家就有利润可赚。

（四）定价方法与技巧

1. 认真研究市场价格

对比平台相同产品的价格来定价；找同类产品对比，建议利润控制在20%。

2. 根据买家特点定价

跨境平台卖家的批发定价一般要比国外市场单价至少低30%。

3. 借鉴平台同类产品的价格

卖家需要了解某类不同档次的产品在市场上的价格，通过搜索选项找出该产品价格从高到低的排序。

4. 仔细计算运费，帮助买家控制成本

卖家在上架产品前，应对每个产品进行仔细的称重并计算运费，将运费成本降到最低。

典型案例

亚马逊针对防疫用品出现哄抬物价的情况发布公告

疫情加重导致防疫用品需求大增，亚马逊上哄抬物价的事件也有所增加，尤其是口罩和核酸试剂盒等新冠防疫用品价格浮动最大。亚马逊市场公平定价政策保护买家免受不公平、过高和误导性价格的影响，不遵守此政策的卖家可能会导致优惠移除或账户暂停。

亚马逊在此提醒广大卖家：价格欺诈预防系统试图考虑当地法律的变化，同时也保护买家的消费权利。考虑到卖家货物、运费和劳动力成本的增加，亚马逊也将根据以上成本变化继续调整价格欺诈门槛。据悉，卖家可访问"定价健康"页面查看和恢复根据亚马逊公平定价政策可能已停用的卖家账户列表。

众所周知，亚马逊是一个对价格非常敏感的平台，一直要求卖家公平行事，禁止任何形式的违反价格垄断法律或操纵销售排名的行为，操纵价格、哄抬物价更是亚马逊的大忌。

如果你有以下几种情形的定价情况，要及时调整，否则将很有可能被亚马逊定义为"不公平定价"。

1. 产品的图片或者描述中的参考价格，与实际销售价格不符，存在误导消费者的情况；

2. 对短期内需求大幅上涨的产品，进行了大幅度提价；

3. 相同卖家的同一产品，在不同销售平台的价格存在差异；

4. 单个产品的价格与组合捆绑销售产品的价格之间存在明显差异。

以上四种情况，卖家朋友在定价时出现一种或多种，将很有可能被亚马逊检测到，并被视为"不公平定价"。

二、产品发布流程

产品发布流程大致需要经过填写基本信息、设置价格与库存、设置产品详情描述、设置包装与物流以及设置其他板块内容等步骤。

以全球速卖通平台为例，其产品发布程为：进入"我的全球速卖通"后台，单击"产品管理—发布产品"选项，即可进入产品发布页面。

（一）填写基本信息

在产品详情页页面下，卖家需要完成第一步——设置基本信息，包括发布语系选择、撰写产品标题、选择产品类目、上传产品图片、上传营销图及视频、填写产品属性等内容。其中在选择发布语系时，要明确标题、详情标题与详情描述，因为将会以此语系作为起点，自动翻译成其他语系。一般而言，推荐英文作为产品发布的语系。而产品标题是买家搜索到所销售的产品并吸引买家点击进入产品详情页页面的重要因素，一个好的产品标题应该包括准确的产品关键词、能够吸引买家的产品属性、服务承诺以及促销语。整个产品标题的字数不应太多，要符合各个平台的字数限定，比如全球速卖通平台要求产品标题撰写需在128个字符以内。对于类目选择，要根据产品所属的实际类目进行选择，方便买家更加快速地找到销售的产品。如果选错类目，产品的曝光量会受到影响，甚至会受到平台的处罚。

最后，需要填写产品属性。产品属性是买家选择产品的重要依据，包含两个方面：系统定义的属性和自定义属性。自定义属性的填写可以补充系统属性以外的信息，让买家对产品了解得更加全面。卖家详细、准确地填写完整的产品属性，将有助于提升产品曝光率。

（二）设置价格与库存

完成了基本信息的设置以后，需要进行第二步操作——设置价格与库存。在这一板块，需要设置的内容包括最小计量单元、销售方式、颜色、尺寸（部分类目）、发货地、零售价（USD）、库存数量、产品编码、区域定价、批发价。其中最小计量单元是卖家所售卖产品的最小度量单位，即单个产品的量词，可以以件、袋、个、盒等为单位。销售方式根据重量、体积和货值决定是单件出售还是打包出售。一般而言，产品单价较高，重量和体积较大的产品适合单件售卖；而产品单价较低，重量和体积较小的产品（如珠宝首饰、3C 配件等）适合多个组成一包出售。对于颜色的设置，可选择一个或多个主色系，并设置对应的自定义名称或上传 SKU（Stock Keeping Unit，最小存货单位）自定义图片。自定义图片可以代替 SKU 色卡，同时图片大小不能超过 200 KB，格式支持 JPG、JPEG。若上传了自定义图片，将在买家页面优先展示图片；若未上传则在买家页面展示自定义名称；若两者都没有设置，则展示系统默认色卡图片和名称。对于服装等需要设置尺码的类目会展示尺寸属性，可以勾选通用尺寸，也可以自定义属性值名称，注意，自定义属性值只允许含字母和数字。除此之外，卖家可以根据实际情况选择一个或多个发货地；合理设置产品的零售价、库存数量、日常促销价以及区域定价等信息。对于支持批发的产品，可勾选"支持"。在弹出的窗口中设置起批数量和批发价格。批发价格以折扣形式填写，例如零售价为 \$100，"批发价在零售价基础上减免 10%，即 9 折"，表示批发价为 \$90。

（三）设置产品详细描述

产品详细描述是买家从点击到购买过程中至关重要的一个环节。一个好的详细描述能促使买家产生兴趣、激发需求、赢得信任、最终参与购买。因此，在设置产品详细描述时，要包含产品重要的指标参数和功能、5 张及以上详细描述图片以及售后服务条款等。

（四）设置包装与物流信息

设置包装与物流信息主要包括发货期、物流重量、物流尺寸、运费模板以及服务模板的设置。发货时间从买家下单付款成功且支付信息审核完成后开始计时，若未在发货期内填写发货信息，系统将关闭订单，货款全额退还给买家，因此卖家应合理填写发货期。物流重量、物流尺寸要填写产品包装后的重量和体积，避免因填写错误而造成的运费损失和交易性降低。在运费模板中可根据产品支持的物流方式以及各物流方式的折扣信息设置多套运费模板。设置服务模板时可以选择新手服务模板或者已创建的服务模板。

（五）其他信息设置

其他信息设置中包含产品分组选择、库存扣减方式和产品发布条款阅读，选择正确的产品分组，方便后期买家在卖家店铺中查找产品，同时也便于卖家后期对产品的管理。库存扣减的方式主要有以下两种：

1）下单减库存：买家拍下产品，下单成功后锁定库存，给予一定的付款时间，待付款成功后实际扣减库存，超时未付款锁定库存释放。

2）付款减库存：买家拍下产品并完成付款后，扣减库存，其间不对库存进行锁定，以先付款为准。卖家可依据店铺运营情况选择合适的库存扣减方式。

　　最后卖家还需选择是否支持支付宝以及勾选产品发布条款。完成以上信息的设置后，便可提交信息，然后产品进入审核阶段，审核通过后，买家便可搜索到已上传的产品。

相关链接

速卖通平台刊登产品如何避争违规

【任务演练】

一、任务描述

根据产品信息，在全球速卖通平台对产品进行正确的发布。

二、任务分析

（一）核算产品成本、费用和利润，设置产品上架价格

产品定价要考虑产品类型（爆款、引流款、利润款）、产品特质（同质性、异质性、可替代程度）、同行竞品价格水平、店铺本身的市场竞争策略等。

　　例：小李从1688网站采购某品牌户外运动包，单个包装后重量为0.68 kg，采购价格为63元/个，卖家预期利润率是30%，平台佣金率为8%，汇率为1美元＝6.6元人民币，其他成本忽略不计，使用中国邮政挂号小包，包邮到俄罗斯（报价表：重量在300 g以上，包裹正向配送费为53.5元/kg，挂号服务费23元/单），请计算该产品上架价格。

　　预期利润理解为销售利润，即基于销售价格的利润。所以：

$$上架价格=（采购价格+跨境物流费用）/[（1-预期利润率）×（1-佣金率）×汇率]$$
$$=（63+0.68×53.5+23）/[（1-30\%）×（1-8\%）×6.6]$$
$$=122.38/（0.7×0.92×6.6）$$
$$=28.79（美元）$$

（二）全球速卖通发布产品

1. 选择类目

类目要选择正确，可以按照类目结构，逐级选择产品对应的类目。选择类目时一定要仔细，一旦有误将直接影响到后面的上传操作，甚至导致上传操作审核不通过。

2. 准确填写产品属性

在信息发布过程中，产品属性是非常核心的填写内容，卖家应完整、准确地填写产品

属性。

3. 产品标题填写

标题应表述清晰并且包含产品关键信息。

填写标题时应注意标题只描述一件产品，多个产品不要放在同一个标题中；标题应包含与产品相关的关键词；标题中应增加和产品相关的描述性词，以丰富标题内容，突出产品卖点；剩余字符最好控制在 10 个以内。产品关键词最好填写产品最为精细的类别而且填写一个词即可。更多关键词项最好是填写与产品相关的描述性词以详细形容产品特征。

4. 上传产品图片

上传的产品图片应保证是实拍的、清晰的图片，能突出产品的卖点。

5. 准确填写价格和库存

卖家应准确地填写价格和库存。填写价格前应准确地检查库存情况，对应好产品编码，以免出错。

6. 填写产品详细描述

产品详细描述是整个产品的详细介绍，一般包括产品功能属性、产品细节图片、支付物流、售后服务、公司实力、参数、型号、用途、包装、运费、购买须知等。

7. 填写包装、物流等信息

依据产品预先设置好的信息依次填写包装信息、物流信息、服务模板及其他信息。

8. 填写产品其他信息，并保存

填写产品的有效期、支付方式等其他信息，并保存填写内容，然后完成发布。

三、任务评价

学生能够对跨境产品做出准确的报价，能够在全球速卖通平台发布产品。

课件

任务三　产品发布优化

一个好的产品信息，能够更好地提升产品的可成交性，提高转化率，增强买家的下单决心。所以，当产品上架一段时间后，通常会产生一些数据，这时需要根据数据的情况，对产品进行优化，优化一般包括产品标题优化、产品主图优化和产品详情页优化。

【知识准备】

一、产品标题优化

当进行产品标题优化的时候，要根据其数据表现来判断它是否需要优化，其中一种方法就是对标题的检查。对于因初期疏忽导致的标题拼写不准、用词不当等情况肯定是需要优化和改正的，只需要按照正确的用词和标题拼写技巧把它改正即可，这一步称为"有错纠错"。

除了纠错，标题优化的第二个重心则是让产品获得更多的搜索曝光和转化。众所周知，标题的一个核心作用就是用来匹配搜索流量，或者获得搜索曝光。对于曝光量和转化率较差的关键词，需要对其进行调整。

这里以全球速卖通为例，可以参考后台"生意参谋—搜索分析"里面的搜索词数据，依据词的效果表现数据来进行调整。在搜索框内输入关键词，查看此关键词的数据情况，保留有效果的关键词，剔除无效果的关键词。剔除后换上更优质的关键词，以组合出更多的有效词。

在更换优质关键词的时候，除了借助"全球速卖通—生意参谋—搜索分析"工具，还可以通过"搜索提示词""产品所属的类目名称及规格""其他卖家的关键词"以及"其他平台同行人气卖家的产品标题"等一些渠道进行关键词挖掘与分析。

最后，不建议频繁改动标题，也不建议一直不改动标题。对于数据表现异常优秀的标题，尽量不要改动，以免破坏了它的效果。当然，按照数据进行严格的改动，也是可以的。对于数据表现一般或不好的标题，可以放心地改动，不要担心修改标题会降低权重，或影响标题的效果，事实证明基本不会产生影响。

二、产品主图优化

产品主图优化通常是为了提升搜索点击率，让产品在曝光量不变的情况下，尽可能多地引进进店流量。主图对于点击率的意义不言而喻。买家搜索一个词之后，系统呈现的搜索结果中，最容易被关注的就是图片。它是买家识别页面、识别产品的第一聚焦点。所以产品主图优化是店铺和产品运营的重要环节。

（一）产品主图优化主要原则

1）背景：图片背景简单，例如，自然场景或者纯色背景。

2）主体：重点展示一类主体（占据图片70%以上的地方），严禁拼图或出现多宫格。

3）Logo：使用英文Logo，且整店风格保持统一，建议放置在主图的左上角。

4）文字：图片上不能出现多余文字，严禁出现汉字。

5）边框：图片建议不要打图标、添加文字，或者加过粗的边框。

6）比例：图片长宽比例保持1∶1或者3∶4，且一组主图比例保持一致。

7）数量：建议主图5张以上，至少有1张细节图、1张实拍图。

（二）产品主图优化方向

设计产品主图首先目标要明确，就是一定要知道，这张主图展示在买家眼前，是希望引导买家做什么，是想让买家点击，还是想让买家购买，又或者是想让买家收藏的。产品主图最重要的作用就是促使买家点击，进而促进购买。明确目标之后，再来对产品主图进行设计和优化。

1. 主图构图

在产品颜色较多的情况下，重点突出一个单品。产品图片居中展示，且需占到整体图片的70%以上，Logo统一放在图片的左上角，不允许拼图，不允许多宫格（多种颜色，同系列产品可以用细节图或SKU属性展示），要求无边框和水印。有以下几个构思可供参考：单品+特写图；单品+多图不同角度展示；单品+效果图。

2. 主图大小

全球速卖通平台要求主图大小不超过 5 MB，在控制好图片的品质时，也要关注图片大小，因为有时如果买家的网络不好，那么图片加载速度就很慢，这样很影响买家的体验，是不利于促成购买的。

3. 主图背景

主图背景要保证简洁清晰，能突出产品主体，尽量统一背景颜色，选单一色，最好是白色或者浅色底，要是生活化的背景则尽量虚化掉。如果是有统一背景的品牌店铺，且整个店铺的产品有定位，呈现出一定的调性，则可以使用自己统一的背景。主图还需要卖家结合自身产品的卖点、营销活动及周边环境来定。

4. 主图文字

作为卖家要考虑买家会喜欢看到哪些信息。以卖鞋子为例，新款、升级、科技、性能这些都可以作为核心用词，至于款式、颜色、包邮、价格等词语完全可以不用放在主图上。主图上的文字要求无中文，无淘宝色彩。布局促销信息或者产品卖点，不能超过图片整个版面的 20%，而且考虑到 App 端，因为手机屏幕大小不一样，在屏幕小的情况下，文字也要能够清晰展示。主图上如果使用文字，则要做到干净利落，直击要害。

三、产品详情页优化

买家网购一般的关注点是：我需要、质量好、卖点符合、评价好、包装好、售后好。所以面对买家这种购买心理，卖家的目标要明确：产品详情页的开始部分应该以提升买家购买冲动为目标；产品详情页中间部分，要设计能够提升买家购买欲望、提升转化的内容；而产品详情页的页尾应该要以提升买家的访问深度为主要目标。

（一）产品详情页优化方式

1. 视频优化

产品详情页要求视频时长不超过 4 分钟，画面长宽比 16∶9，文件大小不超过 1 GB。但是考虑到买家的浏览体验，建议视频时长 30 秒到 1 分钟。

产品详情页的视频建议与主图视频有所区分，不要利用两个资源位展示相同的内容。产品详情页的视频内容建议以公司及介绍产品主图生产流程、产品推广视频为主，也可以体现公司实力及一些展会视频。

2. 促销活动优化

促销活动优化即用图片加文案的形式叙述该产品，或者店铺有什么活动。

产品＋文案的表现方式非常简单，效果很直观。当然活动营销图不是随便放的，店铺要有活动采访，避免买家认为店铺虚假宣传。

3. 产品信息优化

可以查看同行的评价及产品的问答专区，但同行的产品一定是跟自身产品一样的，或者类似的。

产品详情页主要用于展示买家关心的内容，而在产品的评价及问答板块可以了解到买家满意情况，从而了解买家关心的内容。多看看同行是怎么做的，扬长避短，结合自身产品优化提升。

4. 产品图片优化

产品详情页展示的图片一般以产品实拍图、模特图及细节为主。

产品图片作为最基本的展示点，卖家在做到产品图片清晰美观的同时，也要考虑是否过度修图，从而造成产品与图片相差过大，这样容易在后期产生纠纷。

5. 添加互动内容

产品详情页中的互动内容主要是一些温馨的提示、注意事项及服务板块的内容。

这些互动信息能够拉近和买家的距离，也能够让买家在售前、售中、售后都安心。

（二）详情页优化技巧

1）详情页多语言化。先查看自己店铺客户人群分析因子，确定客户的国家来源分布；再根据数据情况，编辑多语言的产品详情页。

2）重要内容前置。从买家角度来考虑，买家的精力和时间有限，在当前的产品下，最关注什么内容，如何更方便获取有效信息，是卖家要思考的点。

3）图文分离，是指图片与文字分开编辑，而不是把文字直接编辑在图片上。这样做的好处：文字加载速度快，可以利用翻译插件查看多语言的译文。

需要注意的是，如果把文字写到图片上，一定要在移动端查看效果，以防文字太小看不清楚。

4）关联推荐内容。当买家点击进来之后，发现产品并不是自己需要的，如果有关联推荐内容，可以吸引住买家并增加产品之前的跳转，留住买家。

5）关注 App 端详情页。目前全球速卖通拥有 6 亿 App 用户，App 端流量持续上涨，订单已经远超 PC 端；而且与 PC 端相比，App 端对图片要求不一样，所以在装修的时候一定要注意图片的要求。

 相关链接

新木桶效应：从细节到创新思维的演变

【任务演练】

一、任务描述

一个好的产品详情信息可以提高用户的转化率。根据产品信息，在全球速卖通平台对产品发布后进行产品发布优化。

二、任务分析

（一）账号宏观分析

其实大多数的卖家都是中小卖家，而且特别容易盲目开发很多产品，其账号一般都会遇到以下三个问题：产品没有利润、没销量、整个店铺转化率低。但是最本质的还是产品问题，可将产品分为以下四大类去分析。

1. 明星产品

明星产品市场占有率高，但是其利润走下坡，这是在很多大卖家里面占比很重的角色。例如，移动电源是一个销量、利润双高的产品，单价低；以前它是 5 星评级，现在星级在逐渐下降，虽然现在还处于前端的状态，但是它的竞争对手越来越多，这就是大多数明星产品的处境。这类产品主要是维护它的评价，处理好差评。因为产品的生命周期会越来越短，所以不需要花费精力、人力、物力去做市场拓展。

2. 现金牛产品

现金牛产品就像市场上的爆款产品一样，具有很高的利润率，但市场占有率低。判断公司在平台上做得好坏与否，取决于现金牛产品和明星产品。一旦挖掘出现金牛产品，应该用最快的速度、最多的渠道去做推广。比如说我们常见的测评网站、Google 的 ADWords，全力引流到现金牛产品上，让产品在一个月内销量达到理想状态。

3. 瘦狗产品

这是中小卖家遇到最多的问题，它如同鸡肋一般，嚼之无味，弃之可惜，产品销量不上不下，最终核算成本开支，只能保持收支平衡。

4. 问题产品

这类产品在定位和选择上存在问题，可以通过测评来考虑是否放弃。有些卖家觉得自己的产品会是爆款，花费了大量精力把排名流量做起来，但是发现退货差评率很高，从本质来说这类产品不应该放在平台上面。这个时候应该是判断产品能不能在平台上卖，然后迅速做出判断，而不是一直抱着观望的态度，这样只会越陷越深。走精品路线，其核心是要营利，尽量砍掉一些不需要的开支和占用公司资源或者个人资源的产品。

（二）标题和关键词优化

1. 进行标题优化的几点建议

1）根据重量、颜色、规格进行划分。

2）根据重要参数和卖点，避开竞争激烈的大类目，抢占小类目的排名。

3）根据卖家测评去寻找产品优缺点。

4）添加精准关键词。

2. 关键词如何进行优化

1）关键词尽量精准。

2）避开大流量关键词，抢占其他类目关键词。

3）参考 PPC 关键词或搜索框下拉关键词。

4）参考 Google 的 ADWords 关键词。

5）参考 eBay、全球速卖通、阿里巴巴国际站热卖关键词。

（三）图片优化

1. 图片价格

买家看图片第一眼看到的就是价格，建议参照同品类 Top100 产品的销量、评论、五星级评级的价格区间，在图片上写上合适的价格。标清产品原价和折后价，让买家产生冲动消费的欲望。

2. 好图胜千言万语

主图+功能图+结构图+产品特色。图片优质、原创、独具特色，不仅可以获得更多的平台流量，还可以让买家产生冲动购买的欲望。

（四）价格布局

学会卡位。比如产品 Top50 的价格在 50~60 美元，那么可以考虑 45~50 美元中的一个价格。卡位不仅在国内用得比较多，在亚马逊上也是很实用的。

（五）产品卖点优化

1）从买家评论入手，提取买家需求关键点放入产品卖点。

2）参照大卖家的特色卖点，取其精华，去其糟粕。

三、任务评价

学生能够掌握产品发布优化的流程和内容，进行合理正确的产品优化。

【思政园地】

诚信经营：跨境电商运营的重要准则

在跨境电商平台发布数码相机产品时，店铺需要在产品描述中明确指出相机镜头是独立包装还是拆机头。店铺运营人员 Mike 为了提高产品销量，在进行产品描述时，表明镜头是独立包装的，并在产品信息中注明可以享受延保。然而，有一位新加坡客户购买了这款数码相机，收到货品后，发现镜头并没有独立的注册号码，咨询 Mike 后才被告知镜头实际上是拆机头，并且无法享受延保。因此，客户对此事向平台提起了纠纷申请，该店铺也因此受到了平台的处罚。

这种情况下，Mike 发布的产品信息与实际产品不一致，已经构成了虚假宣传。同时，这种行为违反了跨境电商平台的规定，属于"货不对版"的违规行为，平台有权对该卖家账号进行处罚，甚至关闭账号并进行清退。由此可见，在产品发布或优化中，店铺运营人员一定要按照实际情况进行说明，诚实守信。店铺也必须要做到诚信经营，不夸大产品的功能和特点，以真实可信的信息吸引客户并赢得客户的信任。

"诚"是真诚，"信"是信用，两者结合起来就是诚实守信，遵守信用；它不仅是我们每个人生活工作中的一种规范，也是店铺信誉的重要基石；它构成了企业宝贵的精神财富和价值资源，赢得了持久的客户认同，从而使客户不断地在店铺下单，提升客户回头率。只有牢固建立在信用基础上，坚持诚信经营，店铺才能长盛不衰，永远立于不败之地。因此我们要坚持诚信为本，大力塑造诚信精神，不断增强自身的诚信文化意识，做好店铺诚信经营。

【同步测试】

同步测试

项目六

站内外营销与推广

学习目标

【知识目标】

熟悉全球速卖通店铺后台使用规则（如商品、我的店铺、营销活动、生意参谋等），熟悉曝光量、浏览量、访客数、询盘数、订单数、成交转化率等相关词汇的含义；熟悉全球速卖通产品标题优化、图片优化、详细信息优化等的一般做法；熟悉全球速卖通价格优化的常规做法；熟悉全球速卖通店铺优化、营销推广的一般手段；熟悉站外营销推广的一般手段和方法。

【技能目标】

能在跨境平台对产品标题、详细信息、店铺等进行优化。

【素养目标】

基于数据的精细化运营思维，培养学生的全局意识和团队合作意识；领悟推广国产品牌的魅力，树立发展地方经济的决心。

任务一　店铺自主营销

课件

无论是在哪个平台开店，要想给店铺引流，获取更多的流量，都可以通过参加平台店铺自主营销活动的方式来实现。下面以全球速卖通和亚马逊两个跨境电商平台为例，来介绍店铺自主营销活动设置与推广。

【知识准备】

一、全球速卖通

（一）全球速卖通店铺自主营销活动

目前全球速卖通的店铺自主营销活动有单品折扣活动、满减活动、互动活动和店铺优惠码四种。

1）单品折扣活动为单品级打折优惠，用于店铺自主营销。单品的打折信息将在搜索、详情、购物车等买家路径中展示，可以提高买家购买转化率，促使买家快速出单。

2）满减活动包括满立减、满件折、满包邮三种活动类型，均不限制活动时长和活动次数。

3）在互动活动中，卖家可设置"翻牌子""打泡泡""收藏有礼"三种互动游戏，其中活动时间、买家互动次数和奖品都可自行设置，设置完成后分享至粉丝帖吧中可快速吸引流量到店。

4）店铺优惠码：用于店铺自主营销，包括通用型和专享型。它没有活动时长和活动次数的限制。活动开始期间可以暂停。买家可以同时领取多张，但是在下单时一次只能使用其中的一张。如果是自己的店铺粉丝，或者是老顾客，卖家可以通过买家对话发给其一定的优惠码。

（二）全球速卖通店铺活动的使用示范操作

1. 单品折扣活动设置入口

登录卖家后台，单击"营销活动—店铺活动—单品折扣活动"选项。

2. 创建单品折扣活动

（1）设置活动基本信息

1）可单击"创建"进入活动基本信息设置页面，如图 6-1 所示。

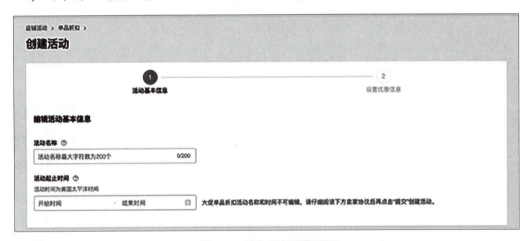

图 6-1　基本信息设置页面

2）活动名称最长不超过 32 个字符，并且只供查看，不展示在买家端。

3）活动起止时间为美国太平洋时间。

4）最长支持设置 180 天的活动，且可取消每月活动时长、次数的限制。

5）活动设置的时间开始后，活动即时生效。如在设置过程中已到活动开始时间，则活动开始。

6）单击"提交"按钮后进入设置优惠信息页面。

（2）设置活动优惠信息

1）可筛选全部已选商品和未设置优惠的商品，支持商品 ID 搜索。

2）支持批量设置，根据营销分组、表格导入形式设置。其中支持批量设置包括批量设置折扣、批量设置限购、批量删除（默认所有 SKU 都参加活动）。按照营销分组设置折扣，分组内的商品会被导入活动内。

特别注意：目前设置 App 折扣不具备引流功能，因此营销分组设置折扣处取消了设置 App 折扣的功能。如需设置 App 折扣，可回到单品选择页面再进行设置。如只设置全站折扣，即 PC 端和 App 端均展示同一个折扣。

通过表格形式批量导入，需下载表格模板。表格填好后，单击"上传文件"按钮即可。也可单击"导入历史"按钮，此处可查看错误报告。

3）支持单个商品设置粉丝/新人专享价。

4）不支持部分 SKU 参加活动，不想参加的 SKU，请修改商品普通库存数为 0。

5）保存并返回后即完成创建活动，待活动开始后即时生效。

6）同一个商品同个时间段内只能参与一场单品折扣活动。

7）可同时参加同个时间段的平台活动，平台活动等级优先于单品折扣活动，因此会生效平台活动折扣。

3. 单品折扣活动状态

活动状态分为未开始、生效中、已暂停、已结束。

1）未开始状态会展示倒计时，可编辑（进入活动基本信息页）、管理商品（进入优惠信息编辑），暂停活动。

2）生效中状态可查看活动详情、管理商品、暂停活动，暂停活动适用于快速止损整个活动，如对单个商品可直接修改。

3）已暂停状态可重新生效活动，查看活动详情。

4）已结束状态可查看活动详情。

二、亚马逊

在了解了全球速卖通平台单品折扣活动的设置与推广后，下面来学习一下亚马逊的店铺自主营销活动设置与推广。

（一）Lightning Deals（秒杀）

Lightning Deals 是一个非常好的引流利器，在亚马逊搜索栏的下面一行专门为秒杀提供了一键进入的入口，如果卖家的商品符合条件并且申报成功，就可以点击进去进行秒杀活动的设置。一般而言，对于参加秒杀活动的商品，在秒杀期间，其流量会大幅地增长，订单量也会飙升，相应地也有可能给店铺其他商品带来流量。容易在秒杀中获得效果的商品大多是符合买家即兴购买的商品，所以选择商品的时候一定要考虑该商品是否适合参加秒杀活动。

下面以亚马逊美国站为例，进行亚马逊秒杀营销活动的设置。

1）进入亚马逊美国站店铺后台，单击"广告"按钮，选择"秒杀"选项。

2）跳转到秒杀页面，单击"创建新促销"按钮。

3）跳转页面，选择符合条件的商品。

4）单击"选择"选项，选择符合条件的商品进行秒杀设置。

5）选择参与秒杀的时间段，每个秒杀时间段都有对应的秒杀费用，务必在提交前查看费用信息。亚马逊将根据具体商城和秒杀时间收取费用，且仅在秒杀活动结束后收取。

6）针对参与秒杀的商品，设置每件商品的促销价格、每件商品的折扣、已确定参与商品数量（最低数量）及主要商品，即设置产品链接下面的不同 SKU 变体为此次秒杀活动的主要商品。

7）跳转页面，检查秒杀活动的参与时间及秒杀费用，确定参与秒杀后单击"提交促销"按钮，秒杀活动设置成功。否则，单击"放弃此促销"按钮，取消此次秒杀活动的设置。

对于提交并成功完成的每个秒杀均需付费，而更改变体数量、商品数量和商品价格不会影响该费用。

创建完秒杀后，请检查以下各项：

1）确保拥有充足的库存，满足秒杀数量。

2）确定秒杀计划后，请务必确认秒杀的具体日期和时间。

3）监控秒杀状态。

4）在亚马逊秒杀计划开始前的 24 小时内，可以随时使用控制面板取消秒杀。

（二）Coupons（优惠券）

设置优惠券可享受由亚马逊提供的自动推广服务，并同时显示在亚马逊平台的 PC 端和移动端，并设置特殊促销标志。由于优惠券无须 ASIN（亚马逊标准识别号）拥有销售历史，因此对新品来说是个极佳的促销手段，在一定程度上不仅能增加商品流量，还可以通过买家定位精准投放，减少无效曝光，提高转化率。设置了优惠券的商品，在搜索结果页面的商品链接上面会有个非常显眼的优惠券标签，使商品更加吸引买家的注意力，在一定的程度上是可以提升流量的。

以亚马逊美国站为例，进行亚马逊优惠券营销活动的设置。

1）进入亚马逊美国站店铺后台，单击"广告"按钮，选择"优惠券"选项，进入优惠券营销活动的设置界面，单击"创建新的优惠券"按钮。

一个优惠券的设置包括四个步骤：搜索和添加商品、预算和折扣、价目表和目标、查看并提交。

2）第一步是添加需要设置此优惠券的 ASIN，按照系统的提示，一个优惠券一次最多可以添加 50 个 ASIN，把计划设置优惠券的商品搜索出来后，单击商品右侧的"添加至优惠券"按钮，即把其添加到右侧待设置区域。当然，对于待设置区域的商品，也可以进行移除操作。

3）设置完成后，单击"继续下一步"按钮，进行下一步操作。

4）商品选定后，开始设置优惠类型、优惠幅度、优惠券使用方法和预算。优惠类型分为现金优惠和百分比优惠两种，百分比优惠的幅度要求是 5%~80%。设置过程中，需勾选买家可使用优惠券的次数，一个买家一次或可以多次重复使用。在预算方面，预算费用最低为 100 美元，主要用于支付此商品的优惠（卖家优惠部分由自己承担）和每次成交后亚马逊收取的 0.60 美元的费用，当预算用完，优惠券就会下线。

单击"满减"选项，需填写现金优惠金额，单击"否，允许同一个买家多次兑换优惠券"选项，则允许同一个买家多次兑换优惠券，然后设置预算。

单击"减免折扣"选项，需填写折扣百分比，单击"否，允许同一个买家多次兑换优惠券"选项，则要设置预算。设置完上述项目，单击"继续下一步"按钮，进行下一步操作。

5）设置优惠券的名称、面向的目标买家和使用时限。优惠券名称是展示给买家看的，所以可以设置一个简洁易懂的名称。优惠券所面向的目标买家可以选择所有人群或者精准指向的某个群体。优惠券的使用时限需要设置开始日期和结束日期，最长不超过 90 天。单击"继续下一步"按钮，进行下一步操作。

6）预览之后，如果没有问题，就可以提交，等待优惠券生效。

三、产品标题优化

（一）产品标题构成分析

例 1：2020 New Fashion Jacquard A-Line Mini Long Sleeve O-neck Beading Casual Women Evening Dress HT789

该标题依次列出了产品的材质、裙型、裙长、领型、装饰、风格、型号等信息，其中 Dress 是产品的核心词，是买家搜索的类目，其他都是属性词，表明了产品特定的属性。这是标题的基本写法。

例 2：2020 New Women Casual Clothes Autumn Winter Sexy Slim Bandage Vestidos Black White Plus Size Hot Sale.

该标题依次列出了产品的年份、风格、适用季节、款式、名称、颜色、尺码、销售状态等信息。此标题中，Vestidos（葡萄牙语，意为裙子）品名也称核心词，是卖家针对巴西客户推出的，考虑到巴西客户的语言习惯，采用了目标客户搜索该类目时常用的搜索词。2020，New，Plus Size，Hot Sale 为促销词，巴西女性普遍偏胖，存在跟随潮流的心理，"PLus Size""Hot Sale"能为产品搜索带来流量。Casual Clothes，Autumn Winter，Sexy Slim，Bandage，Black White 为属性词，表明了该产品的各类属性。

由此可以看出，好的标题应包括以下部分：产品品名或所属类目、产品属性词和能带来流量的词。

（二）标题制作的"三段法"——核心词+属性词+流量词

1. 核心词

核心词是顶级热搜词（该词影响排行、点击率）。核心词可以是产品名称、所属类目，甚至某个知名品牌。买家主动搜索时，往往会输入核心词。

2. 属性词

属性词表示产品特定的属性（该词影响排行、点击率），如颜色、长度、风格、款式、包装、品牌、销售属性（单个或打包等），用以区分该产品与其他产品的不同之处。

3. 流量词

流量词是能给产品带来流量的词。流量词也称长尾词或促销词，如特殊尺码、为节日或特别的群体而制、特色服务）（如定制）、产品来源（如工厂店）、全网最低价等。

 典型案例

产品标题优化

某卖家于春夏之际发布了一款女童短裙，核心词为"Dress"。考虑到产品适用于夏天，因此标题里加入"Summer"一词，以增加搜索流量。裙子为棉质（Cotton），图案为花朵（Flower），细节部分为带蝴蝶结（Bow），这些都是产品的属性词。另外，运用促销词"Party princess""Free Shipping"引起买家注意。设置标题时，考虑到买家的视觉集中点，可将核心词前置。

（三）优秀的标题应避免的情况

1. 标题中含有与实际销售产品不相符的关键词

例：某卖家发布一款带钻石的流行发饰（钻石为人造，非真钻），标题设置为"New Bridal Wedding Flower Crystal Diamond Hair Clip Comb Pin Diamond Silver"。标题中出现"Diamond"字眼，与实物不符，误导了买家。因此，该产品的标题部分的"Diamond"应该换成"Rhinestone"，或者用"Simulated Diamond""Synthetic Diamond""Imitation Diamond"才是正确表达。

2. 关键词堆砌

例：某卖家发布一款棉质女式礼服，设置标题为"2020 New Fashion Women Cotton Casual Dress Evening Dresses Cocktail Dresses Party Dresses HT789"。该标题中多次出现"Dress"一词，Casual Dress、Evening Dresses、Cocktail Dresses、Party Dresses 是不同类目，这种设置标题的行为属于关键词堆砌，应选择其中一个正确类目，删除多余关键词。

3. 知识产权侵权

例：某卖家发布一款塑料拼接玩具，设置标题为"Building Blocks Set LEGO Friends 442 Pcs 2 Toy Figures DIY Swimming Pool Brinquedos Bricks Toys for Girls"。标题中出现"LEGO"（乐高，丹麦著名玩具品牌），属侵权行为，不得发布。如果该产品与"LEGO"正品也能一起使用，在"LEGO"一词前加上"Compatible with"（与乐高产品兼容）字样，则可以发布。

4. 免邮滥用

例：某卖家发布一款动漫玩具，运费模板设置为邮政小包，对1~5区的国家免运费。标题设置为"Free Shipping Anime Dragon Ball Z Super Saiyan Son Goku PVC Action Figure Collectible Toy 17cm DBFG071"。该行为属于运费作弊，会影响产品搜索排名。只有当产品对所有国家免邮时，才能在标题里设置"Free Shipping"（免邮）。

（四）产品标题优化的方法

1. 关键词的筛选

建立产品关键词库；通过产品类目点击搜索，参考竞品关键词；参考站内工具提供的关键词；能准确描述产品的关键词；使用搜索栏自动推荐关键词；使用站外工具。

2. 关键词展示的位置

考虑到买家阅读习惯，以及全球速卖通直通车展示位特点（35~45 个字符），无法把标题完整展示，建议把产品的材质、特点、销售方式、产品名称等关键词靠前展现，物流、运费、服务等放在后面。

3. 促销词（通用词）的使用

促销词虽然与产品本身并没有紧密的联系，但是这类词却有出其不意的效果。例如："Gift for Valentine's Day" "Factory Shop" "Custom" "the Lowest Price" "Hot Sale" "Best Selling"。促销词不仅能补充说明产品的属性、功能，还能触动买家的购物心理，因此，促销词如果使用得当，也是标题优化的重要一环。

📖 典型案例

亚马逊平台产品标题优化

标题作为触摸 A9 算法的第一道门槛，其重要性不言而喻。而现在的标题结构已有成熟的公式，既亲近算法又具备通读性。但也不是一定要完全遵循它，只要大体方向一致，即可兼具实用性和美观性。

公式：品牌+核心关键词+核心或区别于别人的特性+适用范围+产品属性。

然后让我们来看看以下这个混合型案例，如图 6-2 所示。

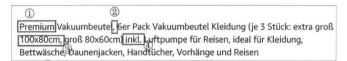

图 6-2 标题优化案例

（1）Premium，意为优质，希望向顾客传达优质产品的概念。但顾客不会因为这个词就真的相信产品就是如此，而且也不会用这个词来搜索产品。那么这个词在标题中将毫无意义，并且占据首要搜索位。

改：尽量通过前 5 个词展示：这是什么产品？有什么特性或与其他产品有什么不同的地方？位置越靠前的词越重要。手机上能被显示的标题内容有限，所以需要在短短几个词之内展现产品特性，兼顾电脑端和移动端，从而达成既亲近 A9 算法，又照顾到顾客浏览标题体验的目的。

（2）在标题里少用甚至不用逗号、句号和其他特殊标点符号，因为其会阻隔关键词整体匹配。亚马逊对于关键词的抓取是整体性的，也就是说，只要顾客的搜索词包含在标题中，就都能匹配上。区别在于，整体词组和转化率高的词组会更优先显示。而标题是首要搜索阶梯，即使你不把词组写在一起，它也能被匹配上。

（3）尺寸和颜色不建议写在标题的中间位置。顾客搜索该产品时也会用尺寸，所以也可以写在标题里。但是，不建议写在中间位置，不利于通读性。

（4）可用简单符号表达的无须使用缩写词。该缩写词表示包含，表达该产品包含气泵。首先，这个标点可作为缩写符号和句号，但是建议少用或不用这些符号，所以可用其他成分代替该意思，如"+"号；其次，带气泵也是一个可区分其他同类产品的特点，所以可把该成分提前写。所以，标题优化为：6 tlg Vakumkbeutel + Luftpumpe Reise Aufbewahrungsbeutel für Kleidung Bettwäsche Daunenjacken Handtücher Vorhänge，100 cm×80 cm+80 cm×60 cm

四、店铺优化

（一）充分利用橱窗位

全球速卖通每个月会根据卖家等级给卖家赠送一定量的橱窗位，卖家在橱窗位上架商品后，橱窗位会在全球速卖通相关页面展示，从而达到商品曝光的功能。此外，上架橱窗位的商品在全球速卖通搜索页面中的排名也会靠前。

卖家在使用一段时间橱窗位之后，应该对橱窗位商品进行数据分析，保留曝光率高、转换率高的商品，那些曝光率低、跳失率高的商品则应剔除，换成其他商品在橱窗位展示。

（二）卖家服务等级的意义

卖家服务等级每月末评定一次，次月 3 日前在后台更新，根据上月服务分均值计算得出。根据考核结果将卖家划分为优秀、良好、及格和不及格卖家，不同等级的卖家将获得不同的平台资源。卖家可以在服务分页面底部查看当月服务分均值，预估上月服务分均值。

（三）降低买家不良体验订单率

买家不良体验订单是指考核期内满足以下任一条件的订单：买家给予中差评、DSR 中低分（商品描述≤3 星或卖家沟通≤3 星或物流服务=1 星）、成交不卖、仲裁提起订单、卖家5 天不回应纠纷导致纠纷结束的订单。考核期为 90 天，每月最后一天考核过去 90 天的订单情况。

1）如果一个订单同时满足两个及以上的不良体验描述，只计一次，不会重复计算。

2）如果一个订单在考核期内只有评价产生了不良体验，且属于评价不计分的订单，则不会计入 ODR（订单缺陷率）的计算中。

【任务演练】

一、任务描述

进行店铺满立减活动设置：全球速卖通卖家可以针对全店铺的任意商品设置满立减活动，若买家的一个订单金额超过了设置的优惠条件，在其支付时系统会自动减去优惠金额。这样既能让买家感觉到实惠，又能刺激买家为了达到优惠条件而多买，买卖双方互利双赢。优惠规则（满 X 元减 Y 元）由卖家根据自身交易情况设置，正确使用满立减工具可以刺激买家多买，从而提升销售额，提高平均订单金额和客单价。

XINYU Official Store 秋季新品已经上线，针对店铺在售的过季夏款商品，为了缓解库存成本和资金压力，近期店铺准备策划一场为期 3 天（2021 年 8 月 10 日上午 9 时至 8 月 13 日上午 9 时）的满立减活动，对滞销的夏款商品进行清仓处理。目前店铺的平均毛利润率是40%，商品参与满减活动之后，毛利润率要控制在 10% 以上。

立足于成本控制和流量引入两个角度，运营人员制定了三个不同的活动规则，如下所示：

1）满减活动规则一：单笔订单金额满 \$59 立减 \$10；单笔订单金额满 \$69 立减 \$20；单笔订单金额满 \$79 立减 \$30；

2）满减活动规则二：单笔订单金额满 \$59 立减 \$20；单笔订单金额满 \$129 立减 \$50；单笔订单金额满 \$219 立减 \$70；

3）满减活动规则三：单笔订单金额满 \$99 立减 \$30；单笔订单金额满 \$169 立减 \$50；单笔订单金额满 \$269 立减 \$80。

店铺运营人员综合考量后，计划在以上三个满立减活动规则中选择一个最符合营销目标的促销活动规则，完成此次"夏款商品满立减活动"的设置，另外此次活动不可叠加优惠。

二、任务分析

满减活动设置的具体操作是：

1）开始任务：单击"创建活动"选项，进入创建活动页面。

2）在创建活动页面，编辑活动基本信息：活动名称和活动起止时间，设置活动商品及促销规则，如图 6-3 所示。单击"提交"按钮完成满立减活动信息的保存，然后单击"结束本次任务"按钮，完成此任务的提交。

图 6-3　活动商品及促销规则设置

三、任务评价

学生能够根据店铺运营背景信息，完成店铺满立减活动的设置。

任务二 平台活动推广

课件

平台大促活动的目的是提升店铺流量和交易额，让全球买家在这一天尽情购买，借此不断提升跨境平台在海外的影响力，吸引更大规模的消费群体源源不断地来到平台，最终给真正有服务能力，专注于平台的广大卖家带来巨大利益。

【知识准备】

一、全球速卖通平台大促活动

（一）"3·28"大促

全球速卖通"3·28"大促是全球速卖通平台的周年庆活动，每年都会举行，作为仅次于"双11"的大型促销活动，其能为卖家输送海量流量，帮助卖家显著提升订单量。

全球速卖通"3·28"大促重点打造"跨店满减"活动，当买家在已配置跨店铺满减优惠活动的同一卖家店铺或跨店铺交易时，若符合满减规则和条件，即可享受满减的优惠权益，上不封顶。

报名"跨店满减"活动就有机会进入大促会场，全球速卖通开机屏、导购全链路资源曝光，巨大的流量资源和买家凑单行为带来的店铺、商品曝光增量将为卖家带来更高额回报。

"跨店满减"活动报名入口：营销活动—平台活动—权益玩法招商—跨店满减活动。该活动的商品无须审核，添加后即视为报名成功；卖家在预热开始前可增删商品，预热开始后不可更改。

（二）"8·28"年中大促

"8·28"年中大促是旺季来临的标志，衔接"双11"大促。"8·28"年中大促作为下半年平台的S级大促，借势核心消费季，将聚焦整合矩阵和域外超级流量，助力大促爆发。所以，这个活动也算是平台比较重视的大活动，宣传的力度和流量都是非常大的，很多卖家也特别关注。

从2022年的全球速卖通"8·28"的大促活动来看，活动开始是从8月17日进行预热阶段，8月22日正式开售，8月26日结束活动。每年的时间可能会存在差别，所以以每年公布的时间为准，但每年都是在7月份开始招商的。

（三）"双11"大促

"双11"是全球速卖通力度最大的促销活动。下面以2023年"双11"大促进行介绍。

1. 跨店满减生效时间和档位

通过卖家全额出资让利，或平台全额出资让利，或卖家和平台共同出资让利相结合的方式，向买家提供满减优惠活动，如图6-4所示。不同国家生效的跨店满减、同一国家用户支付币种的差异可能对应不同的满减门槛或折扣率。

图 6-4　"双 11" 满减优惠活动

跨店满减活动的预热期（以下均为美西时间）：2023 年 11 月 8 日 00：00：00—2023 年 11 月 10 日 23：59：59；售卖期：2023 年 11 月 11 日 00：00：00—2023 年 11 月 17 日 23：59：59。

不同大促活动报名时满减档位可能会有所不同，以系统设置页面显示为准。

2. 报名方式及打标逻辑

1）通过大促入围活动报名，商品审核通过后自动加入跨店满减，享受大促 SALE 标或跨店满减标。

2）单击"单品折扣—店铺大促活动"选项报名，商品设置完折扣后自动加入跨店满减，享受跨店满减标，但不享受大促 SALE 标。

3. 退出跨店满减规则

1）通过大促入围活动报名，即"平台活动—大促入围活动"，审核通过后将自动加入跨店满减活动的商品；将商品从"大促入围活动"中退出，即可自动退出跨店满减活动。若活动预热开始后操作退出，店铺将受到平台处罚。

2）单击"店铺活动—单品折扣—店铺大促活动"选项，即设置完折扣后自动加入跨店满减活动的商品：

招商结束前：将商品从"店铺大促活动"中删除，即可自动退出跨店满减活动。

招商结束后：不支持商品自主从"店铺大促活动"中删除，也不支持向平台申请退出"店铺大促活动"，即不支持退出跨店满减活动，可将商品直接下架止损。

二、亚马逊平台大促活动

（一）黑色星期五（圣诞促销季）

时间为每年 11 月的第四个星期五。

亚马逊"黑五"的意义是：美国圣诞节大采购一般是从感恩节之后开始的。感恩节是每年 11 月的第四个星期四，因此它的第二天，也就是 11 月的第四个星期五，也就是美国人大采购的第一天。在这一天，美国的商场都会推出大量的打折和优惠活动，以在年底进行最后一次大规模的促销。因为美国的商场一般以红笔记录赤字，以黑笔记录盈利，而感恩节后的这个星期五人们疯狂的抢购使得商场利润大增，因此被卖家们称作黑色星期五。卖家期望通过以这一天开始的圣诞大采购为这一年获得最多的盈利。

（二）网络星期一（紧跟在"黑五"后）

时间为 11 月 26 日—12 月 3 日。

网络星期一指的是黑色星期五之后的第一个星期一，是美国一年当中最火爆的购物日之一。在这一天，许多卖家会在网上商店里提供相当大的折扣幅度吸收买家。为了迎接"网购星期一"购物旺季，卖家可选择多样的促销活动进行提报，同时可以在卖家平台完成优惠券、秒杀和 7 天促销活动的相关设置。卖家平台每周会更新推荐适合参加促销的商品。卖家需要及时关注，当发现有符合提报资格的商品时，建议及时完成提报。且旺季物流比较不可控，备货时间务必提前。

（三）Prime Day（会员日）

Prime Day 是亚马逊一年一度的购物狂欢日，时间为每年的 7 月中旬。为庆祝成立日亚马逊推出全球购物促销活动，为特定一些国家的 Prime 会员提供促销、秒杀、打折的优惠。自 2015 年诞生以来，每年的 Prime Day 都在不断刷新纪录。时至今日，Prime Day 已经超过"网一"和"黑五"，成为亚马逊全球最大的购物活动，堪比国内的"双 11"。

在 Prime Day 这天，亚马逊将提供上百款秒杀商品和极速、免费的快递服务，网站每 10 分钟更新促销活动商品，商品涵盖电子数码、玩具、游戏、电影、服饰、运动户外产品等。

亚马逊通常在会员日即将开始时才公布 Prime Day 的具体日期，而这个日期前后对于卖家来说非常关键。对卖家而言，除了需要关注 Prime Day 的时间，备货问题也是一大重点。只有在 FBA 库存截止日期之前保证货物到达，才能满足参与 Prime Day 的要求。

从 2022 年 9 月起，提报 Prime 专享折扣价的商品须符合以下两条新规：

1）商品必须拥有有效参考价格（List Price 或者 Was Price）；

2）提报"黑五""网一"大促的 Prime 专享折扣价格必须比参考价格低至少 10%。

Prime 专享折扣提报要求，包含以下四点：

1）满足全国范围内 Prime 配送条件；

2）现价的至少 8 折；

3）等于或低于过去 30 天最低价；

4）专业卖家评分至少为 4 分或暂无评分，商品评分至少为 3.5 分或暂无评论。

亚马逊 Prime 会员申请步骤：从亚马逊首页进入 Prime 主页，单击"立即免费"选项试享 30 天，按照页面提示提供用于支付 Prime 会员费的银行卡信息，亚马逊将扣取 1 元用于验证，之后返还，再自动跳转回 Prime 主页完成试享注册。

 行业洞察

"泉州制造"出海　足不出户卖遍全球

泉州是我国重要的轻工业生产和出口基地，现已形成纺织服装、制鞋等九大千亿产业集群，其中鞋类、服装、玩具等七大劳动密集型产业占出口总额六成，是全国重要的跨境电商网货制造基地。当前，"泉州制造"的鞋类、纺织服装及配件、小配饰、包袋、小电器、数码产品配件和其他家居日用品等，凭借着物美价廉、实用性强的优势，正通过跨境电商热销菲律宾、马来西亚、印度尼西亚等多个国家和地区。

据业内人士分析，受疫情影响，线下交易被阻断后，消费品的线上交易率先启动。泉州地区的消费品产业较为完备，美妆、鞋靴箱包、运动健身等产品颇受海外市场欢迎。疫情加速了数字化新外贸趋势，网络销量也迅速增长起来了。

泉州作为海上丝绸之路的起点，这里的人有着经商创业的传统，并且塑造出了自身独特的海上丝绸文化。目前，泉州已经拥有市场采购贸易、跨境电商、外贸综合服务企业、海外仓等一系列外贸新业态，跨境电商已经从规模到质量实现了真正的转型。

【任务演练】

一、任务描述

运营部负责人通过 XINYU 店铺后台数据分析发现，近一个月相较于同期和上一个月流量下滑趋势明显，店铺销售额也有所下降。为了提高店铺的流量，增加店铺运营效果，运营部计划通过参加平台活动的方式，短时间内提升店铺的流量和转化。

二、任务分析

1. 选择可报名的平台活动

在卖家中心"营销活动"模块下，选择"平台活动"，单击"查看全部"按钮进入平台营销页面，根据计划参加的活动类型，从招商类型、活动类型、报名资质、报名状态四个方面选择合适的筛选条件，如图 6-5 所示。

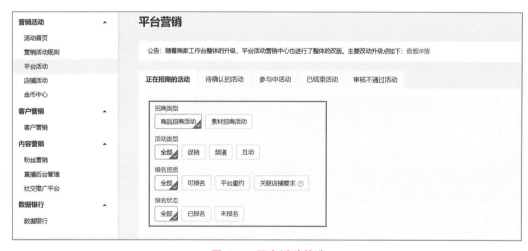

图 6-5　平台活动筛选

2. 查看活动参与条件和商品要求

活动确定后，查看活动参与条件和商品要求，为活动报名做好准备。

3. 确定活动报名方式，选择活动商品

通过分析不同报名方式的报名路径和资质要求，根据店铺营销方案，选择活动商品。

4. 设置活动信息，完成活动报名

根据活动要求，完成相关商品折扣信息的设置，按照活动报名指引，完成平台活动报名。

三、任务评价

学生能够根据店铺运营背景信息，完成店铺平台活动报名。

课件

任务三　站内付费广告推广

流量是店铺的生命线。没有高流量，店铺中的商品就很难有高销量。跨境电商卖家需要通过各种宣传方式，最大限度地利用站内站外资源开展引流工作，让更多买家打开你的网店、认识商品并产生购买的欲望。

【知识准备】

一、直通车

直通车是全球速卖通平台的会员通过自主设置多维度关键词免费展示商品信息，通过大量曝光商品来吸引潜在买家，并按点击付费的推广方式。直通车推广计划主要有以下两种：

（一）快捷推广

通过批量选择关键词，共用一批关键词库，对添加的关键词进行出价。直通车最低下限消耗为 30 元，开始推广后，添加的推广关键词会和添加的每一个商品关联匹配响应的推广评分。当客户搜索计划内的关键词时，若关键词符合展示条件，会优先展示这个词推广评分最高的商品。但快捷推广无法设置创意，也无法对人群进行溢价。

（二）重点推广

全球速卖通的重点推广指的是一个计划可以添加多个商品，形成多个推广单元。每个推广单元里的商品可以单独设置关键词，并且对推广单元内的关键词单独出价。

可以对计划设置国家溢价和人群溢价。当设置美国溢价 200% 时，计划内的商品关键词 Dress 原本出价每次点击 1 元，则美国区域点击 2 元。国家溢价和人群溢价是相互叠加的，Dress 点击 1 元，美国溢价 200% 变成 2 元，人群溢价 200% 就是 4 元点击一次了。溢价主要目的是提升推广精度，让客户更加精准地带来更好的投产。

每一个推广单元的商品都可以创建单独的创意，创意分为创意标题和创意主图。创意图一般是在 6 张主图里挑选，实际上也可以在 6 张主图以外。创意标题一般用来做推广评分升级良推优的端口。

二、CPC

　　CPC 是亚马逊的一种推广方法，意思是按点击付费，是亚马逊卖家需要掌握的一种站内推广形式，它通过向目标人群投放广告让产品链接得到更多的曝光量和浏览量，在产品链接符合买家需求、描述清楚到位、图片足够吸引的前提下，有助于爆款的打造和形成。加上点击率限制，用户的每一次点击都会为店铺带来真实的流量或是潜在的买家。对于竞争小、售价高、利润高的商品，更应当考虑投放 CPC。对于跨境电商卖家来说，不仅要抓住跨境电商网站内部带来的流量，为了能够提升店铺的曝光度，还要考虑到网站外部的流量。

【任务演练】

一、任务描述

　　XINYU 店铺创立于 2013 年，是一家在主流跨境电商平台以经营服装服饰类目为主的跨境电商店铺，此店铺的主要目标市场是俄罗斯、法国、巴西等市场。为了能够把一款连衣裙打造成爆款，运营部门准备在收支平衡的情况下，利用全球速卖通平台的关键词竞价推广工具——直通车对该款商品进行推广。

二、任务分析

1. 新增推广计划

　　进入竞价推广界面，单击"新增推广计划"选项，选择要推广的连衣裙，单击"下一步"按钮，进入推广详情的设置。

2. 设置推广详情

　　（1）选择推广方式

　　全球速卖通平台的直通车推广计划有重点推广计划和快捷推广计划两种。相较快捷推广计划来说，重点推广计划精确性更强，并且独有创意推广等功能，更有利于打造爆款，因此采用重点推广的模式。

　　（2）设置投放位置

　　商品组推广名称不会在前端显示，主要用于卖家在后台进行推广计划管理，因此只需要起一个便于查询的名字即可。例如本计划是针对连衣裙打造爆款的重点推广计划，推广名可命名为：连衣裙爆款重点推广。

　　（3）设置关键词和出价

　　该平台关键词搜索热度高于 20 000 才有机会排到主搜区，为了确保关键词都能进入主搜区，需要先从商品推荐关键词中将不能进入主搜区的词剔除掉。具体的操作流程是：单击"新增关键词"选项，单击"30 天搜索热度"选项降序排列，批量选择热度高于 20 000 的优词，如图 6-6 所示。选择完关键词后，还需要按照营销目标调整关键词出价。

　　（4）设置投放地域和人群溢价

　　根据推广计划选择投放国家，同时为了保证投放人群的精准性，还需对国家设置溢价。

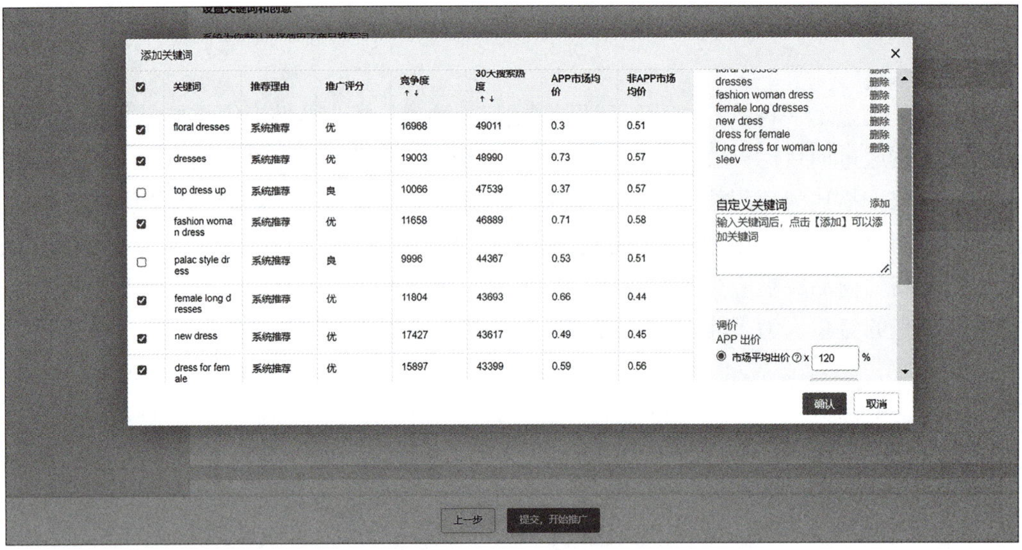

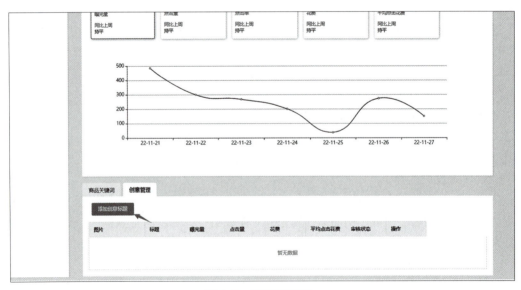

图 6-6　关键词添加界面

除了对国家可以设置溢价，还可以根据后台数据分析的流量来源，对不同类型的人群进行溢价设置。

3. 创意管理

在商品列表页，单击推广商品对应的"查看详情—创意管理—添加创意标题"选项，如图 6-7 所示。平台规定每个推广商品最多可以添加两个创意。

图 6-7　创意标题添加

三、任务评价

学生能够根据店铺运营背景信息，完成直通车推广。

课件

任务四　站外营销活动推广

不管是在亚马逊、全球速卖通还是其他跨境电商平台，在运营的过程中，优质的商品是保证销量的基础；但在跨境电商爆发式发展的今天，光有优质的商品是远远不够的，卖家需要不断地引流，扩大商品和店铺的曝光量与知名度，进而冲击销量，打出品牌。而借助站外营销工具来引流进而提高转化率正是跨境电商卖家生存的必备营销手段之一。

【知识准备】

一、营销工具——YouTube

（一）YouTube 营销规划

所谓"谋定而后动"，在开展 YouTube 营销之前，首先要有一个全面的营销规划，来提升 YouTube 营销的策略性，这样才能让后续的营销工作有条不紊。

1. 明确定位视频功能

对视频功能有明确的定位，有助于卖家有效地控制视频营销的成本，预测用户反馈，并估算视频营销推广的效果。一般来说，在线视频的功能主要有四种：影响买家的购买决策、建立买家的品牌意识、培养买家的品牌忠诚度和刺激线上或线下的商品销量。

2. 精准定位目标用户

精准定位目标用户能让 YouTube 视频营销更有针对性，目标用户越细化，他们对于特定主题的视频所产生的反应可能会越强烈，视频营销的效果也就越好。因此，卖家需要对视频营销的目标用户有精准的定位。卖家需要做好以下三个方面的工作：

1）研究与自己的品牌内容相似的其他视频所吸引的受众群体；

2）了解自己所销售品牌的视频内容所吸引的受众群体；

3）打造视频内容，确保每一个元素都是为目标用户量身定制的。

3. 了解目标用户使用 YouTube 的习惯

当确定了 YouTube 营销的目标用户之后，还要研究他们使用 YouTube 的习惯。例如，目标用户喜欢观看哪种类型的视频，目标用户是否会在社交平台上分享视频，目标用户是否会用手机观看视频等。卖家可以使用 Google 的"YouTube Trends Dashboard"工具来研究分析目标用户分享及观看视频的习惯。

4. 分析竞争对手的 YouTube 营销情况

"知己知彼，百战不殆。"卖家可以花费一定的时间和精力来调查和研究主要竞争对手的 YouTube 品牌频道，了解他们的状况和业绩，并从竞争者的成功中汲取经验，从他们的失败中总结教训，寻找新的机遇。

5. 积极进行客观自评

卖家可以通过 YouTube 账户中的 YouTube Analytics 了解自己 YouTube 营销视频的点阅

数、分享量、转化率等相关数据，掌握品牌与现有粉丝的互动效果，及时评估自己在 YouTube 上的表现。

 典型案例

Anker——YouTube 网络红人营销

Anker 已经是出海品牌的一段神话，它的知名度甚至已经超过了北美本土品牌 Belkin (贝尔金)，也成为苹果官方的配件合作商之一。而 Anker 的成功，在于他们从很早就开始布局网络红人推广渠道。Anker 在 2012 年已经开始发展社媒红人推广了，主要是和电子类、科技类垂直领域的网络红人合作，免费寄产品给他们使用，引导他们测评产品，然后发送到自己的博客或者社媒网站上获得用户关注，或者与网络红人进行推荐分成的合作，进而吸引大批粉丝。在社交媒体推广上，Anker 主要选择了 YouTube 和 Facebook 这两个平台，前者排列第一，占比 44.65%，后者占比 23.05%。

（二）搭建 YouTube 频道的基本流程

1. 清晰的频道定位让目标用户轻松找到你

频道定位越清晰，就越符合 YouTube 后台权重的判定标准，就越容易受到目标用户的欢迎，并且受到系统的推荐；如果频道定位混乱、内容繁杂，则就不容易获得系统的推荐。

2. 根据定位为频道确定一个让目标用户触电的名字

跨境企业 YouTube 频道的取名可以用公司名，也可以用品牌名。当品牌还不是那么有名的时候，建议在频道命名中将定位的结果很好地结合进去。比如 "Blendtec's Will it blend" 是 YouTube 上非常火的频道，其中 "Blendtec" 就是品牌名，"Will it blend" 则是频道的定位。

3. 登录 YouTube，创建属于你的频道

当做好频道定位及频道命名工作以后，就可以开始创建频道了。首先，访问 YouTube.com，右上角可以看到登录，单击 "登录" 按钮，输入 "谷歌账户用户名" 与 "密码"。登录后，单击 "人像" 图标，会出现一个下拉菜单，单击 "您的频道" 选项，根据定位来命名频道，设置完成后单击 "创建频道" 选项。创建以后，单击 "自定义频道" 选项。按照页面提示，添加频道图片，以及在每个模块中上传内容，频道即搭建完毕。

二、营销工具——Facebook

Facebook 广告是以人为本的精准营销，通过收集、整合平台的大数据，对真实用户的人口统计资料、兴趣、使用方法及消费习惯等信息进行分析，从而达到精准的受众定位，发掘最具价值的用户，使广告投资回报率最大化。

（一）Facebook 广告的营销目标

Facebook 广告提供多个营销目标，可帮助卖家实现业务目标。营销目标是指卖家希望用户在看到广告时采取的操作。创建 Facebook 广告时，第一步是选择目标，即选择营销目标，

选择的营销目标要与整体业务目标相契合。Facebook 广告系列目标分为品牌认知、购买意向、行动转化。

（二）Facebook 广告的受众群体

想要广告投放效果好，肯定要先了解广告受众，因为受众跟我们的广告是息息相关的，选择合适、精准的受众群体不仅能帮我们省掉大量的广告费，还能大大提高广告效果。

1. 核心受众

根据人口统计特征、地区、兴趣和行为等方面的特征手动选择受众。初期创建广告没有相关数据时，通过 Facebook Audience Insights 能为你找到相关的核心受众。

2. 自定义受众

自定义受众是指广告客户利用已经掌握的用户个人信息与 Facebook 用户进行匹配，来定位 Facebook 用户的一种定位方式。用户个人信息包括用户邮箱地址、手机号码、Facebook 用户 ID 等。现在很多网站允许新用户使用邮箱或者手机号码作为用户名。为了管理方便，大多数用户习惯用一个他们使用最频繁的邮箱来注册网站，也就是说，如果知道了这些信息，广告客户可以非常精准地定位到这些用户。

3. 类似受众

类似受众是指与自定义受众相似的，可能对你的业务感兴趣的新用户。在创建了自定义受众之后，卖家可以在此基础上创建与其自定义受众列表相似的用户。例如，Facebook 通过自己的算法对卖家创建的自定义受众进行分析得出一些属性，如热爱购物、喜欢时尚、追星、演唱会、音乐等。然后，Facebook 会根据这些属性在自己的数据库里找到和这批属性类似的人群。

（三）Facebook 广告版位

Facebook 广告版位是广告展示的平台和网络。Facebook 的广告不仅仅展示在 Facebook 上，它主要展示在 Facebook、Instagram、Audience Network 和 Messenger 这四大版位上。有数据显示，依据选择的广告版位，单次点击费用可能相差 550% 以上，因此要合理选择广告版位，即决定广告的投放位置。目前，Facebook 有超过 10 种不同的 Facebook 广告版位可用：①动态；②即阅文；③视频插播位；④右边栏；⑤推荐视频；⑥Marketplace；⑦快拍；⑧Instagram；⑨Facebook Audience Network；⑩Messenger。

（四）Facebook 广告预算

预算是广告客户愿意为营销花费的最高金额，因此要合理设置预算。投放 Facebook 广告有两种预算类型可以选择：每天预算和总预算。每天预算，输入的金额是广告系列单日消费的上限；总预算则是广告系列的总消费上限。

预算类型的选择是跟时间联系在一起的，通常是同排程一起设置的，同样有两种选择：从今天起长期投放广告系列；设置开始和结束日期。

前者表示不设截止时间，从创建广告系列开始投放广告直到预算花完为止。后者表示广告系列在指定的周期内花完预算，Facebook 广告系统会自动在整个营销周期内平均分配支出。通常要设置的信息包括账户货币、账户国家或地区及账户时区，这些都是在卖家第一次创建广告时需要设置的。

（5）Facebook 广告形式

有八种功能灵活的广告形式可供选择，即照片广告、视频广告、即时体验广告、Messenger、幻灯片广告、精品栏广告、线索广告、动态广告，它们适用于各种设备和网速条件。采用不同的形式投放广告会收到不同的广告效果，所以在投放广告时一定要选择合适的广告形式，充分考虑到受众用户的心理，这样才能收到比较好的宣传效果。

📱 **行业洞察**

海外网红营销常见的"坑"

2020 年的疫情刺激了海外电商的开展，作为后起之秀的社交电商，正在潜移默化地占领批发市场的份额，并成为"Z 世代"偏爱的购物方式。

其中有 77% 的年轻消费者表示，他们更愿意相信身边人引荐或者网红引荐的产品。对于跨境商家来说，网红营销也曾经从"盛行手腕"变成"常规手腕"。固然整体处于增速阶段，但海外的网红营销产业依然属于非标行业。那么在做海外网红营销时有哪些常见的"坑"，又该如何处理躲避？

1. 在选择网红时，首先要看一下你的目的网红的单个视频报价能否契合你的预算。假如与预算差距较大，建议不要发出约请，因为国外网红对报价很看重，而且在多个广告主同时报价的状况下，假如你的价钱不具备优势则很大概率不会收到回复。同时每个网红都有本人的作风，也很看重本人的口碑，所以在选择一些大网红的时候，要先思索自己的产品能否有差别化的特征，产品越具有差别化越便于网红输出优质内容，这样也能获得较好的销售成果。

2. 在海外不要直接和网红谈 CPS（按销售提成）形式，因为网红依然处于主导位置，经过网上的公开采访能够看到。很多网红都以为 CPS 形式是靡费时间，由于他们制造适配产品的视频也需要很多创意和努力，所以他们通常不会接受 CPS 的形式，除非产品的单价足够高且足够有特征。假如还是想采用 CPS 形式，该如何与网红谈呢？可采用一口价+CPS 的形式，既能够有效把控成本，同时网红也更愿意接受。比方网红开价 \$1 000，那么你可以尝试用 \$500+10% 的转化分红来停止议价。

3. 无论在国内还是国外，一定要提早签署合同并明白细节。和网红协作要提早明白好一切细节并签署具有法律效能的合同。在合同中要明确以下几点内容：视频的制造周期、发布时间、广告时长；能否带 Logo、附带链接；录音样带可修正几次以及返还日期；协作形式、支付金额和支付方式；违约赔偿。

三、社交媒体站外营销

社交媒体是企业在互联网上推广自己品牌的主要资源，作为跨境电商卖家，主要任务是要了解目标受众所使用的社交网站。不同人群的不同需求促进了不同社交媒体平台的产生和发展。常见的社交媒体形式有社交网络、社交分享、博客与论坛、社交新闻等。

（一）社交网络

社交网络是最知名的社交媒体之一。基于社交网络，人们与朋友、同事、同学等具有相同兴趣爱好和背景的人连接在一起，分享信息和展开互动。最知名的社交网络有 Facebook、Twitter、Google 和 LinkedIn。

1. LinkedIn

LinkedIn 成立于 2002 年 12 月 14 日，于 2003 年 5 月 5 日正式上线，目前无疑是最受欢迎的职场社交媒体网站。该网站目前提供 24 种语言支持，注册全球会员超过 6 亿，覆盖 200 多个国家及地区。用户不仅可以在 LinkedIn 平台与类似行业的人建立联系，还可以求职招聘、拓展人脉、查询薪资等。盈利模式主要是广告和付费服务。

2. Twitter

Twitter 是一家美国社交网络及微博客服务的平台。该平台于 2006 年 3 月由杰克·多西与他的合伙人共同创建。用户可以在 Twitter 上发布不超过 140 个字符的消息（推文），也可以关注自己喜欢的 Twitter 用户。在 Twitter 平台，从突发事件、娱乐讯息、体育消息、政治新闻，到日常资讯、实时评论对话全方位地展示了故事的每一面，用户可以加入开放的实时对话，或观看活动直播。到 2020 年，Twitter 平台每月活跃用户超过 3.3 亿，每天发布 5 亿条推文。对于公司来说，可以使用 Twitter 与潜在客户进行互动，回答问题，发布最新消息，同时针对特定受众投放目标广告。盈利模式主要是广告、数据售卖。

3. TikTok（抖音）

抖音是由今日头条孵化的一款音乐创意短视频社交软件，该软件于 2016 年 9 月 20 日上线，是一个面向全年龄段的音乐短视频社区平台。2017 年 11 月，今日头条收购了北美音乐短视频社交平台 Musical.ly。目前抖音国际版 TikTok 在 155 个国家和地区可用，它提供 75 种语言版本。用户可以通过这款软件选择歌曲，拍摄音乐短视频，形成自己的作品，抖音也会根据用户的爱好，更新并推送用户喜爱的视频。抖音国际版 TikTok 下载和安装量曾在美国市场跃居第一位，并在日本、泰国、印尼、德国、法国和俄罗斯等国家多次登上当地 App Store 或 Google Play 总榜的首位。截至 2020 年 4 月，抖音 App 的全球下载量已超过 20 亿次，拥有 8 亿活跃用户，用户平均每天在应用程序上花费 52 分钟。盈利模式主要是广告和电商带货的佣金。

（二）社交分享

社交分享指用户可以上传自己的视频、音频或者图片，并通过分享网站与其他网友进行分享与互动。例如，如果想通过视频吸引客户，那么 YouTube 是一个很好的渠道，它是海外最大的视频分享网站。在图片分享上，图片社交巨头 Instagram 的月活量截至 2019 年已经超过 10 亿，而 Pinterest 每月也有超过 2.5 亿的活跃用户。如果你拥有一家花店，可以分享你插花的图片供客户进行选购。

Instagram 是一个照片共享平台，由 Kevin Systrom 和 Mike Krieger 在 2010 年 10 月创建并推出，目前是 Facebook 旗下的品牌。许多用户用它发布关于旅游、时尚、食物、艺术等类似主题的信息。该平台还以其独特的过滤器及视频和照片编辑功能而著称，允许用户把照片分享在各种社交网络平台，比如 Facebook 和 Flickr。截至 2020 年，Instagram 每月的活跃用户就已达到 10 亿。盈利模式主要为广告推送（图片、视频广告），广告主以知名品牌为主。广告的形式基本以简洁的内容为主。

（三）博客与论坛

博客与论坛是出现历史最久的社交媒体形式之一。使用者通过发布内容和基于内容的互动进行营销推广。在博客中，Tumblr 是最受欢迎的博客平台之一，拥有超过 4.3 亿个账户。免费博客包括 Blogspot. com、WordPress. com 等。

（四）社交新闻

通过社交新闻网站，用户分享或直接上传文章和新闻，网站用户可以对这些文章和新闻进行评价。社交新闻网站则基于评价对文章进行评级，并将评级最高的内容呈现给更多读者。这种网站出现得很早，最知名的 Reddit 都已经创建将近 20 年。如果想通过传播知识来建立品牌知名度，Quora 就是一个不错的社交网站，将允许你回答与行业有关的问题，并帮助人们获得所需的信息。

截至 2021 年 12 月，根据 Worldometers 统计，全世界人口数量已超过 79 亿，其中有超过 45 亿人使用某种形式的社交媒体——约占全球人口的 57%。

结合以往数据可以看出，社交媒体的格局一直保持不变，Facebook、YouTube 和 WhatsApp 仍然是精英，Instagram 活跃用户有所上升，超过了 10 亿。来自中国的 TikTok 和微信也已迅速成为世界上最受欢迎的社交媒体网站之一。

 相关链接

跨境电商为什么要做精细化运营

【任务演练】

一、任务描述

随着跨境电子商务的快速发展，政策红利期即将过去，跨境电商卖家的竞争越来越激烈，蓝海也越来越难发现，XINYU 店铺就面临这样的困难。运营部门发现品牌想要在海外打响知名度，海外社交媒体是很重要的渠道。运营部部门负责人要求艾米根据品牌属性和目标受众，结合社交媒体平台的营销属性，选择最合适的海外社交媒体平台进行推广。

二、任务分析

1. 选择站外营销活动推广渠道

店铺启动站外营销推广策略，需要了解卖家最适合哪种类型的平台。卖家不需要通过所有平台宣传，因为管理和运营不同平台会消耗大量的精力。例如在 Facebook 上的网红营销主要以社交、社会热点及话题性内容为主，而 Twitter 上的网红营销主要是以热点、新闻、内容营销分发为主。

2. 开发站外营销活动推广渠道

站外营销活动推广渠道互动性和参与性强，跨境卖家可以多发布包括提问、投票甚至比赛在内的帖文或视频，以折扣码、优惠券等作为奖品，在进一步了解客户需求的同时，增加流量转化。例如在 Facebook 的专页中，帖文的受欢迎程度会以点赞、分享和留言等互动来计算，从而提升帖文在平台的受关注度。

3. 投放海外社交媒体广告

海外社交媒体拥有的数十亿的海量用户，是非常好的广告投放基础。海外社交媒体上的广告投放，主要是在 Facebook、Twitter、YouTube、LinkedIn、Instagram、TikTok 等平台上投放。对于任何一个寻找受众的品牌来说，社交媒体广告都是值得探索的一部分。

三、任务评价

学生能够根据店铺运营背景信息，完成站外营销活动推广。

【思政园地】

RCEP 对 15 个签署国全面生效

2023 年 6 月 2 日，《区域全面经济伙伴关系协定》（RCEP）对菲律宾正式生效，标志着 RCEP 对东盟 10 国和澳大利亚、中国、日本、韩国、新西兰等 15 个签署国全面生效。RCEP 是什么？RCEP 是全球最大自贸区，即《区域全面经济伙伴关系协定》，是 2012 年由东盟发起，历时 8 年，成员包括中国、日本、韩国、澳大利亚、新西兰和 10 个东南亚经济体共 15 方而制定的协议。RCEP 涵盖人口超过 35 亿，占全球总人口 47.4%，成员国的经济规模占全球 GDP 的 30% 左右，是全球涵盖人口最多，最具潜力的自贸区。

RCEP 对 15 个签署国全面生效后，会对东南亚跨境电商有何影响呢？

1. 区域体系规范统一

RCEP 会形成区域内更规范统一的规则体系，对于国内的东南亚跨境电商来说，无论是做本土店还是做跨境店，其最大的困惑之一就是区域政策限制。东南亚各国之间的电商销售标准差异化很大，很难做到规范和统一。但 RCEP 成立后就大不一样了，在协定的区域内电商销售票标准都将获得一种统一的规则，从某种程度上能大大降低跨境电商的经营风险和不确定性。

2. 供应链与资源优化

有一定市场经验的人都知道，做跨境贸易的核心就是能对市场资源进行有效的整合，而 RCEP 能给区域内的各种资源整合带来更多的便利性。例如，对商品流动、技术合作、服务资本以及人才交流等方面的整合。对于东南亚跨境卖家来说，在海外仓的建立、市场的建立、人才的招聘等方面都能获得更多的机会，且能拥有更多和更好的资源。

3. 区域品牌化的建设

对于做跨境电商的卖家来说，要想在这个行业站稳脚跟，品牌化和本土化是两条可供选择的方向。但是受资源限制影响，很多想做本土的卖家受本土环境限制频频退场，也有很多布局海外仓的卖家会经常受到各种阻碍，这次通过 RCEP，区域内国家规则可被统一。对于区域内的跨境投资者来说，进入了一个国家等于进入了 RCEP 区域的全部国家，这样投资效率会更高，结果也会更好更稳定。

4. 跨境物流环节优化

对于跨境电商来说，物流是一个非常大的痛点，很多产品因为属性、品质和本土物流发展限制，导致物流时效慢、运输成本高、卖家货损率高、买家满意度低等。通过 RCEP，区域内的运输成本将会大大降低，运输效率变高，物流导致的各种问题都能得到有效解决；此外还能带动区域内各国物流行业人员的就业，商家与消费者也都能从中得到更多实惠。

【同步测试】

同步测试

跨境电商订单处理

学习目标

【知识目标】

熟悉常见英文函电的交流词汇、短语（咨询、还价、产品描述、物流选择、货到时间等）；掌握跨境电商的物流选择、产品的包装和发货操作流程；了解世界各国对进口产品征收关税的标准；熟悉全球速卖通平台的发货规则；了解其他第三方跨境电商平台的发货规则。

【技能目标】

能正确回复跨境平台客户的询盘、还价等邮件；能及时处理国外客户的订单；能掌握邮政小包和 e 邮宝等基本物流面单的打印操作流程。

【素养目标】

倡导绿色包装，培养学生的环保意识和可持续发展理念，增强社会责任感；了解检验检疫和跨境监管的重要性，培养学生的法律意识，理解中国法律的威严与温情。

任务一　产品采购及库存管理

课件

采购工作至关重要，它既涉及采购的形式、采购工作的整个过程以及采购政策的制定，还影响到物流企业的质量信誉，因此，必须高度重视和抓好采购工作。采购和库存在产品生产成本中占有很大比重，所以对于大多数企业而言，优化采购和库存，必将在很大程度上提升企业的竞争能力。

【知识准备】

一、供应商选择

供应商是指向买方提供产品或服务并相应收取货币作为报酬的实体，是可以为企业生产提供原材料、设备、工具及其他资源的企业。

（一）供应商选择指标

在选择供应商时，必须依据合理的评估指标体系对供应商真实状况做到全面了解。供应商需要对未来将要合作的供应商进行全面考核，以大致了解与其合作的潜在价值和预期的风险大小，为供应商最终的选择决策提供依据。在评估指标构建上，既要评判新供应商的企业素质、企业环境、企业文化等宏观层面的实力，又要评判企业在产品质量、技术、供货、财务、生产、售后等微观层面的实力。

企业素质：通过该指标对企业的规模以及企业在市场中的地位进行评估。

产品质量：通过该指标掌握企业提供产品的质量情况。

价格水平：通过该指标衡量该供应商供货的成本情况。

交货能力：通过该指标测算供应商的生产柔性。

售后保障：通过该指标了解供应商的售后服务。

企业环境评价：通过该指标了解企业现在的发展状况。

企业发展潜力：通过该指标对供应商的发展前景进行评估。

（二）供应商选择的影响因素

供应商的经营业绩对企业的影响越来越大，在选择供应商时，需要考虑的影响因素有以下几点：

1. 管理能力

对于采购方来说，供应商的管理能力至关重要，供应商管理能力的好坏会在一定程度上影响供应商的供货绩效；供应商经营管理业务并做决策的方式同样也将影响供应商的竞争力。企业在评估供应商的管理能力时需要考察以下的关键问题：

1）管理层是否制订明确的中短期公司发展计划。

2）管理层是否承诺全面质量管理并持续改进。

3）管理人员的变动率是否过高。

4）管理人员是否具有丰富的专业经验。

5）对公司未来发展方向是否有远景规划。

6）管理层是否重视员工的培训，为迎接未来市场的不确定性做好准备。

7）员工素质。企业在选择供应商过程中同样不能忽略供应商企业中非管理人员的素质，企业应该考虑以下几个方面：①劳动力的受教育水平和经验水平；②员工和管理层之间的关系；③劳动力弹性；④人事变动率；⑤罢工及劳动纠纷情况。

2. 财务稳定性

供应商财务的稳定性同样应该作为选择供应商的影响因素之一，财务状况不良的供应商意味着许多风险。首先，财务状况不良意味着供应商可能面临着倒闭风险；其次，财务状况不良的供应商可能缺乏必要的资金资源投资工厂建设、设备维护以及技术研究等，而这些投入对于企业的长期技术和其他绩效的改善都是必不可少的；再次，财务状况不良的供应商可能在资金方面过于依赖采购方，会加重采购方的外部压力；最后，财务状况不良也意味着供应商内部面临一定的危机。因此，企业应当选择财务状况稳定的供应商。

3. 信誉状况

企业的信誉状况不仅仅影响到供应商的资格预审，还会影响到后续与该供应商长期合作伙伴关系的建立。企业要衡量供应商的商业道德和社会责任问题，谨慎选择供应商，避免企业自身的组织声誉和品牌因上游供应商违背职业道德、破坏环境资源、违反用工准则等行为的曝光而受到损害。

4. 遵守环境法规

供应商在生产过程中是否遵守相关环境法规，包括供应商的环境违规记录、危险有毒废物的处理情况、废物回收利用情况、ISO 14000 认证以及破坏臭氧层物质的控制情况等。

（三）供应商选择的标准

从企业的战略角度分析，供应商选择的标准可分为短期标准和长期标准。

1. 短期标准

短期标准一般指产品价格、质量、技术、交付时间、成本控制、履约能力等标准，这些标准以提升企业在成本、质量、速度、服务等方面的竞争力为目的。对采购方来讲，供应商应该具备支撑这一目的的素质。成本和质量是对供应商的基本要求，供应商通过对自身产品的成本控制和质量监管，降低下游企业的成本和残次品率；速度和服务是对供应商的更高层次要求，供应商及时响应下游企业的需求以及售后服务要求，有助于下游企业以最快的速度满足最终用户的个性化需求，提高下游企业的客户响应速度，提升企业形象。

（1）价格

价格主要是指供应商所供给下游企业的原材料、初级产品、半成品或办公产品的价格。供应商供给产品的价格在一定程度上影响着供应链上最终产品的价格和整条供应链的投入产出比，对供应链上企业的利润率产生一定程度的影响。

（2）质量

质量主要是指供应商所供给下游企业的原材料、初级产品、半成品或办公产品的质量。产品质量是供应商需要严格把控的关键环节，如果供应商所供应产品的质量低劣，会导致下游企业残次品率升高，造成设备及各类资源的浪费，同时也会影响最终产品的市场销售，使其在高质量产品的挤压下很快退出市场。因此，供应商所提供的产品是下游企业进一步加工制造的地基性产品，必须严格把控质量。

（3）交货提前期

对于企业或整个供应链来说，外部市场的波动和供需不确定性会直接影响到企业内部生产结构的调整，末端市场的任何微小变化和波动也都会引起企业或供应链的变化或波动。市场的不稳定性会导致供应链各级订货量的波动，由于信息的不对称性以及满足市场所有需求的心理，会造成供应链上节点企业决策的滞后性以及订货量的逐级放大，扩大供应链上的"牛鞭效应"。交货提前期的调整可以在一定程度上减轻"牛鞭效应"，一般情况下，交货提前期越小，订货量的波动越小，企业对市场的反应速度越快，对市场需求反应的灵敏度越高。

（4）交货准时性

交货准时性是衡量供应商是否能够按照采购方的要求在指定的时间将采购方所需的物料运送到指定地点的指标。如果供应商不能及时将采购方所需物料送达指定地点，必然会影响生产商的生产计划和零售商的销售计划，延误销售时机，由此造成大量的浪费和供应链的效率低下。因此，交货准时性也是重要因素。

（5）服务水平

供应商的实力不仅仅取决于企业的生产能力，还取决于供应商的服务能力，综合实力强但服务水平差的供应商不一定就是理想的合作伙伴。

（6）信息处理能力

随着大数据时代的来临，供应商信息的实时传播和共享、信息处理的自动化和智能化及其对客户需求信息的连锁反应等信息化因素，正在成为支撑供应商竞争力的重要因素。供应商良好的信息化水平不仅有利于提高供应商的市场敏感度、降低库存、节约成本，而且有利于更好地维持供应商与上游企业的合作伙伴关系。为保持企业生产活动的柔性，保证企业在激烈的市场竞争中胜出，供应商的信息化建设水平是必须考虑的因素。

（7）其他

例如，项目管理能力、供应商的地理位置、供应商的库存水平等。

2. 长期标准

长期标准一般指供应商的发展能力以及财务状况等，是企业评估供应商能否维持长期稳定合作关系的重要标准。

（1）发展能力

市场永远处于一种不确定的状态，供应商拥有良好的战略规划和运营能力、研发能力、创新能力、柔性化生产能力，在一定程度上能够反映出供应商的发展潜能。具有良好发展潜力的供应商有助于企业竞争能力的提升，也有助于供需双方保持稳定的长期合作伙伴关系。

（2）财务状况

财务状况是企业经营能力、收支情况、盈利能力的良好反映，在供应商绩效评估中占有重要地位。供应商财务状况是否稳定会直接影响供应商供货交付期以及履约能力。

📖 **相关链接**

牛鞭效应

二、采购管理

（一）采购特点

供应链环境下的采购模式对供应和采购双方是典型的"双赢"。对于采购方来说，可以降低采购成本，在获得稳定且具有竞争力价格的同时，提高产品质量和降低库存量，通过与供应商的合作，还能取得更好的产品设计和对产品变化更快的反应速度；对于供应方来说，在保证有稳定的市场需求的同时，同采购方的长期合作伙伴关系，使供应方能更好地了解采购方的需求，改善产品生产流程，提高运作质量，降低生产成本，获得比传统采购模式下更高的利润。通过比较分析两者差异，可以了解供应链环境下的采购特点。

1. 从库存驱动向订单驱动转变

在传统的采购模式中，采购的目的就是补充库存，即为库存而采购。采购部门并不关心企业的生产过程，也不了解生产的进度和产品需求的变化，因而无法安排好进货周期，采购过程非常被动。在供应链管理的模式下，采购活动是以订单驱动方式进行的，即生产订单的产生是在用户需求订单的驱动下产生的。由生产订单驱动采购订单，采购订单再驱动供应商这种准时制的订单驱动模式，使供应链系统得以准时响应用户的需求，从而降低了库存成本，提高了物流的速度和库存周转率。

订单驱动的采购方式的特点有以下几点：

1）简化合同签订手续。由于供应商与制造商建立了战略合作伙伴关系，双方不再需要对询盘和报盘进行反复协商，交易成本也因此大幅度降低，极大地简化了签订供应合同的手续。

2）缩短用户响应时间。采购与供应的重点在于协调各种计划的执行，在同步化供应链计划的协调下，制造计划、采购计划、供应计划能够并行，从而缩短了用户响应时间，实现了供应链的同步化运作。

3）实现精益化运作。采购物资直接进入制造部门，减少了采购部门的工作压力，不增加价值的活动过程也能大大减少，实现了供应链精益化运作。

4）改变信息传递方式。在传统采购方式中，供应商对制造过程的信息不了解，也无须关心制造商的生产活动。但在供应链管理环境下，供应商能共享制造部门的信息，从而提高了供应商的应变能力，减少了信息失真；同时，在订货过程中不断进行信息反馈，修正订货计划，使订货与需求保持同步。

5）转变作业管理模式。订单驱动的采购方式简化了采购工作流程。采购部门的作用主要是沟通供应商与制造部门之间的联系，协调供应与制造的关系，为实现精益采购提供基础保障，实现面向流程的作业管理模式的转变。

2. 从采购管理向外部资源管理转变

传统采购管理的不足之处，就是制造商与供应商之间缺乏合作，与企业内部的其他部门缺乏准确快速的沟通，缺乏柔性和对外界的响应能力。供应链采购向外部资源管理转变，就是将采购活动渗透到供应商的产品设计和产品质量控制过程中。由于外部环境的快速变动，以及企业对核心竞争力地位的重视，企业管理的重心不再局限于内部资源整合，而是强调与外部合作伙伴的资源整合，强调与供应链伙伴合作，快速、有效地满足不断变化的客户需求和应对日趋激烈的市场竞争。实施外部资源管理也是实施精细化生产、零库存生产的要求：

要实现有效的外部资源管理，制造商的采购活动应该从以下几个方面着手进行改进。

1）与供应商建立一种长期的、互惠互利的合作关系，这种合作关系能够保证供需双方有合作的诚意和参与双方共同解决问题的积极性。

2）及时给予供应商产品质量反馈信息，并提供相应技术培训，确保产品质量的持续改善。传统采购管理的不足之处，在于没有给予供应商在有关产品质量保证方面的技术支持和信息反馈。在客户化需求的今天，产品的质量是由客户的要求决定的，而不是简单地通过事后把关所能解决的。因此，在这样的情况下，质量管理的工作需要下游企业提供相关质量要求的同时，也要把供应商的产品质量问题及时反馈给供应商，以便及时改进。对个性化的产品质量要提供有关技术培训，使供应商能够按照要求提供合格的产品或服务。

3）参与供应商的产品设计和产品质量控制过程。同步化运营是供应链管理的一个重要思想。通过同步化的供应链计划使供应链各企业在响应需求方面取得一致性的行动，增加供应链的敏捷性。制造商应该参与供应商的产品设计和质量控制过程，共同制定有关产品质量标准等，使需求信息能很好地在供应商的业务活动中体现出来。

4）协调供应商的计划。一个供应商有可能同时参与多条供应链的业务活动，在资源有限的情况下必然会造成多方需求争夺供应商资源的局面。在这种情况下，下游企业的采购部门应主动参与供应商的协调计划，在资源共享的前提下，保证供应商不至于出现资源分配不公或出现供应商与企业之间的矛盾，保证供应链的正常供应关系，维护企业的利益。

5）建立一种新的、有不同层次的供应商网络，并通过逐步减少供应商的数量，致力与供应商建立合作伙伴关系。一般而言，供应商越少越有利于双方的合作。但是，企业的产品对零部件或原材料的需求是多样的，因此不同的企业，供应商的数目也不同，企业应该根据自己的情况选择适当数量的供应商，建立供应商网络，并逐步减少供应商的数量。

3. 从一般买卖关系向战略合作伙伴关系转变

在供应链环境下，供应商与生产企业从一般的短期买卖关系发展成长期合作伙伴关系直至战略协作伙伴关系，采购决策变得透明，双方为达成长远的战略性采购供应计划而共同协商，从而避免了因信息不对称造成的成本损失。

战略合作伙伴关系的优越性主要表现在以下几个方面：

1）采购效率提高。建立了战略合作伙伴关系的供应商和制造商之间的订货和供货主要是一些标准的、常规化的货物，避免了一些没有增值作用的烦琐环节，使采购效率得到了提高。

2）库存成本减少。在传统的采购模式下，供应链的各级企业都无法共享库存信息，各级节点企业都独立地采用订货点技术进行库存决策，不可避免地会产生供求信息的不对称现象，导致供应链的整体效率得不到提高；但在供应链管理模式下，通过双方的合作关系，供应与需求双方可以共享库存数据，减少了需求信息的失真现象。

3）风险降低。供需双方通过战略合作关系，可以降低不可预测的需求变化带来的风险，如信用风险、产品质量风险等。

4）组织障碍降低。战略性的伙伴关系消除了双方信息交流的组织障碍和信任问题，实现了信息的同步共享，为实现准时采购创造了条件。

5）沟通程度加深。通过战略合作伙伴关系，双方可以为制订战略性的采购供应计划而共同协商。

4. 从事后评估向全程绩效评估转变

企业通过健全采购绩效评估体系并持续进行评估，可以及时、有效地发现采购作业中的问题，制订改善措施和解决方案，确保采购目标的实现和绩效的提升。对于绩效评估体系的健全，可建立包括采购（计划完成及时率）、物料质量（来料合格率）、采购成本（价格差额比率）、采购周期、供应（供应准确率）、库存（库存周转率）、服务满意度等指标体系来评估。

采购模式的转变，可以提高采购效率，降低采购成本，使采购的过程公开化，促进采购管理定量化、科学化，实现生产企业从为库存而采购到为订单而采购的转变，实现采购管理从内部资源管理向外部资源管理的转变。

（二）采购管理职能

1. 保障供应

采购管理的首要职能，就是要实现对整个企业的物资供应，保障企业生产和生活的正常进行，提供企业生产需要的原材料、零配件、机器设备和工具。

2. 供应链管理

随着供应链思想的出现，人们对采购管理的职能有了进一步的认识，认为采购管理应当还有第二个重要职能，那就是供应链管理，特别是上游供应链的管理。

3. 资源市场信息管理

采购管理部门除了是企业和资源市场的物资输入窗口，同时也是企业和资源市场的信息接口。所以采购管理除了保障物资供应、建立起友好的供应商关系，还要随时掌握资源市场信息，并反馈到企业管理层，为企业的经营决策提供及时有力的支持。

（三）采购管理职能的重要性

采购是需要与企业内部需求部门以及外部的供应商共同合作而达成各方需要的过程。科学的采购管理，能够为整个采购系统中的各方带来收益，包括供应商和企业。

采购管理职能的重要性主要包括：提高企业的盈利水平和竞争地位，实现企业存货投资和损失的最小化，能够保证及时交货，有利于企业产品或服务质量的物料流，保证企业运转，保持企业的持续成本优化。

（四）采购组织模式

1）传统采购模式：以申请为依据，以填充库存为目的，库存积存大。

2）订货点采购模式：到达订购点，检查库存，发出订货采购，包括定量订货法和按期订货法。

3）MRP 采购模式：编制采购计划，按照采购计划向供应商发出订单。

4）JIT 采购模式：又称准时化采购，企业根据自身生产需要对供应商下达订单。

5）VMI 采购模式：供应商和采购商在成本最低的目标下，共同达成由供应商来管理库存的协议。

6）电子采购模式：通过人工智能、物联网、云端协同等技术，实现对采购全流程的智慧管理。电子采购指产品或服务的电子购买过程，包括从认定采购需求直到支付采购货款的全部过程，也涵盖延迟付款这类活动，例如合同管理、供应商管理与开发等。实现电子采购的方式有两种：使用 EDI 的电子采购和使用 Internet 的电子采购。

三、物料库存控制与管理

（一）物料库存的概念

物料库存也被称为零部件及原材料库存，一般指为了生产产品从供应商购入且尚未加工前的物资，也称为生产物料，还包括以售后服务为目的的配件储备。

（二）物料库存分类

1. 影响物料库存分类的因素

企业要对物料进行科学合理的管理时，先要通过合理的方式对物料进行分类，在物料分类时需要考虑的因素主要包括以下几个方面：

（1）相关性

任何一种物料都是由于某种需求而存在的，没有需求的物料，就没有产生或保存的必要。一种物料的消耗量受另一种物料的需求量制约，如购买原材料是为了加工零件，而生产零件又是为了装配产品。从大范围来讲，一个企业的原料是另一个企业的产品；一个企业的产品，又是另一个企业的原料；无数的供需关系联系到一起形成供需链或供需网。只有当市场有需求时，企业生产的产品才有价值。因此，对物料进行管理时，首先要考虑的就是该物料满足某种需求的能力。

（2）流动性

任何物料都是为满足某种需要而存在的，它必然处于经常流动的状态，而不应在某个地点长期滞留。物料的相关性必然形成物料的流动性，不流动的物料只能是一种没有需求的积压浪费。通过物料的流动性来检查物料在相关性方面存在的问题，是物料管理的重要内容。

（3）价值

物料是有价值的。库存或存货是流动资产，要占用资金，而资金是具有时间价值的，使用资金就应体现资金成本，要产生利润。因此，不仅要把库存物料看成是一种资产，还要看到它也是一种"负债"（尤其是超储物料），物料资金的投入占用了企业本来可以用在其他方面以获取利润的资金。

2. 物料分类方法

物料分类管理基于管理中突出差异化、抓住重点、兼顾一般的原则而展开。企业在生产过程中，涉及的原材料种类繁多，需要企业在考虑物料重要程度、价值高低、采购周期长短、需求量大小等因素的前提下，施以不同的管理方法，给予不同的关注。为使有限的时间、资金、人力、物力等企业资源能得到更有效的利用，企业在采购与库存控制中应采取差异化的管理战略。ABC 分类法和卡拉杰克（Kraljic）矩阵法是最常用的两种物料分类方法。

（1）ABC 分类法

ABC 分类法是根据事物在技术或经济方面的主要特征进行分类排队，分清重点和一般，从而有区别地确定管理方式的一种分析方法。由于把被分析的对象分成 A、B、C 三类，所以又称为 ABC 分类法。

针对物料分类，ABC 分类法根据物料价值和物料种类数量累计百分比对物料进行分类，将物料按价值大小分成 A、B、C 三类，其中 A 类物料价值占总物料价值的 70%，品种约占 10%；B 类物料价值占总物料价值的 20%，品种约占 20%；其余的为 C 类物料。

经过 ABC 分类法划分，企业可以对不同级别的物料进行不同的管理。对于 A 级物料，必须集中力量进行重点管理；对于 B 级物料，按常规进行管理；对于 C 级物料，则进行一般管理。采用 ABC 分类法，企业可以对物料进行差异化管理，达到节省人力成本、时间成本的目的。

相关链接

ABC 分类法的缺点

（2）卡拉杰克矩阵分类法

该方法主要基于以下两个因素：

1）物品的重要性。主要是指物品对企业的生产、质量、供应、成本及产品等影响的大小，包括采购总量的大小，该物品采购金额占总采购金额的比例，该物品占产品总成本的比例，该物品对产品质量的影响程度，该物品短缺给企业带来的损失等。

2）供应风险。主要指短期、长期供应保障能力，主要涉及供应商的数量、供应商的可靠性、供应竞争激烈程度、自制可能性大小、储存风险、替代可能等。采购一旦中断将对企业产生较大影响，这些影响可能是采购物料设计的成熟度，制造、服务、供应的复杂性，企业在采购该种物料方面的熟练程度，供货市场的市场供给能力、竞争性、进入壁垒以及供应市场范围、供应链复杂性等。

依据不同物料的重要性及供应风险，可将它们分为战略物品、杠杆物品、瓶颈物品、一般物品。将重要性和供应风险与复杂性结合，构成的 2×2 的矩阵被称为卡拉杰克矩阵。

1）战略物品。战略物品通常只有一个可利用的供应来源，并且不能在短期内加以改变，通常这类物品在最终产品的成本价格中占有很大份额。为避免重大损失，需要和少数关键供应商结成战略性合作关系，实现拥有此类物料总体成本的优化。

2）杠杆物品。杠杆物品可以从不同的供应商那里获得，它们在最终产品的成本价格中占有相对较大的份额，企业需要扩大寻源范围，通过招标降低此类物料总体拥有成本。

3）瓶颈物品。瓶颈物品占用金额相对有限，但是在供应上却极为脆弱。它们通常只能从一个供应商或少数几个供应商处获得。通常，供应商在与企业的关系中处于支配地位，这会导致较长的交货时间和劣质的服务。对于瓶颈类物资，企业一般有两种解决办法：其一是不断寻找潜在供应商；其二是修改自己的生产需求，将这类瓶颈物品转化为其他物品类型。

4）一般物品。此类物品的价值通常较低并存在大量可供选择的供应商。通常，物料管理所耗时间和精力的 80% 都用在此类物品上。为了给其他的、更加有意义的物品节省时间，应该对一般物品的管理进行有效的组织，可以通过标准化和自动化流程简化管理过程，降低此类物料的管理成本。

（三）库存管理方法

1. 推动式库存管理

推动式库存管理是一种基于长期预测的不确定性策略，以未来下游企业需求的预测值为基础进行库存管理。当预计库存下降到一定值时，就需要对库存进行补充以满足预期消耗。

由于推动式库存管理必须对需求的变化做出快速响应，所以这种库存管理方法总是与高库存量、高生产制造成本和高运输成本联系在一起。

2. 拉动式库存管理

拉动式库存管理是以物料的实际消耗来触发对库存的补充，当现有的库存低于规定值时即生成了库存补充的需求。这种库存管理方法大大减少了企业的库存量，但是当需求变化较大时，由于没有足够的原材料库存，整个生产系统就不能有效运行，导致出现缺货情况；相比推动式库存管理，拉动式库存管理操作较为简单，依据的是历史消耗数据而不需要对实际需求进行预测，但是拉动式库存管理方法的订货提前期比推动式库存管理方法长，缺货成本高。

3. 零库存管理

零库存管理是一种特殊的库存概念，其对工业企业和商业企业来讲是个重要的分类概念。零库存是仓库储存形式的某种或某些种物品的储存数量为"零"，即不保持库存。不以库存形式存在就可以免去仓库存货的一系列问题，如仓库建设、管理、存货维护、保管、装卸、搬运等费用，存货占用流动资金及库存物的老化、损失、变质等问题。零库存的具体形式很多，主要有以下几种：

（1）无库存储备

无库存储备事实上是仍然保有储备，但不采用库存形式，以此达到零库存。例如有些国家将不易损失的铝这种战备物资以隔声墙、路障等形式储备起来，以备万一，在仓库中不再保有库存就是一例。

（2）委托营业仓库储存和保管货物

营业仓库是一种专业化、社会化程度比较高的仓库。委托营业仓库或物流组织储存货物，从现象上看，就是把所有权属于用户的货物存放在专业化程度比较高的仓库中，由后者代理用户保管和发送货物，用户则按照一定的标准向受托方支付服务费。采用此方式存放和储备货物，在一般情况下，用户自己不必再过多地储备物资，甚至不必再单独设立仓库从事货物的维护、保管等活动，在一定范围内便可以实现零库存和进行无库存式生产。

（3）协作分包方式

协作分包方式主要是制造企业的一种产业结构形式，这种形式可以以若干企业的柔性生产准时供应，使主企业的供应库存为零，同时主企业的集中销售库存使若干分包劳务及销售企业的销售库存为零。

（4）适时适量生产方式

适时适量生产方式即 JIT（Just in Time）生产方式，即"在需要的时候，按需要的量生产所需的产品"。它是在日本丰田公司生产方式的基础上发展起来的一种先进的管理模式，是一种旨在消除一切无效劳动，实现企业资源优化配置，全面提高企业经济效益的管理模式。

（5）按订单生产方式

在订单生产方式下，企业只有在接到客户订单后才开始生产，企业的一切生产活动都是按订单来进行采购、制造、配送的，仓库不再是传统意义上的储存物资的仓库，而是物资流通过程中的一个"枢纽"，是物流作业中的一个站点。物资是按订单信息要求而流动的，因此从根本上消除了呆滞物资，从而也就消灭了"库存"。

（6）实行合理配送方式

一般来说，在没有缓冲存货的情况下，生产和配送作业对送货时间的稳定更敏感。无论是生产资料还是成品，物流配送在一定程度上影响其库存量。因此，通过建立完善的物流体系，实行合理的配送方式，企业及时地将按照订单生产出来的物品配送到用户手中，在此过程中通过物品的在途运输和流通加工减少库存。企业可以通过采用标准的零库存供应运作模式和合理的配送制度使物品在运输中实现储存，从而实现零库存。

（四）物料线边库存

1. 概念

线边库存指的是生产线线边货架所堆放的生产线所需的原材料、零部件、半成品、成品等，它是制造企业生产物流和生产装配的交汇点，由仓库至生产线之间的缓冲库存形式而存在。线边库存是生产线工位所需物料的暂存区，根据生产线排线的需求快速提供物料，提高生产活动的顺畅性。

2. 特点

相对于传统形式的仓库库存而言，线边库存具有以下特点：

1）流动性较强。随着经济的发展，客户的需求呈现出多样化和小批量的特征，企业生产线为应对客户多样化的需求，生产线普遍采用混流生产方式，即每条生产线每日均生产多种产品，生产线需要频繁快速换线。生产线的混流生产方式相应地提高了物料线边库存的多样化和流动性。

2）防止生产线缺货。生产线旁存有一定数量的物料库存，可防止生产线因缺物料而停产造成损失。

3）有效降低企业库存水平，提高物料快速反应与供应能力。物料仓库将物料搬至线边仓库，此时该库存归生产部门管理和控制，生产时就不需要再去仓库领料，可直接使用线边库存的物料，这有利于物料员减少领料频次。

4）强化车间现场管理。物料从仓库到生产线后，将拆除原包装，由物料员上料至生产线边指定区域，可使生产线和车间保持洁净，强化生产车间的现场管理。

3. 线边库存管理可能存在的问题

线边库存的产生是一个循环的过程，如果生产线一直在生产，线边库存就一直存在。对线边库存产生的环节进行分析，物料员是看板信号的发出者和接收者。从线边库存管理过程来看，物料员是一线的物料管理者，从最初的根据机型刷物料看板到退料，线边库存物料管理权都在物料员手中。但物料员也仅是一线的指令执行者，线边库存管理方法是由高层决定的。若线边库存管理不到位，很多环节容易出现问题，如物料混料、物料供应不到位、线边库存积累过多导致快速换线环节占用过多时间等问题。从表面上看，这些问题的根源都很可能是物料员的操作不当引起的，但再深入分析，便可发现线边库存管理问题实际涉及很多环节。线边库存管理不善可能是看板量设置不合理，补货周期不对，线边料盒设计不合理，原包装量不符合要求，仓库配送供料路线有问题等。

（五）库存控制观念

库存控制是对制造业或服务业生产、经营全过程的各种物品、产成品以及其他资源进行管理和控制，使其储备保持在经济合理的水平上。库存控制是使用控制库存的方法，获得更高盈利的商业手段。库存控制部是仓储管理的一个重要组成部门，它是在满足客户服务要求的前提下通过对企业的库存水平进行控制，力求尽可能降低库存水平、提高物流系统的效率，以提高企业的市场竞争力。

（六）物料库存控制 KPI（关键绩效指标）

通过分析物料库存控制的 KPI，可以实现对物料库存的合理化控制，使得物料库存状况更加健康。物料库存控制的 KPI 主要有物料库存周转率、物料库存动销率以及物料库存呆滞率。

物料库存周转率是指在某一时间段内物料库存货物周转的次数，是反映物料库存周转快慢程度的指标。物料库存周转率对于企业的库存管理来说具有非常重要的意义。例如制造商，它的利益是在资金—原材料—产品—销售—资金的循环活动中产生的，如果这种循环很快（也就是周转快），在同额资金的条件下收益率也就越高。

1. 物料库存周转率

（1）物料库存周转率的计算方式

1）常用方式：

$$计算期物料库存周转天数 = \frac{计算期天数(期初物料库存数量+期末物料库存数量)}{2×计算期销售量}$$

$$物料库存周转率 = \frac{计算期天数}{计算期物料库存周转天数}$$

2）通过使用数量计算：

$$物料库存周转率 = \frac{使用数量}{物料平均库存数量}$$

3）通过使用金额计算：

$$物料库存周转率 = \frac{使用金额}{物料平均库存金额}$$

4）通过出库金额计算：

$$物料库存周转率 = \frac{出库金额}{物料平均库存金额}$$

5）通过时间限定计算：

$$物料库存周转率 = \frac{一定期间出库金额}{同一期间物料平均库存金额}$$

（2）物料库存周转率控制方案

物料库存周转率控制方案主要包括：选择畅销商品销售，进而提高相关物料的周转率；滞销商品优胜劣汰，加快每个单品的周转次数；提高单品毛利润或提高客户人均消费额，提高订货频率，实行少量多次。

2. 物料库存动销率

动销率原是销售指标，指店铺待售商品的品种数与本店经营商品总品种数的比值。库存动销率是从库存流动的范围衡量库存健康水平，它还能进一步衡量库存整体结构是否合理。一般情况下，库存动销率越高，库存越健康。但是，库存动销率也不是越高越好，高到一定程度则会适得其反。

$$期间内库存动销率 = \frac{动销 SKU}{实际 SKU}×100\%$$

动销 SKU 指期间内有销售出库的 SKU，包括负出库（退库），但不包括呆滞报废等非正常出库。实际 SKU 是期末的实际库存 SKU 数，不包括期末零库存的 SKU，但包括负库存的 SKU（前提是系统允许负库存）。

物料库存动销率控制方案主要包括：提升商品配齐率，减少缺品；降低采购成本，拓宽采购渠道；关注库存合理化，加强退货有效期管理；分析与优化商品结构，淘汰与引进并重，进行商品力提升。

3. 物料库存呆滞率

呆滞物料指物料存量过多、耗用量极少，进而库存周转率极低的物料。各个企业的划分标准不同，例如某些企业规定呆滞物料包括：质量（规格、材质）不符合标准的原材料、外购件及外协件，存储超过 1 个月，已无使用机会或虽有使用机会但用料极少的；良好状态的原材料、外购件及外协件，存储超过 3 个月，在以后的生产中没有机会使用或者很少使用的；成品、半成品，凡因质量不符合标准、压制或制成后客户取消订单、过多库存等因素影响，储存期 1 年以上的。

库存呆滞率就是呆滞库存金额占总库存金额的比值。库存呆滞率是从库存流动的分布来衡量库存健康水平的，它也能衡量库存结构是否合理。呆滞率越低，库存越健康。

$$库存呆滞率 = \frac{呆滞库存金额}{总库存金额} \times 100\%$$

式中，分子和分母均为同一个时间点的数据，一般取期末，以便与其他指标综合使用。

对于呆滞物料库存，不同的生产企业可以用不同方式进行处理：通过重新设计产品的结构，调整呆滞物料的使用功能；拆解某些呆滞物料的零部件，当成替代品；降价促销，回收资金；报废；发给客户或作为赠品配送；当作员工福利发放；退给供货商，抵货款。另外，根据呆滞物料产生的流程不同，给出具有针对性的控制策略，具体控制方式如下：

1）工艺更改、设计变更产生的呆滞物料。对于工艺变更后，有库存的呆滞物料，尽量在以后开发或生产时能够改造使用或替换使用。

2）预测不准或订单变更产生的呆滞物料。如果是因为销售人员预测不准、公司多订或者错订造成呆滞物料，应改进预测方法。滚动计划法利用"近细远粗"原则，定期修正计划，是一种不错的方法。其重点是通过客户的历史销售数据、经营能力、库存情况及市场变化等情况，对市场需求做出预测。为此，客户经理要加强对客户订货进展情况的分析，及时做好相关的沟通、督促和指导，以确保客户能按照预测数量进行订货，提高订单履约率和预测准确率。

3）客户退货产生的呆滞成品。针对客户退货的成品，市场部应第一时间通知物料部和财务部。物料部负责办理退货数量的清点及入仓，并将确认的数量送交市场部。对于只需返修即可再次发货的，生产计划和生产进度的控制部门应安排生产返修，并由成品仓办理出库、入库、发货。对于客户不再订购此类货物的，应在其他客户订单中优先消化。若是没有可以消化的订单，且积压超过 3 个月，需物料部填列"呆滞物料处理清单"，并送总经理给出处理意见，再由仓库负责落实。

4）采购宽量、安全库存量引起的呆滞物料。对于该宽量或安全库存量的物料，必须遵循先进先出的原则，将该物料优先出库。如果该宽量、安全库存量一直未能消化，而变成呆滞物料，且存放时间超过 6 个月，则由生产计划与生产进度的控制部门填列"呆滞物料处理清单"，送总经理审批，由仓库依此执行并存档。

4. 库存控制系统

库存控制系统是以控制库存为共同目的的相关方法、手段、技术、管理及操作过程的集合，这个系统贯穿于从物资的选择、规划、订货、进货、入库、储存直至最后出库的一个长过程，由于这些过程的作用结果，最后实现了按计划目标控制库存的目的。

有效的库存控制系统目标是：保证获得足够的物料，鉴别出超储物品、畅销品和滞销品，向管理者提供准确、简洁、适时的报告，使费用最小化。根据库存控制方式不同，库存控制系统可以分为定量补货系统、定期补货系统和最大最小系统。

【任务演练】

一、任务描述

某跨境电商店铺保持 10 种产品的库存，如表 7-1 所示。

表 7-1　10 种产品库存明细

产品编号	单价/元	库存量/件
001	4.00	300
002	8.00	1 200
003	1.00	290
004	2.00	140
005	1.00	270
006	2.00	150
007	6.00	40
008	2.00	700
009	5.00	50
010	3.00	2 000

由于该企业上述 10 种产品均有一定量的多余库存，为了减少资源的浪费，企业打算通过科学的库存管理实现库存成本的降低，考虑到该企业生产的产品类型多，且每类产品数量大，难以对这些产品进行高效的利用，需要将 001~010 这 10 种产品进行分类。并给出不同类别库存物资的管理方案。

二、任务分析

首先对 10 种产品的相关数据进行采集，使用 ABC 分类法对产品进行分类，收集数据和处理；然后绘制 ABC 分析表，根据表中数据处理结果对产品进行分类。具体过程和结果如下。

1）用 ABC 分类法对 10 种产品进行分类：

A 类：资金金额占总库存资金总额的 60%~80%，品种数目占总库存品种总数的5%～20%。

B类：资金金额占总库存资金总额的 10%～15%，品种数目占总库存品种总数的20%～30%。

C类：资金金额占总库存资金总额的 0～15%，品种数目占总库存品种总数的60%～70%。

2）根据采集到的产品数据，按照产品所占金额从大到小的顺序排列。

3）根据上一步计算结果，按照 ABC 分类管理的方法，可以完成此企业的库存产品分类，如表 7-2 所示。

表 7-2　库存产品 ABC 分类

分类	每类金额/元	库存品种数百分比/%	金额占比/%
A 类：002、010	15 600	20	78.7
B 类：001、008	2 600	20	13.1
C 类：003、004、005、006、007、009	1 630	60	8.2

4）库存管理方案。根据上述库存分类结果，可以给出三类库存不同的管理方法。对于 A 类库存，即对 002 和 010 两种产品，企业需要对它们定时进行盘点，详细记录及经常检查、分析货物使用、存量增减和品质维持等信息，加强进货、发货、运送管理，在满足企业内部需要和客户需要的前提下，维持尽可能低的经常库存量和安全库存量，加强与供应链上下游企业合作来控制库存水平，既要降低库存，又要防止缺货，加快库存周转。针对 B 类库存，即对 001 和 008 产品，企业可以维持现有的库存管理策略。针对 C 类库存，企业可以实行宽松管理，对 C 类物品实行大量采购、大量储存，简单化计算和简单化管理，减少企业耗费在 C 类物品库存管理上的成本。

课件

任务二　物流方案设计

跨境店铺产生订单后，卖家需要考虑的一个重要问题就是选择什么样的物流方式，把货物发送到国外买家的手中。选择物流时，卖家不仅要控制物流成本，还要考虑买家体验。现在的跨境贸易并不只是要求货物按时送达即可，买家还有个性化的要求，这也就促进了跨境物流的快速发展，并且不断整合升级跨境物流服务，满足日益增长的客户需求。

【知识准备】

一、跨境物流分类及运费计算

（一）跨境电商物流模式

跨境电商物流有两种模式：直邮和海外仓。直邮包括邮政小包、国际快递和跨境专线。

1. 邮政小包

邮政小包又称航空小包。邮政快递遍布全球，联合国还专门设立了一个关于国际邮政事务的机构——万国邮政联盟，推动邮政方面的国际合作。因此，目前在国内通过邮政发国际物流的跨境电商占大多数。

邮政小包物流价格低廉，因此处理优先级别低，再加上成本因素，使得邮政小包的时效相对较慢。邮政小包一般适用于重量较轻、体积较小、货值低的商品配送，清关便利，派送范围广泛。但邮政小包时效长，需要 5~30 天（工作日）才能送达，并且中国邮政小包平邮是没有网上跟踪的，丢失将不能获得赔偿，丢包率也比较高。

2. 国际快递

国际快递一般指 DHL、UPS、FedEx、TNT 这四家国际快递巨头。

这四个国际快递公司有自建的全球网络，服务效率和服务质量都比较高；处理优先级别高，直飞比率高，时效快；而且四大快递巨头的服务相对来说更有安全保障，因此经常被用来邮寄一些价值较高、对时效要求苛刻的商品，是高端品质国际物流的代表。但因为过于专业的服务导致费用昂贵，快递成本过高。

3. 跨境专线

跨境专线指货品到某一特定国家或地区的货量带来的规模效应，可以令其在两国之间开设专门的物流航班，专线物流公司接受托运方的委托，从国内运送至国外的一种仓到仓的跨境物流服务。专线最大的优势就是性价比高。由于是专线运输，中转少、倒仓少，所以跨境专线的时效性很高，一般在一周左右就能到达目的地。而且，专线货品比较集中，中间损耗少，价格相对来说就比较便宜，真正做到了小包价格、快速时效。

4. 海外仓模式

海外仓模式是提前将商品运输至目的地国内的仓库，待买家下单后，商品直接从目的地国仓库出货送至买家手中。通过头程运输、仓储管理和本地配送三个部分，为跨境电商提供一站式的控制管理服务。海外仓模式主要有 FBA 海外仓、第三方海外仓与自建海外仓三种形式。

（1）FBA 海外仓

亚马逊上的卖家把商品送到当地的亚马逊仓库中，由亚马逊提供仓储等服务。目前 FBA 是全球海外仓储领导品牌，一方面减少了商家的操作量，另一方面又提升了物流效率，同时还可以享受 FBA 高效的售后服务和品牌推广服务。

（2）第三方海外仓

第三方海外仓是指由物流服务商提供仓储服务并进行管理的仓库。第三方海外仓一般与国内物流商合作，灵活多样，方便快捷，没有平台的限制，都能使用；价格相对实惠，在亚马逊 FBA 仓库库存不足的时候，客户可以在第三方海外仓调货到亚马逊 FBA 仓库补充库存，比从国内再发货过去更能节省成本，而且时效更快。

但是也存在一些弊端，比如库存预测不准确，可能导致滞销；货物跟踪不好，会造成损失；海外仓服务商进行本地化服务和团队管理也是一个大问题，这也会影响卖方的服务需求等。

（3）自建海外仓

自建海外仓是指由卖家建立自己的海外仓并自行管理。自建海外仓的优势主要有：

1）发货时效可控：因为是自己的海外仓，所以卖家可以自己控制发货时效。例如像"黑五"等销售旺季，不用担心发货慢等情况的出现。

2）退货方便：对于买家退回的货物，可以更好地处理，重新贴标再次入仓销售。

3）降低物流费用：可以有效节省 10%~20% 的物流运费。

4）品牌本土化：对于一些品牌卖家来说，有了自建海外仓，可以找当地的人群做销售及客服，不仅可以提升买家的购物体验，还能更快帮助卖家的品牌提升影响力。

它的劣势主要是：

1）难管理。因为自己不在海外，所以对海外仓的员工管理比较困难，很容易导致工作效率和沟通效率低，影响整个仓库的管理运营。

2）费用高，需要卖家投入比较多的人力和资金，成本是非常高的。

（二）跨境电商物流运费计算

重量是决定运价的最直接因素。计费重量单位一般以 0.5 kg 为一个计费重量单位。以第一个 0.5 kg 为首重或起重，每增加 0.5 kg 为一个续重。通常起重的费用相对续重费用较高。计重方式与运费计算分为以下几种：

1. 实重

实重，是指需要运输的一批物品包括包装在内的实际总重量。一般说到实重还会提到实际毛重和实际净重，跨境物流中通常说实重指的是实际毛重。

当需寄递物品实重大于材积时，运费计算方法为：

$$运费 = 首重运费 + [重量(kg) \times 2 - 1] \times 续重运费$$

例如：5 kg 货品按首重运费为 150 元、续重运费为 30 元计算，则运费总额为：

$$150 + (5 \times 2 - 1) \times 30 = 420 （元）$$

2. 体积重

当需寄递物品实际重量小而体积较大时，运费则需按材积标准收取，然后再按上述公式计算运费总额，即通过计算货物体积来代替重量。因为跨境运输过程中，运输工具的位置是有限的，尤其是飞机。如果货物体积太大，像棉花、编制工艺品等，占的位置就要多，单纯以重量来计算运费，显然也不太合理，因此就有了体积重的说法。

空运的体积重计算方法是：

$$长(cm) \times 宽(cm) \times 高(cm) / 6\,000 = 重量 （kg）$$

国际四大快递（DHL、TNT、FedEx、UPS）的体积重计算公式是：

$$长(cm) \times 宽(cm) \times 高(cm) / 5\,000 = 重量 （kg）$$

EMS 线上发货针对邮件长、宽、高三边中任一单边达到 60 cm 以上（包含 60 cm）的，都需要进行体积重操作，体积重（kg）= 长(cm) × 宽(cm) × 高(cm) / 6 000。长、宽、高测量值精确到厘米，厘米以下去零取整。

3. 计费重

计费重指的是最终计算运费的重量，要确定计费重，跟前面提到的实重和体积重息息相关，通常规则是：当货物需要计算到实重与体积重时，一般是采用两者取大的方式来作为货物的最终计费重量。

4. 包装费

一般情况下，国际快递公司是免费包装，提供纸箱、气泡等包装材料，很多物品如衣物，不用特别仔细的包装；但一些贵重、易碎物品的包装相对烦琐，快递公司要收取一定的包装费用，包装费用一般不计入折扣。

5. 燃油附加费

国际快件还会加上燃油附加费，比如此时 DHL 快递的燃油附加费为 12%，还需要在最后总运费中加上"运费×12%"。燃油附加费计一般会同运费一起打折。

6. 总费用

从上面得出：

$$总费用=（运费+燃油附加费）×折扣+包装费用+其他不确定费用$$

由于国际物流费用在跨境电商运营成本里的占比相对大，卖家在设置包邮的过程中要考虑它的合理性，与物流服务商了解清楚商品的运费计价方式，根据商品的情况来评估和设置包邮价格，把控好商品的利润比。

相关链接

亚马逊：沃尔玛被要求减少对商品的过度包装

（三）国际运价查询工具

1. Track 123

Track123 是为跨境电商卖家打造的专业物流轨迹追踪平台，目的是帮助卖家提高工作效率，降低营运成本。现提供的服务包含 Track123 API 服务、Shopify APP 服务。卖家接入 Track123 后，可以自动识别物流商，实现批量查询与获取单号关键节点信息，并支持以数据图表进行展示与分析，满足卖家业务物流查询与管控需求，提升买家满意度，支撑关键决策。

2. Track718

Track718 作为新一代的国际包裹跟踪平台，旨在提供一站式的轨迹服务，准确地为客户提供库内操作、国际运输、尾程物流商全链条的轨迹节点信息。Track718 可以更好地提升客户的购物体验，并减少不必要的关于轨迹问题的咨询。

3. AfterShip

AfterShip 于 2012 年在香港成立，是一个国际电商 SaaS 平台，旗下现有 9 款 SaaS 商品，致力于为全球电商买卖提供更高效的软件基础设施，其主要功能包括三个方面：

1）利用云端技术快递跟踪：自动查询全球 530 多家快递公司快递信息，协助商户第一时间通知收件人信息更新。为电商提供定制的查快递页面，让其客户在查快递同时查看商品广告，实现智能营销。

2）打印订单：简易打印全球多家快递公司订单及计算运费，帮助电商在一个地方管理不同销售平台的订单及自动将数据返回。

3）退货客服优化和全自动化：为电商提供定制的退货页面，企业能够通过 SaaS 平台建立跨境电商的退换货流程，降低退换货成本。

4. 17TRACK

17TRACK 是一站式包裹查询平台，支持 1 300 多家运输商的包裹查询，是目前全球流量集中的查询品牌。它有 1 300 多家合作运输商，1 200 多万个注册用户数量，60 多亿累计查询单量，230 多个覆盖的国家，30 多种支持的语言，提供功能先进的国际快递、包裹查询跟踪服务。

5. 51Tracking

51Tracking 是国际快递查询平台，支持 1 000 多家国内外快递批量查询服务，包括全球邮政包裹、EMS、四通一达、DHL、UPS、FedEx、Gls、Aramex 等，并提供专业稳定的快递 API 查询接口，整合 eBay、全球速卖通、Magento 等平台运单数据。

（四）运价信息查询方法

一般而言，运价查询工具会提供两种运价信息查询方式。首先选择条款，不同的条款搜索选项不同。比如，如果条款是港到港的，搜索选项是始发港和目的港的运价；如果条款是门到门的，搜索选项是始发地和目的地的运价。

方式一：搜索框直接根据需求进行运价查询，有航线、起运港（起运地）、目的港（目的地）等条款可以选择。

方式二：直接根据导航，如整箱海运费、拼箱海运费、空运费、货代公司等选项进行查找。

二、国际运费核算

（一）国际运价计算规则

各大物流商的运价都不同，但有一个基本的费用构成。这个基本费用的构成为：揽收费+包装费+海关费用+运输费用+偏远派送附加费。

揽收费是指超出物流商服务范围而收取的一种费用。服务能力强、服务范围广的物流商一般不会收取揽收费。卖家自己找国内的快递商将商品送至国际物流商的集货中心产生的费用应算揽收费。

海关费用包括报关与关税。关税有国内关税与国外关税，国内关税是按商品报价×税率计算的。如果算出的税费没有达到缴纳标准不需要缴纳关税。

运输费用要看运输方式。空运的费用由航空运费、燃油附加费与杂费构成。杂费包括航空安检费与包装费，如果物品体积较大，要收取超长超宽附加费。燃油附加费跟随燃料的价格波动，每个月都不同，有的物流业务不收取燃油附加费。燃油附加费的计算方式有两种：一种是按单位重量计算，这种计算方式适用于大批商品；另一种是按运费的百分比计算，适合计算重量小的物件，大多数包裹运输业务是按运费的百分比计算的。在燃料价格不出现大的波动的情况下，快递企业报出的燃油附加费比例在 16.5%～24.5%。

（二）国际运费核算方法

只有了解国际运费运价的核算方法，卖家才能合理地确定商品的成本与售价，更好地控制运营成本。

国际快递运费总的物流费用计算公式为：

总费用＝（运费＋燃油附加费等）×折扣＋包装费用＋其他不确定费用

例如，某公司想邮寄 21 kg 普通商品包裹从上海到德国，总运费是多少？

解：公司选择某快递 A，首重 0.5 kg 运费为 260 元，续重 0.5 kg 运费为 60 元，燃油附加费为 10%，折扣为 8 折。

计算如下：

运费＝260＋（21×2－1）×60＝2 720（元）

总费用＝2 720×（1＋10%）×80%＝23 936（元）

三、跨境物流运费模板设计

物流运费模板的价值在于买家下单的时候可以根据商品所绑定的物流模板，自动计算出该商品重量，或者在一定条件下，计算出到达某个国家的不同物流路线的运费是多少，并且在买家付款的时候自动收取这个运费。通过运费模板，卖家可以解决不同地区的买家购买商品时运费差异化的问题，还可以解决同一买家在店内购买多件商品时的运费合并问题。运费模板设置极其复杂，原因有以下几点：

1）计费标准复杂：不同地区、不同国家、不同重量阶段，计费标准都不一样，不同物流渠道，运费差别也很大。

2）流程烦琐：涉及通关、运输时间、运输方式、清关等一系列的流程，如某一环节细节出问题，可能会给买家带来不必要的麻烦，如货物退回、延误、丢失等，影响购物体验。

3）时效不同：不同地区、不同国家、不同渠道，时效均不同，快者 2 天左右签收，慢者可达几个月未投妥。

4）订单金额不同：部分国家对发货渠道的要求不一样，例如，在美国大于 5 美元的订单可以选择标准类物流服务的"全球速卖通无忧-标准""e 邮宝"，其他渠道不可用。除了美国，还有法国、荷兰、波兰、智利、乌克兰、白俄罗斯、沙特阿拉伯、阿联酋、韩国、巴西等国家也对此设置了要求。

5）商品类型不同：商品的类型有普货、带电、纯电、液体，商品类型不一样的时候，渠道也有很大差别。

因此在设置运费模板时要对各物流商有一定的了解，以便达到节约物流成本的目的。

（一）物流运费模板设置模式

1. 标准运费设置

需要平台自动按照各物流商给出的官方报价计算运费，可以按照以下步骤操作：

第一步，单击"物流—运费模板—新增运费模板"选项，进行模板设置。

第二步，为该运费模板设置一个名字，不能输入中文，然后在页面选择物流方式和折扣。

第三步，可以选择自己支持的发货物流方式，如果卖家选择多种物流方式，买家下单时可以根据自己的需求选择适合自己的物流。

2. 卖家承担运费

大部分海外买家喜欢用带有 Free Shipping 即包邮的短语来搜索商品。所有国家都包邮是不现实的，所以要想在标题中加 Free Shipping 关键词，又不想增加成本，那么在设置 Free Shipping 的时候要考虑清楚。

具体操作是：单击"运费模板—新增运费模板"选项，输入运费模板的名称，只能设置英文名称，然后一般是选择里面的中国邮政挂号小包，再选择旁边的"卖家承担运费"选项，最后单击"保存"按钮。

3. 自定义运费

自定义运费分为两种，一种需要设置所有国家免运费即卖家承担运费，一种是部分国家免运费，选择哪一种根据具体情况来设置。具体操作是：

1）需要设置所有国家免运费的方法：登录全球速卖通账号，单击"物流—运费模板—新增运费模板"选项，选择想设置的物流方式，单击"卖家承担运费"选项即可。

2）部分国家免运费的设置方法：单击"物流—运费模板—新建运费模板"选项，在此选择合适的物流方式，然后单击"自定义运费"选项，设置运费组合。

（二）运费模板类型

运费模板分为两种：一种是不包邮的运费模板，另外一种是包邮的运费模板。

1. 不包邮的运费模板

不包邮的运费模板是商品的售价里不含任何运费，运费通过运费模板计算收取，因此订单的金额=商品售价+运费。不包邮的运费模板有两种设置方法：

（1）全球速卖通后台选择按照标准收费

在全球速卖通后台新增运费模板，选择使用的物流渠道，设置成标准运费和减免百分比为 0 即可。

（2）根据渠道报价进行设置

菜鸟特货专线—超级经济物流渠道，俄罗斯的报价是挂号费 2.09 元，续重是 172.9 元/kg，按照 6.6 的汇率，换算成美元大约是挂号费 0.32 美元，续重 26.17 美元/kg。

首先选择"自定义运费"，然后选择国家"俄罗斯"，再设置"自定义运费"，首重设置为 0.001 g，首重运费即为挂号费 \$0.32，续重范围是 0.001 g~2 kg，每增加 0.01 kg，增加 0.26 美元。

2. 包邮的运费模板

包邮的运费模板是指商品的售价里包含了部分运费，即运费藏价到售价里。

（1）包邮的运费模板一

首先设置包邮标准：以法国的报价挂号费 19 元、续重 62 元/kg 为标准设置包邮，用每个渠道每个国家的报价与此标准报价进行比较，如果挂号费和续重都低于此标准，则此渠道下的这个国家包邮，否则收取运费。

白俄罗斯的报价挂号费 19 元，续重是 57 元/kg，挂号费和续重均小于法国的报价，则白俄罗斯包邮。

加拿大的挂号费和续重均比法国贵，则需要补充运费。挂号费补充：26−19＝7（元），7/6.6＝1.06（美元）；续重需要补充：90−62＝28（元），28/6.6＝4.24（美元）。

日本的挂号费比法国贵，但续重比法国的便宜，则同样需要补充运费。挂号费补充：32−19＝13（元），13/6.6＝1.97（美元）；续重需要补充：48−62＝−14（元）。由于全球速卖通运费不可以设置为负值，则续重金额设置为0。

泰国的挂号费18元，比法国低，续重是78元，比法国贵，则同样需要补充运费。挂号费补充：18−19＝−1（元）；续重需要补充：78−62＝16（元），16/6.6＝2.43（美元）。由于全球速卖通运费不可以设置为负值，则首重金额设置为0。

这种包邮运费模板有一定的缺点：

1）有时候不准确，容易多收费。某些国家会多收续重，例如上述的日本，由于全球速卖通的运费不可以是负值，导致多收取续重运费；某些国家会多收取挂号费，例如上述的泰国，由于全球速卖通的运费不可以是负值，导致多收取挂号费。

2）有时候包邮国家容易变少。某些国家本可以包邮，但实际却收取了费用。例如法国1 kg的运费是19+62＝81（元），日本1 kg的运费是32+48＝80（元），就是说以法国为包邮标准，当重量是1 kg的时候，日本就可以包邮了，但是实际上日本却收取了运费。这种运费模板会导致包邮国家变少。

3）没有考虑购买多件的情况。这种运费模板只考虑了购买1件的运费，购买2件、多件的运费未考虑。

（2）包邮的运费模板二

指定包邮标准之后，以10 g、100 g为单位，逐个计算所需要的运费，然后将运费进行比较，均低于包邮标准时，则包邮；否则收取运费。

这种包邮运费模板的缺点：

1）有时候不准确，容易多收费。例如，美国菜鸟超级经济的20 g，需要补的运费是负值，由于全球速卖通后台无法输入负值，所以20 g的时候，就会多收运费。

2）包邮国家容易变少。某些国家本可以包邮，但实际却收取了费用。例如0.6 kg俄罗斯无忧简易的运费是103.16×0.6+4.94＝66.84（元），美国菜鸟超级经济0.6 kg的运费是77.68×0.6+19.89＝66.50（元），以俄罗斯无忧简易为包邮标准，当重量是0.6 kg的时候，美国菜鸟超级经济就可以包邮，但是实际上却收取了运费。

综合比较，包邮的运费模板都会存在一些误差，主要问题是多收取了运费，导致某些可以包邮的国家不能包邮。设置这种运费模板需要对热门国家各个渠道的报价有一定的了解，选择包邮基准国家就会变得特别重要。综合上述两种运费模板的设置方式，模板二的方式相对有一些优势，计算逻辑也更为合理一些。

【任务演练】

一、任务描述

A公司的物流分拨计划是将生产的成品先暂时存放在工厂，再由承运人运往公司的自有仓库。目前，A 公司使用铁路运输将工厂的成品运往公司的自有仓库。铁路运输的平均时间 $T=10$ 天，每个存储点平均储存 5 000 件货物，箱包的平均价值 $C=15$ 元，库存持有成本率 $=20\%/$年。请帮助公司选择总成本最小的运输方式。

二、任务分析

据估计，运输时间从目前的 10 天每减少一天，平均库存量可以减少 1%。公司可以利用的运输服务方式及详细信息如表 7-3 所示。

表 7-3　各种运输方式信息

运输方式	运输费率/(元/件)	门到门运送时间/天	每年运输批次
铁路运输	0.80	10	10
水路运输	0.40	14	8
公路运输	1.20	8	20
航空运输	1.70	4	20

不同的运输方式会影响货物的在途时间。公司采用不同运输方式的总成本如表 7-4 所示。

表 7-4　公司采用不同运输方式的总成本　　　　　　　　　单位：元

成本类型	铁路运输	水路运输	卡车运输	航空运输
运输成本 RxD	32 000	16 000	48 000	68 000
在途库存	3 287.67	4 602.74	2 630.14	1 315.07
工厂库存	4 000	7 500	3 000	3 000
仓库库存	6 320	7 700	3 240	3 340
总计	45 607.67	35 802.74	56 870.14	75 655.07

采用水路运输时，运输成本最低；采用航空运输时，库存成本最低，但水路运输的总成本最低。因此，A 公司可以采用水路进行运输，使得总成本最低。

三、任务评价

学生能够通过计算选择最合理的物流运输方式。

课件

任务三　日常订单处理

订单是每个跨境卖家获取利润的落脚点，也是联系商品和客户的重要纽带。买家可以通过订单看到商品购买详情，卖家则可以通过订单看到买家的信息等。买家下单之后，卖家就要及时处理订单，保证给买家一个更好的购物体验。没有统一的订单管理，经常导致运单号填错，买家查看不到发货信息，即将送达的商品却被买家取消，订单量大时漏发，重发导致买家体验非常差，评价分低，DSR 差，进而影响接下来的运营和订单量。

【知识准备】

一、订单类型及处理

订单类型是日常订单管理中很重要的一个环节。订单类型有多种。厘清不同类型订单之间相互关联的逻辑，恰当处理每个订单是跨境卖家管理订单的难点。

（一）订单类型

1. 等待买家付款

等待买家付款，意味着买家已经下单，但是还没付款成功。全球速卖通平台会给买家 20 天时间进行付款。其间卖家可以通过两种方式争取订单付款：第一，可以选择给买家留言，提醒买家下单。第二，也可以适当地调整价格，给买家一点优惠，提高付款的概率。

2. 等待发货

买家付款之后就是等待资金审核，审核完成后订单将自动跳转成等待卖家发货的状态。

3. 卖家发货

买家完成订单付款之后，如果订单没问题，那么卖家就要准备发货了。卖家可以选择线上发货或者线下发货，线上发货只需要卖家选择物流商上门揽收，线下发货的话，还要卖家自己联系物流公司之后才能发货。卖家根据自己的情况，再结合买家的情况选择发货方式即可。

4. 等待收货

根据不同地区以及物流状况，有的地方可能偏远或者无法在合理的时间期限内完成妥投，这就需要卖家延长交货时间，最长的交货时间为 120 天。跨境卖家一定要注意交货时间，尽力在规定的时间内交货。如果买家所需物品缺货，要及时联系客服人员，建议买家申请延长交货时间，或者建议买家换货。

5. 等待验款

买家收到货物之后，确认商品没有问题，就会进行确认签收；如果买家有问题可以申请售后。买家签收完之后，订单就算完成了，买卖双方可以在 30 天内给对方做出评价，并且获得相应的评价积分；若超过 30 天将无法再评价。

6. 等待放款

卖家可以在后台进行放款查询。现在全球速卖通平台不需要等到订单完全结束就可以放款。对于未放款，如果是因为物流问题，可以尽快联系货代处理，把物流跟踪状况提交给平台。

（二）订单处理技巧

1. 使用第三方 ERP 管理系统

在订单量增大情况下，单纯使用手工操作难免会使工作效率大打折扣，而且还容易出现错误，可以考虑使用 ERP（企业资源计划）管理系统来进行订单辅助管理，以下是几种常用的跨境电商 ERP 管理软件。

（1）全球交易助手 ERP 软件

功能涵盖商品管理、订单管理、库存管理，可批量操作，甚至全球速卖通运费模板也可以一键移动，从 A 店复制到 B 店，效率非常高。

（2）赛盒 ERP

很多卖家都在使用赛盒 ERP，信誉、功能都是很不错的。它支持亚马逊订单管理、eBay 订单管理、Wish 数据分析、海外仓管理，能有效解决跨境电商运营问题。

（3）马帮 ERP

马帮 ERP 是最早的跨境电商 ERP 之一。目前用户规模超过 12 万，功能主要分为商品发布、订单、商品、仓库、FBA、物流、客服、采购管理、财务、报表、员工考核、小工具等。

2. 注意订单处理顺序

订单处理的先后次序同样可能会影响到所有订单的处理速度，也可能影响到较重要订单的处理速度。这里可借鉴优先权法则：先收到，先处理，使处理时间最短；预先确定顺序号；优先处理订货量较小、相对简单的订单；优先处理承诺交货日期最早的订单；优先处理距约定交货日期最近的订单。

3. 跨境电商大宗订单管理

以全球速卖通平台为例，卖家可以登录卖家后台，单击"交易—管理订单—订单批量导出"选项，筛选需要导出的订单状态，如导出各订单的状态、买方姓名、买方邮箱、实际发货物流和发货号码、发货时间、确认发货时间，并对订单列表进行导出。批量处理订单后，可以筛选不同状态下的订单，查询物流状态，交易各阶段买家服务邮件的发送等，提高自己的服务效率，让买家真正体验到不同的服务。

4. 货物发出去后，卖家要做好客服和售后工作

灵活处理交易中出现的种种问题，要及时告知买家货物状态。做好这两项工作，对培养回头客是很有益处的。要禁止一锤子买卖，尽量想办法让买家再次购买。如果买家反映商品存在瑕疵，卖家要妥善处理，补给买家，并给买家做出承诺在以后的交易中会改善。

二、线上线下订单处理

订单模块是电商系统的枢纽，在订单这个环节上能获取多个模块的数据和信息，同时对这些信息进行加工处理后流向下个环节，这一系列就构成了订单的信息流通。

（一）订单构成

整个订单系统是由用户信息、订单信息、商品信息、促销信息、支付信息、物流信息六部分构成。

（二）订单状态

1. 待付款

买家提交订单后，订单进行预下单，目前主流电商网站都会唤起支付，便于买家快速完成支付。需要注意的是，待付款状态下可以对库存进行锁定，锁定库存需要配置支付超时时间，超时后将自动取消订单，订单变更为关闭状态。

2. 已付款/待发货

买家完成订单支付后，订单系统需要记录支付时间、支付流水单号，便于对账。然后订单下放到 WMS 系统，仓库进行调拨、配货、分拣、出库等操作。

3. 待收货/已发货

仓储将商品出库后，订单进入物流环节，订单系统需要同步物流信息，便于买家实时知悉物品物流状态。

4. 已完成

买家确认收货后，订单交易完成。后续支付进行结算，如果订单存在问题进入售后状态。

5. 已取消

付款之前取消订单，包括超时未付款的订单或买家、卖家取消订单。

6. 售后中

买家在付款后申请退款，或卖家发货后买家申请退换货。售后也同样存在各种状态，发起售后申请后生成售后订单，售后订单状态为待审核；等待卖家审核，卖家审核通过后订单状态变更为待退货；等待买家将商品寄回，卖家收货后订单状态更新为待退款状态；退款到买家原账户后订单状态更新为售后成功。

（三）订单流程

从订单产生到完成整个流转过程，形成了一套标准流程规则。不管订单类型是什么，订单都包括正向流程和逆向流程，对应的场景就是购买商品和退换货流程，正向流程就是一个正常的网购步骤：订单生成—订单支付—卖家发货—确认收货—交易成功。

1. 订单创建

从买家下单开始，当买家对商品进行下单后，系统会引导买家来到确认订单页面，此时系统会获取买家预下单的商品信息，同时判断商品是否涉及优惠促销的信息，这些优惠包括促销活动、积分抵扣等。除了获取优惠信息，还需要判断用户等级权益，比如 VIP 用户 8 折优惠，新用户立减优惠等。

在预下单操作时，需要对库存进行查询，而库存从什么时候进行增减，目前主流有两种方式：

1）下单减库存：买家预下单成功时减少库存数量，系统逻辑比较简单，库存实时展示，买家体验好，但同时也带来了恶意下单的风险。

2）付款减库存：买家支付完成后再减少库存，减少恶意下单的风险，但第三方支付回调采取的是异步回调方式，回调结果返回系统需要时间，下单情况可能导致库存不足引发退款和投诉。

2. 订单支付

订单支付过程需要选择支付方式，支付完成后通过支付渠道会返回支付流水号和支付完成时间。系统需要记录订单同时生成支付流水，方便与支付渠道对账。

支付完成后下一步是等待卖家发货或者是订单下放到仓库，在此过程中，会涉及拆单过程，一般拆单分为两次拆单：

1）一次拆单：订单层面的拆单。这个拆单主要是因为组合商品时，各个商品属于不同卖家，此时订单需要使用父子订单进行区分。

2）二次拆单：商品层面的拆单。这个拆单是由于商品分属不同的仓库、重量/体积限制、商品品类要求（比如易燃或者贵重物品需要单独打包）、商品库存问题（比如有些商品需要当天发送，有些商品 48 小时后发送）、关税问题。

3. 卖家发货/仓储处理

这个过程从线上走向线下，卖家发货过程已经形成一个标准化的流程，此时订单会下放到仓库，仓库对商品进行打单、拣货、包装、交接快递进行配送。

目前很多 WMS 系统都与主流电商系统进行了对接，订单下单成功后直接进入 WMS 系统，在此过程中会涉及合并订单（比如同一买家同一收货信息分多笔下单的订单）、订单审核、订单重新分仓、下放库房、生成批检单、订单打印等。

4. 确认收货

若订单经过仓储环节后已经发货了，在订单系统中会涉及对物流信息的获取，包括配送方式、物流公司、物流单号、物流状态的实时显示。在买家收到货后，卖家可以根据物流公司反馈的签收结果，设置提醒买家确认收货。

5. 交易成功

订单完成后会涉及需要提醒买家进行订单的点评，同时可能会涉及订单的售后问题。交易成功是指在收货后 N 天后，此时除去售后问题外，渠道侧会涉及平台和支付渠道结算的问题，货款需要从支付渠道流入平台账户；卖家侧会涉及平台需要生成待结算清单问题，明细该笔订单卖家结算款是多少。

（四）逆向订单

1. 修改订单

修改订单发生在预下单过程中，买家没有提交订单，可以对订单上的一些信息进行修改，比如配送信息、优惠信息及其他一些订单可修改范围的内容，此时只需对数据进行变更即可。

2. 订单取消

买家主动取消订单和买家超时未支付这两种情况下订单都会取消。超时情况是系统自动关闭订单，所以在订单支付的响应机制上要做支付的限时处理，尤其是在下单减库存的情形下，可以保证快速释放库存。另外需要处理的是促销优惠中使用的优惠券、权益等平台规则，给买家进行相应补回。

3. 退款

在待发货订单状态下取消订单时可退款，退款分为卖家缺货退款和买家申请退款。

卖家缺货退款：这是由于订单系统和 WMS 系统商品没有进行及时同步导致，或者是仓管和客服分开产生的，这种情况下需要与买家协商处理退款。

买家申请退款：买家下单后，如果卖家尚未发货，系统应支持用户申请退款。如果发货单已经下发到 WMS 系统，但尚未推送至仓库，需要在 WMS 系统中进行拦截。拦截成功后，暂定出库，并同步订单系统同意取消订单，进入退款流程。

如果是全部退款则订单更新为关闭状态，若只是做部分退款则订单仍需进行，同时生成一条退款的售后订单，走退款流程，退款金额需原路返回买家的账户。

4. 发货后退款

如果在配送过程中商品遗失、买家拒收、买家收货后对商品不满意等，买家可以发起退款的售后诉求，然后商户审核退款申请，双方达成一致后，系统更新退款状态，对订单进行退款操作，金额原路返回买家的账户，同时关闭原订单数据。

仅退款情况下暂不考虑仓库系统变化。如果发生双方协调不一致的情况，可以申请平台客服介入。在卖家不处理退款订单的情况下，系统需要做限期判断，比如 5 天卖家不处理，退款单自动变更为同意退款。

5. 退款退货

买家退款退货的流程和买家仅退款的流程类似，需要与卖家进行协商。如果协商过程存在争议，平台客服介入进行协调。如无争议，卖家审核通过后告知买家退货流程及退回的收件信息，进入退货流程，卖家收到买家退货商品后，库存系统进行补回，退货入库，订单系统确认后进行退款，同时关闭订单。

当订单中发生部分退货时，原订单的状态不变，维持待收货或交易成功状态，同时退货的部分生成交易售后订单，剩余未退货部分仍然允许申请售后。如果退货商品在验收环节存在买家导致的问题，可以通过线下协商后，将商品重新发给买家，或者退给买家部分款项。

三、海外仓订单处理

在跨境电商行业中，海外仓是指电商企业通过快递、空运、海运或者多式联运的方式将货物运送至在目的地国或地区预先建设或租赁的仓库，然后根据销售订单完成中转或本地配送的一种物流模式。

目前海外仓业务应用比较广泛，越来越多的卖家会提前备货在海外仓。海外仓的订单操作流程也比较简单，主要包括以下几个部分：

（一）头程

头程指的是从国内将货物运输到海外仓的整段过程。卖家如果想要货物送达得更加及时，那么提前大批量备货到仓库是个很好的选择。例如 FBA 仓库是亚马逊针对平台卖家物流发货自建的仓库，亚马逊平台上的卖家可通过 FBA 向买家发送商品。

头程包含国内到港、国际段运输、出口/进口清关、目的港到仓四个部分。头程运输有专线服务，一般包括航空、海运、陆运等。航空运输时效快，但费用高；海运费用低，时效慢；陆运性价比高，也适合大批量运输。卖家要根据货物的情况来选择合适的运输方式。

（二）海外仓作业流程

1. 入库预约送仓

1）如果是卖家通过自己的头程渠道将货物运输到海外仓，那么卖家需联系头程渠道方提前联系海外仓预约送仓时间。一般海运整柜需要预约时间，空运、快递和海运散货则不需要预约时间。

2）如果是海外仓服务商帮助卖家进行头程的运输，则无需卖家预约送仓。

2. 海外仓签收标准

1）对于空运、快递和海运散货的签收，仓库先核对箱唛信息是否为本仓库的货物（箱唛信息一般有入库单号和客户代码，可判断是否为本海外仓企业的客户）。快递或者卡车送货到仓后，仓库人员必须确认收货箱数后才能在签收单上签名并填写实际收货数据。如果有异常情况，及时在签收单备注并将情况，反馈到国内客服，让其与客户确认。

2）对于整柜送仓货物的签收，核对集装箱号是否预约过送仓，然后检查集装箱的封条是否完整，是否可以直接签收。这里需要注意的是，海外卡车运输整柜到仓后，司机不会等到仓库完全卸柜后再确认签收单。

3. 海外仓的入库上架

1）收货区货物的查验。

2）将所有纸箱货物拆箱，对于每箱内的货物种类和数量进行清点。如果一种货号装有多箱且一箱内只有一种货号，海外仓服务商一般会抽取其中一箱作为抽查，其他纸箱直接按照预报数量上架。如果后期数量有异常，海外仓服务商承担全责。

3）对于新品 SKU，如果之前没有入库头程仓和海外仓，则需要重点核查 SKU 的尺寸和重量。如果数据有差异，先在 WMS 系统中进行修改，之后将数据结果反馈到国内客服。

（4）国内客服将有差异数据的 SKU 与客户确认，如果客户有异议，海外仓服务商需提供测量照片作为证据，直到双方达成一致（尺寸和重量将会涉及尾程发货的计费）。

（5）收货货号数量和种类确认后，进行实际货物的系统和实物上架。

4. 海外仓出库流程

1）客户在 OMS 系统建单。客户创建订单的方式一般有以下几种：

① 客户在 OMS 系统通过手工单个或者模板批量创建订单。

② 电商平台直接对接 OMS 系统，可在 OMS 系统中直接同步电商平台的订单选择发货方式进行发货。

③ 客户通过 ERP 对接电商平台与海外仓的 OMS 系统，通过在 ERP 上实现多个电商平台店铺与海外仓服务商的对接，直接在 ERP 上操作订单。

2）订单同步到仓库的 WMS 系统，仓库进行订单的下架，生成下架单。

3）仓库安排人员根据下架单进行 SKU 的拣货，其中拣货路径的设计优化会提升仓库作业效率。拣货方式分为"摘果式"和"播种式"，目前大多数海外仓企业采用"播种式"进行拣货，其中涉及订单的规模效益。

4）下架单上的货物拣货完成后，根据订单进行货物的分拣并打包。一票一件的货物不需要打包，因为 SKU 进入海外仓时已经要求电商卖家进行了单个 SKU 商品的包装。

5）订单的物流面单打印以及签出。对于一票一件的货物，海外仓一般通过 PDA 进行 SKU 条码的扫描，然后系统自动出物流面单；对于一票多件的货物，则通过 PDA 扫描打包后，纸箱上的条码和标签等信息出物流面单。

6）仓库将物流面单贴好后按照物流商进行区分，并将包裹放入不同的筐内，等待物流商上门提货。

7）等待物流商将包裹进行派送和妥投。

8）对于物流商原路返回或者买家退回的货物进行检查和反馈，最后将部分货物重新上架。

5. 订单处理时效

不同海外仓服务商对于不同业务形态的处理时间都不一样，但是正常电商平台的买家订单都是 24 小时内出库，疫情下时效有所放松。一些 FBA 转仓或者退仓和退货的处理时效具体看仓库的运转速度和工作优先级。

（三）尾程

从海外仓将货物派送到买家手里的整段过程称为尾程，也就是物流渠道商从仓库提货然后派送到买家手里的整段流程。由于海外仓已经部署在了当地，所以尾程所使用的渠道大多数是本土常用的物流渠道，例如在美国常用的就是 FedEx Ground、USPS 等，欧洲常使用 DHL、UPS、DPD 等。

同一个海外仓会对接多个物流渠道，然后根据订单的派件国家或者省州、订单的价值，以及货主所要求的服务来选择一个合适的物流渠道。相当于海外仓将一些物流渠道商进行了整合，然后打包成一个商品，提供给不同的货主来选择，系统根据相应的策略来选择合适的物流商品，关联对应的订单。

（四）售后/增值服务

正向的订单发出之后，必然会伴随一些逆向的售后问题，所以海外仓还需要针对此业务来提供相应的服务。海外仓的退件是订单处理中的难题，一方面是业务复杂度导致，另一方面也跟欧美法律保护消费者权益有关系，导致 RMA（Return Merchandise Authorization，即退货授权）退换货的数量级很高。

除了"退换修"这一类售后服务，海外仓还会提供一些换标、贴码、二次包装以及中转调拨等服务，这些都可以统称为增值服务。大多数的增值服务都不太标准和规范，比较常见的就是换标、贴码等，因为其指令、计费逻辑比较简单。如果是一些营销活动的增值服务就比较难做，例如定制化包装、内置手写卡片、组合包装发货，甚至还有随机指定放一些代金券或者促销活动广告等其他要求。

海外仓最大的优势之一就是可以当地发货，小到贴纸、手机壳，大到钢琴、家具，都可以以不同的当地配送方式发货。当地配送的优势是能够快速送货和退货，良好的买家体验会使销量迅速增加。

四、退换货订单处理

（一）平台退换货政策

1. 全球速卖通平台退换货政策

1）卖家发货并填写发货通知后，买家如果没有收到商品或者对收到的商品不满意，可以在卖家全部发货 5 天后申请退款（若卖家设置的限时达时间小于 5 天，则买家可以在卖家全部发货后立即申请退款），买家提交退款申请时纠纷即生成。

2）当买家提交或修改纠纷后，卖家必须在 5 天内"接受"或"拒绝"买家的退款申请，否则订单将根据买家提出的退款金额执行。

3）如果买卖双方协商达成一致，则按照双方达成的退款协议进行操作。如果无法达成一致，则提交至全球速卖通进行裁决。

①买家可以在卖家拒绝退款申请后提交至全球速卖通进行裁决；

②若买家第一次提起退款申请后 15 天内未能与卖家协商一致，达成退款协议，买家也未取消纠纷，第 16 天系统会自动提交全球速卖通进行纠纷裁决。

若买家提起的退款申请原因是"商品在途"，则系统会根据限时达时间自动提交全球速卖通进行裁决。

4）对于纠纷，为提高买家体验和对全球速卖通平台及平台卖家的信心，全球速卖通鼓励卖家积极与买家协商，尽早达成协议，尽量减少全球速卖通的介入。如果纠纷提交至全球速卖通，全球速卖通会根据双方提供的证据进行一次性裁决，卖家必须同意接受全球速卖通的裁决。并且，如果全球速卖通发现卖家有违规行为，会同时对卖家给予处罚。

5）纠纷提交至全球速卖通进行纠纷裁决后的 2 个工作日内，全球速卖通会介入处理。

6）如果买卖双方达成退款协议且卖家同意退货的，买家应在达成退款协议后 10 天内完成退货发货并填写发货通知，全球速卖通将按以下情形处理：

①买家未在 10 天内填写发货通知，则结束退款流程并交易完成。

②买家在 10 天内填写发货通知且卖家 30 天内确认收货，全球速卖通根据退款协议执行。

③买家在 10 天内填写发货通知，30 天内卖家未确认收货且卖家未提出纠纷的，全球速卖通根据退款协议执行。

④在买家退货并填写退货信息后的 30 天内，若卖家未收到退货或收到的商品货不对版，卖家也可以提交到全球速卖通进行纠纷裁决。

2. 亚马逊平台退换货政策

1）对于那些在黄金会员日在亚马逊平台购买节日礼物的买家（例如，42% 的美国人选择在黄金会员日购买），必须在 30 天内给卖家寄回商品。

2）美国的政策规定，婴儿商品有 90 天的退货窗口，婴儿注册礼品可以在交付后一年内退货。亚马逊的不同站点的退货规则是不一样的。

3）亚马逊将承担因商品质量问题而取消商品的运费，以及因缺陷、损坏、错误而取消商品的退货成本。

4）亚马逊还将承担买家退回鞋类、服装、珠宝、手表和手提包的快递费用。

卖家要在自家各个市场上的门店更新关于退货的一些规则变化，并明确其退货政策。此外，值得提醒的是，并非所有商品都有资格免费退货。

（二）退换货处理流程

卖家在收到买家的退换货要求后，要在各站点规定的时间内向买家做出回应，卖家可以选择接受退货（Accept the Return）、退全款（Seller Offer Full Refund）、部分退款（Seller Offer Partial Refund）、拒绝退货（Seller Decline Request）及发送消息联系买家（Send Message to Buyer）。

1. 卖家接受退货

如果卖家向买家做出的回应是接受退货，买家需要将货物寄还回卖家，然后卖家向买家退款。

2. 卖家退全款

如果卖家选择退全款，且不要求买家寄回物品，一旦退款完成，退货请求的这个纠纷将自动关闭。

3. 卖家退还部分货款

如果卖家选择向买家退还部分货款，且不要求买家寄还商品，此时卖家还可能会遇到不同的情况：买家接受部分退款、买家不接受部分退款及买家申诉。根据不同的情况，卖家处理的流程如图 7-1 所示。

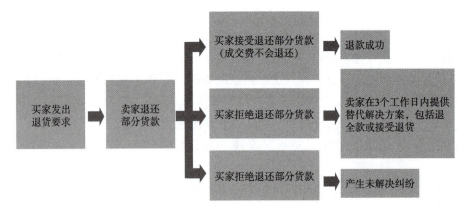

图 7-1 退还部分货款处理流程

4. 纠纷申诉与处理

如果买卖双方在沟通之后对退货纠纷仍然没有达成一致意见，卖家和买家都可以向平台客服进行申诉，请求平台介入处理。平台将会根据双方提供的证据和情况进行评估，并做出相应的判定。在申诉过程中，买卖双方应提供相关的证据，例如订单信息、交流记录、商品状况照片等，以支持自己的主张。平台客服将仔细审查申诉材料，并可能与双方进一步沟通以了解更多细节。

有一点值得注意，退货纠纷个案经过平台判决后，卖家有申请复议的期限。若卖家对判决结果存在异议，可以在规定的期限内申请复议。

五、异常订单处理

（一）异常订单的类型

异常订单是指订单的买卖过程中，触及拍下不付款占库存、退货少件或调包等，滥用买家权益等非真实购置意愿的行为。卖家收到此类订单无须慌张，平台是经过底层大数据的剖析、买家的历史行为，以及当下买卖的异常等多个维度进行判别，推送疑似异常的订单，并非一定是风险，只是提醒卖家，需要重点核实确认下异常订单。常见的异常订单类型主要有攻击型异常订单、退货型异常订单以及敲诈型异常订单。

1. 攻击型异常订单

攻击型异常订单通常是因知识产权、盗图等投诉被竞争对手拍下、买卖纠纷问题被竞争对手拍下、被同行攻击拍下、设错价钱被大量拍下，造成订单异常。

2. 退货型异常订单

退货型异常订单主要具有以下几种情况：物流单号被反复运用；退回的商品与退货订单商品不一致；退货物流地址非本店退货地址；退回商品件数与实际下单数量不符，退货物流无走件记载。

3. 敲诈型异常订单

敲诈型异常订单是通过假借打击假货名义进行敲诈要挟，假借广告法的名义进行敲诈要挟，假借食品法的名义进行敲诈要挟等，造成订单异常。

除此之外，跨境电商平台对异常订单也进行了界定，如全球速卖通平台的异常订单包括但不限于以下情形：

1）交易主体被排查为在注册、登录、交易、评价、退款、售后等环节明显异于正常交易的。

2）存在扰乱全球速卖通平台或卖家经营秩序情形的订单。

3）对终端消费者不具购物决策参考意义的订单。

（二）异常订单处理办法

一般而言，接到异常订单信号的首先是客服人员，客服人员可以通过订单查询来判断订单处于哪种状态。但多数情况下，客服人员不介入订单处理环节，因此需要及时将异常订单的信号传递给相应的运营人员，由运营人员对订单信息、商品信息进行修改或维护。

 行业洞察

全球速卖通联合菜鸟开设新配送仓库，加速订单处理速度

全球速卖通近几年发展迅速，已然成为俄罗斯最大的电商平台，占据了俄罗斯的多半跨境电商市场。数据显示，同比 2020 年 12 月，俄罗斯用户平均支出增长了 12%。相比今年其他月份，俄罗斯用户的平均支出金额涨幅超过 20%。

2021 年俄罗斯新年假期将会持续 10 天，即从 2020 年 12 月 30 日到 2021 年 1 月 8 日。截止到 12 月 20 日，"新年""圣诞"等词位居全球速卖通平台词条搜索排名前 20。俄罗斯用户正在全球速卖通上搜索的新年礼物包括：家纺用品、装饰用品，与用户爱好相关的日常商品，以及家电和电子产品。

其中花环窗帘和 LED 灯串的订单同比 2020 年增长了 20%，排名前三的消费电子品牌是小米、苹果和华为。而来自中国的刺绣深受俄罗斯用户喜爱，尤其是钻石画十字绣，已连续两年成为全球速卖通上最受俄罗斯人欢迎的商品。

据了解，目前，全球速卖通已成为俄罗斯第一大电商平台，平均每 6 个俄罗斯人就有 1 个使用全球速卖通。近年来，全球速卖通联合菜鸟及俄罗斯当地物流合作伙伴，在俄罗斯当地构建智能物流骨干网络。尤其是 2021 年 5 月，全球速卖通联合菜鸟投入 5 亿多卢布在莫斯科地区开设新的配送仓库，平均每天最多可处理 10 万个订单，因此莫斯科也逐渐跻身物流"当日达"的城市行列。

【任务演练】

一、任务描述

浙江金远电子商务有限公司的跨境运营专员陈倩接到一笔新的订单，一个美国的客户拍了 2 个小的玩具车，已经付款成功。卖家首先要确认订单的资金审核状态，订单资金在 24 小时通过审核后，订单就会显示为"待发货订单"。请继续完成接下来的订单处理工作。

二、任务分析

1. 单击后台的新订单，查看订单的资金审核状态。

订单的资金审核状态一般分三种：第一种状态是"客户已完成付款订单"，这种状态的订单就可以直接备货、发货、发信给买家。

第二种状态是"资金审核中"，这种状态的订单卖家需在 24 小时资金通过审核后再确认发货，因为会有部分买家因存在盗卡风险或者支付问题等未通过审核。

第三种状态是"买家未付款订单"。如果是第三种状态，可以发一封下面的邮件给买家，委婉提醒其付款。

Dear Buyer,

We have got your order, but it seems that the order is still unpaid. If there's anything we can help with the price, size, please feel free to contact with us. After the payment is confirmed, we will process the order and ship it out soon. Sooner payment will help you get the product earlier.

Thanks.

2. 检查库存

卖家应根据买家的新订单检查库存量，如果库存没有货了，卖家就要同时在国内下订单补充货源或买货。

3. 写感谢信给买家

下列为感谢信举例：

Dear ××,

Thanks for your order. The order number is ×××××.

We are now preparing the shipment for you. We will ship out the products in 2—3 working days by China Post Air Mail to you. We will keep you noted by the shipping tracking number sooner.

Keep in contact.

Thanks and Best Regards.

4. 告知买家具体情况

发货后发信给客户告知已经发货和物流查询的单号。

Dear ××,

The item ××× you ordered has already been shipped out by China Post Air Mail. The tracking number is RJ22527898245CN. We will also keep you noted of the shipping status. We hope you will get it soon. If you have any question, please contact with us.

Thanks and Best Regards.

三、任务评价

学生能够妥善进行店铺订单处理，与客户合理沟通。

【思政园地】

倡导绿色包装，宣扬环保意识

跨境电商在方便我们全球购物的同时，层层包装也造成了大量的浪费和污染，这与如今倡导的可持续发展理念相违背。据统计，每年有 8.5 亿吨纸和纸板被丢弃，这相当于大约 10 亿棵树。而仅亚马逊一天就运送 170 万个包裹，每年留下约 4.65 亿磅的塑料包装垃圾。除此之外，食品包装也是主要污染源之一，这种包装几乎占所有海洋塑料垃圾的一半。国外也在大力宣传减少一次性塑料产品，倡导消费者使用可重复使用的容器、杯子和袋子购买杂货。比如欧洲的限塑令就表明了这一趋向。许多电商企业正致力于创建循环交付解决方案，以帮助减少服装或生鲜产品过度包装而造成的浪费。

例如，Olive 平台使用由再生塑料制成的可重复使用的无纸板托架，来配送买家购买的产品；Loop 与麦当劳和汉堡王等快餐巨头以及零售商 Tesco 合作，让买家用可重复使用的容器、杯子和袋子购买杂货。

可持续发展是我们每个人都需要贯彻的价值理念，卖家可以在保证产品完好的前提下，尽量减少过度包装，或采用更加环保的包装材料，例如可降解的纸盒、纸袋或生物可降解的塑料材料。同时，跨境电商平台也可以鼓励买家选择集中配送或自提的方式，以减少包装和运输所需的过程和材料。物流企业可以提供更多方便的物流线路，如提供自助提货点或集中配送服务，从而减少包裹的次数和包装材料的使用量。我们每个人也都应该在日常生活中尽量减少浪费，牢记"绿水青山，才是金山银山"，共同致力于实现可持续发展的目标。

【同步测试】

同步测试

项目八

跨境支付与收款

学习目标

课件

【知识目标】

熟悉常规电商收款途径（如国际支付宝收款、PayPal 收款、手机支付收款等）；熟悉全球速卖通平台收款规则、售后评价规则、售后纠纷处理规则；了解其他跨境第三方电商平台收款、售后评价及售后纠纷处理规则。

【技能目标】

能及时回收货款；能及时处理退换货及跨境争议。

【素养目标】

培养学生爱岗敬业的职业操守和诚实守信的品质；引导学生以开放、包容的胸襟理性对待多元文化。

任务一　跨境支付

随着全球电子商务的增长，面向进出口贸易的跨境支付应运而生。跨境支付交易总额逐年增长，跨境服务市场有巨大的发展潜力。在跨境服务的链路中，支付是关键的一环。像 Shopee、亚马逊、阿里巴巴国际站、天猫国际、网易考拉等企业能够做出海业务，都是得益于跨境支付的发展。

【知识准备】

一、跨境支付含义

跨境支付，是指两个或两个以上国家或者地区之间因国际贸易、国际投资及其他方面所发生的国际间债券债务，借助一定的结算工具和支付系统实现资金跨国或跨地区转移的行为。付款人（买家）是海外用户收款人（卖家）是国内商家，二者不在一个国家，使用不同的币种和支付工具，所以需要跨境支付公司帮助串联付款方工具、货币兑换和收款方结算过程。

二、跨境支付对象

跨境支付市场的主要参与对象包括境内外银行、汇款公司、国际信用卡组织、跨境收款公司和第三方跨境支付公司。

1）境内外银行，指经营货币信贷业务的金融机构，如中国银行、交通银行、建设银行等。

2）汇款公司，指开展国际汇款业务的公司，如全球速汇、MoneyGram 等。

3）国际信用卡组织，指非银联组织的信用卡，如 VISA、MasterCard、American Express、JCB 和 Diners Club 等。

4）跨境收款公司，指开展国际收款业务的公司，如 Pingpong、Payoneer、Skyee、PayPal 等。

5）第三方跨境支付公司，指为境内外的消费者提供有限服务的支付机构，如拉卡拉、易宝支付、汇付天下等。

以第三方跨境支付为例，易联支付向中国人民银行申报跨境业务，并在对应的银行开立一个专用的备付金账户，境外买家付款后，货款先到达易联支付的备付金账户，买家确认收货之后易联支付机构再从备付金账户里打款给境内卖家的账户。

三、跨境支付系统

全球跨境支付系统有环球银行金融电信协会（简称 SWIFT）、人民币跨境支付系统（简称 CIPS）、欧洲间实时全额自动清算系统（简称 TARGET）、纽约清算所银行同业支付系统（简称 CHIPS）、伦敦自动清算支付系统（简称 CHAPS）、日本银行金融网络系统（简称 BOJ-NET）等。SWIFT 是全球最大的私营支付清算系统，主要进行跨国美元交易的清算。

CIPS 是由中国人民银行组织开发的独立支付系统，为境内外金融机构人民币跨境和离岸业务提供资金清算与结算服务。它旨在进一步整合现有人民币跨境支付结算渠道和资源，提高跨境清算效率，满足各主要时区的人民币业务发展需要，提高交易的安全性，构建公平的市场竞争环境。

以银行间直接支付为例，境内外企业进行进出口贸易，双方开设账户的商业银行直连，用跨境电商平台对接的银行接口进行支付，通过 CIPS 进行国内外银行的清结算，再通过银行进行结售汇。

截至 2022 年 4 月末，CIPS 共有参与者 1 307 家，其中直接参与者 76 家，间接参与者1 231 家。

四、跨境支付业务

一个完整的跨境支付业务，包含三大环节：跨境收单、跨境汇款、跨境结售汇。

（一）跨境收单

跨境收单指代表商家处理来自国内外消费者或商家银行卡/账户收付款的金融机构。做跨境收单，必须了解外卡收单、境外收单、国际收单业务。

1）外卡收单：出现在出口业务中，主要服务于国内商家收取国外消费者的货款。

2）境外收单：主要涉及国内消费者购买国外商家的商品。

3）国际收单：商家、消费者和支付机构分属不同的国家。

例如国内消费者在境外商家购买产品或服务时，使用人民币付款，先付款给境内的支付机构，再由境内支付机构通过合作银行向境外支付机构进行资金结算。

（二）跨境汇款

跨境汇款指个人网上银行客户在规定的限额之内，向境外他行的收款人进行外汇汇款的业务。跨境汇款方式包括现金、电汇、外币汇票、旅行支票、信用卡等。

以电汇为例，汇款人先进行购汇，然后汇出银行根据汇款人的要求，通过加密电报指示汇入银行解付确定资金给收款人。银联的全球速汇（Money Express）提供跨境汇款服务，用户在汇款时预先锁定汇率，汇款款项以人民币直接计入银联卡账户，收款方不用解付，可直接使用，也无须向银行支付手续费，到账时间为实时，一般不超过 12 小时。

（三）跨境结售汇

跨境结售汇是境内外结汇与售汇的统称，通过银行进行外币和人民币之间的兑换。

1）跨境结汇，指外汇收入所有者将其外汇收入出售给外汇指定银行，外汇指定银行按一定汇率付给等值的本币的行为。

2）跨境售汇，指外汇指定银行将外汇卖给外汇使用者，并根据交易行为发生之日的人民币汇率收取等值人民币的行为。

当前，跨境支付主要应用在海外购物、出境旅游、国外留学等场景中，随着全球电子商务的发展，跨境支付将迎来重大利好。但是，面对监管趋严、市场饱和、交易风险、信息安全、反欺诈、反洗钱等问题，跨境支付企业还是任重道远。

 行业洞察

泰国等东盟 5 国签区域性跨境支付 MOU

据泰国《世界日报》2022 年 11 月 15 日报道，11 月 15—16 日，二十国集团领导人（G20）峰会在印度尼西亚巴厘岛举行，峰会召开前，东盟成员国的 5 家中央银行于 14 日签署了一份关于区域级跨境支付的谅解备忘录（MOU），这 5 家央行分别是印度尼西亚央行、马来西亚央行、菲律宾央行、新加坡央行、泰国央行。在签署仪式上，印度尼西亚央行行长佩里·瓦吉约表示，连接区域跨境支付将利用二维码（QR Code）。今年早些时候，印度尼西亚已经开始使用二维码将支付系统与泰国连接起来，并将很快与其他国家使用相同的系统，同时，计划在未来将范围扩大到全球多国。这份谅解备忘录涵盖了零售行业支付系统的连接，并计划加强伙伴关系，连接至批发行业和央行数字货币（CBDC）。5 个东盟成员国将从明年开始，开通相互之间的跨境支付。

【任务演练】

一、任务描述

通过对跨境支付系统的了解完成国际信用卡跨境支付流程。

二、任务分析

国际信用卡跨境支付通常涉及以下流程：

1）卖家接受信用卡支付：买家选择在国外的卖家进行购物，并在结账时选择信用卡作为支付方式。通常，卖家会支持主要的国际信用卡品牌，如 VISA、MasterCard、American Express 等。

2）交易提交和加密：当买家提交信用卡支付请求时，卖家网站会将交易信息加密并发送给支付网关或第三方支付处理机构。这是为了保护买家的信用卡信息安全。

3）授权和验证：支付网关或处理机构会验证买家的信用卡信息和可用余额，并与买家的发卡银行进行通信，以获得交易的授权。

4）授权结果返回：支付网关或处理机构将授权结果返回给卖家，告知交易是否被授权。如果授权成功，交易将继续进行；如果被拒绝，买家可能需要尝试其他支付方式或联系发卡银行解决问题。

5）结算和清算：一旦授权成功，卖家通常会将交易信息发送给他们的支付服务提供商，并等待结算和清算。支付服务提供商在结算过程中将资金从买家的信用卡账户转至卖家的账户。

6）账单和付款：一般情况下，买家的发卡银行会向买家发出账单，显示交易详情。买家需要根据自己的信用卡条款和发卡银行的规定，按时还款。

三、任务评价

学生能够掌握国际信用卡跨境支付的全部流程。

任务二　跨境收款

跨境收单分为外卡收单和境外收单。国内卖家收取国外买家的货款称为外卡收单，而国内买家购买国外卖家的商品涉及境外收单。

在跨境交易过程中，第三方支付机构作为支付网关，履行收单责任。相关的外卡收单业务需要国际卡组织的 VISA 和 MasterCard 认证。对于支付机构来说，如果只有第三方支付牌照和跨境支付牌照，不能直接受理外卡交易。对于收单公司来说，风险控制是最值得关注的，其中收单率和拒签率是反映收单公司风险控制水平的两个重要指标。

【知识准备】

一、跨境收款账户设置

跨境电商卖家最关心的事是货物怎么卖出去，其次就是货款怎么收到自己的账户上。虽然目前可供卖家选择的收款方式有很多，但是把跨境电商平台账户里的资金提到国内银行账户的过程也十分复杂，需要提前设置好收款账户才能操作，国际支付宝和派安盈（Payoneer）都是跨境电商卖家比较常用的跨境收款工具。

（一）国际支付宝收款账户设置

国际支付宝是支付宝为从事跨境交易的国内卖家建立的资金账户管理平台，包括对交易的收款、退款、提现等主要功能。使用客户群体主要是全球速卖通卖家和阿里巴巴国际站会员，支持人民币、美元两种货币。申请和设置支付宝国际账户的步骤如下：

1. 访问 Alipay 系统

用户通过登录"我的全球速卖通—资金—支付宝国际账户"或 My Alibaba 中的"资金账户管理"功能访问 Alipay 系统。

2. 设置支付密码，激活 Alipay 会员身份

如果是初次访问 Alipay 系统，用户需要设置支付密码，以激活 Alipay 会员身份。为了让账户更加安全，防止密码被盗，最好不要设置相同的支付密码和登录密码。

3. 手机验证

用户输入支付密码后，单击"确认"按钮，系统会检验用户是否之前在阿里巴巴网站已经绑定过手机号码。如果已经绑定过了，那么此时需要进行手机验证。系统会发送验证码到用户绑定的手机，用户输入正确的验证码后确认提交，即可成功激活 Alipay 会员身份。如果用户之前没有在阿里巴巴网站上绑定过手机，则系统会引导用户到阿里巴巴网站进行手机绑定操作，绑定完成后再进行手机验证。验证完成后国际支付宝账户设置成功。

4. 进入银行账户设置页面

国际支付宝账户设置成功后，用户可以从"我的账户"页面中，人民币或美元账户信息中的"设置银行账号"入口到达设置银行账户功能页面，或者单击"我要提现—提现银行账户设置"选项，进行银行账户的设置。

5. 添加美元或人民币账户提现银行账号

用户可以设置三个美元账户提现银行账号，美元账户提现银行账号需要区分是个人账户还是公司账户。如果是公司账户，需要注意所有信息不要使用中文填写，否则将引起放款失败，从而产生重复的放款手续费损失；设置的公司账户必须是美元账户或是能接收美元的外币账户；而且在中国大陆地区开设的公司账户必须有进出口权才能接收美元并结汇；使用公司账户收款的订单，必须办理正式报关手续，才能顺利结汇。如果是个人账户，选择账户后，依次填写"账户姓名（中文）""账户姓名（英文）""银行选择""开户银行名称（英文）""SwiftCode""银行卡号"等必填项。填写完毕后，单击"保存"按钮即可。注意除开户名外，其他信息不要使用中文填写，否则也将引起放款失败，从而产生重复的放款。

（二）Payoneer 收款账户设置

Payoneer 类似国内商家的支付宝，主要用来接收跨境电商平台的支付款项，在接收平台支付的款项之后，可以直接把账户上的钱提取到绑定的国内银行账户上，适合自由职业者、跨境电商卖家、广告联盟或企业、Shopify 独立站、使用外包服务的业务，也是目前亚马逊收款类官方唯一的合作伙伴，Payoneer 收款账户的申请和设置步骤如下：

1. 登录 Payoneer 官网

进入 Payoneer 官网，单击"注册"按钮开始注册 Payoneer 账号。

2. 信息填写，注册账号

进入 Payoneer 账号注册页面后，根据实际情况选择业务类型，个人或者公司，然后进行相关信息的填写，主要包括个人信息、联系信息和安全信息的填写。

1）个人信息的填写：姓名使用中文的拼音即可，电邮地址可填写常用邮箱，要注意出生日期填写身份证上的日期。信息一定要填写正确，在注册完成之后，如果想要变更信息，也可以进行修改。

2）联系信息的填写：地址使用英文来填写，所在的街道名称使用中文的拼音即可。如果填写错了或者后续想变更地址，也可以修改。电话类别一般都是选择手机。

3）安全信息填写后，一定要另外记录和保存起来，因为账号登录或者账号出现异常都要用到安全信息。身份证件号码需如实填写。填写完成后基本完成了 Payoneer 账号的注册。

3. 绑定银行卡账号

银行卡账号信息按照 Payoneer 官网平台输入框内的提示文本输入即可。店铺 URL（统一资源定位符）可以输入跨境电商店铺的直接链接，例如亚马逊店铺中的卖家资料店面链接；或者可以输入个人博客 URL 地址。这里需要注意的是，不完整的 URL 可能导致付款延误或要求提供更多详情，若要满足安全合规要求必须有 URL。

4. 账号验证并激活

在注册完毕之后，需要平台审核账号信息。审核的方式是邮箱验证，注册的邮箱会收到一封正在审核中的邮件通知和一封验证邮箱激活账号的邮件。单击"验证我的电子邮件"选项跳转到 Payoneer 账号登录界面，填写账号和密码之后登录，会跳转到安全信息设置界面，选择安全问题并填写答案即可。如果注册填写的信息准确无误，大概半小时就可以收到审核通过的邮件通知。如果超过一天或长时间未通过自动审核，可能需要提供更多的材料来验证，比如身份证正反面照片等，提供的材料信息要准确和清晰。

5. 收款账户申请

在审核未通过之前不会显示 Global Payment Service（跨境收款服务）选项，只有审核通过后才会显示，接着就可以开始使用 Payonner 来接收跨境电商平台的款项了。卖家进入收款账户页面，可以看到能使用的收款国家的账户信息，初始只显示三个，后面可以根据实际情况继续申请更多国家的收款账户。

6. 收款账户验证

为了避免 Payoneer 收款账户出现资金入账和提现问题,还需要进行收款账户的验证,进入"设置—验证中心"界面,填写全球支付服务问卷,说明账户资金来源即可。注意内容要用英文填写,要提供资金来源的电商店铺链接或个人博客网站地址。

7. Payoneer 收款账户的使用

以在亚马逊平台使用 Payoneer 为例,首先登录亚马逊账户,单击"设置"选项,选择存款方式,单击"添加"按钮,然后填写完成相关的信息;之后登录 Payoneer,单击"接收—Global payment services"选项,然后选择 USD,即可看到美元账号;将 Payoneer 的收款账户信息对应填写到亚马逊里,单击"提交"按钮,就完成了亚马逊平台与 Payoneer 绑定,后续亚马逊就会将货款自动转至 Payoneer 的银行账户中,到账时间通常为 2~5 个工作日。

二、跨境收款工具及其费用

现在做跨境电商的卖家越来越多,而做跨境电商都会遇到一个难题,那就是如何收款。不同的跨境收款工具差别很大,有着不同的金额限制、到账速度和收费标准,各自也有其优缺点和适用范围。

(一) 亚马逊平台收款工具及其费用

1. Payoneer

Payoneer 俗称 P 卡,是一家总部位于纽约的在线支付公司,也是最早被卖家熟知的跨境电商平台收款工具之一。目前 Payoneer 是亚马逊收款类官方唯一的合作伙伴,有美元、欧元和英镑三种币种的账户,所有币种均支持多平台店铺,个人和公司身份均可申请。另外,Payoneer 现在分有卡和无卡账户两种,有卡账户管理费每年 29.95 美元,无卡账户则不需要年费。Payoneer 转账无汇损,提现到国内需 1~2 个工作日,结汇无限制。Payoneer 适用于单笔资金额度小但是客户群分布广的跨境电商网站或卖家。

它的收费标准是:

1)入账:Payoneer 美元入账收 1% 手续费,累计入账 20 万美元则入账免费;欧元和英镑入账无需手续费,免费入账。

2)提现:人民币结汇和外币电汇收取 1%~2% 手续费,1~2 天到账。新用户提现手续费为 2%,随着累计入账的金额增加而减少,最低可降到 1%(累计入账 300 万美元)。

2. WorldFirst

WorldFirst(万里汇)2004 年成立于英国伦敦,在跨境支付领域拥有多年经验沉淀,一直致力于为全球中小企业提供更优质的支付服务。截至 2021 年 3 月 31 日,已为全球 650 000 客户处理逾 850 亿英镑的资金交易。WorldFirst 在英国、美国、澳洲、新加坡、中国香港均设有办公室,提供 24 小时中文电话服务。个人或公司身份均可申请 WorldFirst 账户,提现时万里汇会自行打到卖家绑定的法人私人账户或者对公银行卡里。

它的收费标准是：

1）无年费，没有提款额度限制。

美国账户：一次性转款 1 000 美元以下每笔 30 美元，1 000 美元以上免手续费。

英国账户：一次性转款 500 英镑以下每笔 10 英镑，500 英镑以上免手续费。

欧元账户：一次性转款 500 欧元以下每笔 10 欧元，500 欧元以上免手续费。

加元账户：一次性转款 1 000 加元以下每笔 30 加元，1 000 加元以上免手续费。

2）汇损：每次转款汇损为 1%～2.5%，转款金额越大越优惠。

3. 美国银行卡

申请美国银行卡需要先注册美国公司，国际转款手续费是 45 美元，无汇损。不过金额过大时，有可能会面临美国银行机构的监管。

4. Currencies Direct

Currencies Direct 又叫 CD 卡，是欧洲顶级金融管理集团 AZIBO 旗下的一家货币兑换公司，现有英镑、欧元和美金银行账户，个人和公司身份均可申请。如果账户长时间没有使用或者没有达到指定的交易金额，都需要额外费用。

它的收费标准是：CD 卡账户办理完成后无需缴纳月费和年费。欧洲收款优势较大，汇损为 1%～1.5%。提款无额度限制，卖家可以在后台绑定国内银行卡进行提款。

5. 香港账户转账结汇

如果用香港当地的银行收款就只能收港币，因此再转成人民币就有两次汇损。亚马逊后台货币转换时一般会扣除 3%～3.5% 的汇率损失，因此不建议使用。

（二）全球速卖通平台收款工具及其费用

在全球速卖通平台，卖家需要设置两个收款账户：人民币收款账户和美元收款账户。

1）买家通过信用卡支付时，根据国际支付渠道不同，款项会以美元或人民币的形式进入国际支付宝账户，然后分别用美元提现和人民币提现。

2）买家通过 T/T（Telegraphic Transfer，电汇）银行汇款支付时，款项将以美元的形式放款到客户的国际支付宝账户。也就是说，买家采用不同的支付方式，其货款将打入卖家不同的收款账户。

需要注意的是，全球速卖通绑定支付宝和银行卡就可以提现。提现人民币到支付宝是不收手续费用的，但美金要收取 15 美元手续费用。另外，银行卡需支持可以提现美金的账号才可绑定。

（三）eBay 平台收款工具及其费用

目前在 eBay 平台的收款方式主要是 PayPal。PayPal 是一个第三方支付服务商，是小额支付的首选，类似国内的支付宝，即时支付，即时到账，国外买家的使用率高达 80%，全球的覆盖面非常广，尤其在欧美。PayPal 是跨境的小额交易（几十到几百美元）中比较划算的交易工具；但是 PayPal 大额提现的手续费较高，包括手续费、处理费、提现费三部分，收费视具体情况而定。目前卖家常联合 Payoneer、连连支付等收款结汇工具一起来用，以节省手续费。

（四）Wish 平台收款工具及其费用

目前 Wish 平台的收款主要有三种方式：

1. Payoneer

2014 年，Wish 与 Payoneer 达成了合作。Wish 放款通过后，Payoneer 账户能在两小时内收到货款，且没有入账费。通过 Payoneer 提款到国内需要 1~2 个工作日，无结汇限制；提款费用为 1%~2%，并根据在 Payoneer 的累计入账额自动下调。

2. 易联支付

易联支付可以直接用人民币结款，款项直接到国内账户，5~10 个工作日能入账，时间长短取决于银行处理流程。从 2015 年 5 月起，易联支付的手续费下调到 1%。

3. Bill. com

Bill. com 成立于 2006 年，是一个面向中小企业的在线账单支付平台，当 Wish 平台收到款项时 Bill. com 将会发邮件提醒。不过 Bill 的电子转账服务对象仅限于美国境内的个人。一般 ACH（Automated clearing House，自动化票据清算）处理时间是 3~5 个工作日，每笔收取费用 0.49 美元；美国或国际纸质支票则需 5~21 个工作日不等，每笔收取费用 1.49 美元。

（五）敦煌网平台收款工具及其费用

敦煌网平台收款只需一张银行卡就可以了。卖家可根据自身经营的需要设置人民币银行账户和美元银行账户，或者只设置其中一个币种的账户，这并不影响进行提现。并且，中国大陆发行的储蓄卡（借记卡）一般都是默认多币种的，具体选择哪家银行，卖家可以自行查询手续费，或者向银行咨询。

但需要注意，平台要求卖家在设置人民币账户时，输入的银行账号必须与平台身份认证的姓名一致。部分姓名中包含繁体字的卖家，需要跟开户银行确认银行的户名具体是怎么保存的。因为大部分银行系统是不支持户名为繁体字的，所以如果平台的身份认证姓名为繁体字，而银行为简体字，卖家提现时出现"户名与账号不符"，导致提现失败。

（六）Lazada 平台收款工具及其费用

Payoneer 是目前 Lazada 为国内电商唯一指定的收款渠道，只需一个 Payoneer 账户即可绑定所有 Lazada 站点收款。Lazada 每周打款一次，打款两小时内即可到账，没有入账费。

在提现方面，人民币结汇和外币电汇收取 1%~2% 手续费，随着累计入账的金额增加而减少，最低可降到 1%（累计入账 300 万美元）。无论大小卖家都是 1~2 天提款即可到账银行。

【任务演练】

一、任务描述

浙江金远电子商务有限公司的跨境电商客服专员陈倩，除了处理售前相关工作，还需要处理好与货款相关的工作，如催款、放款等，确保货款及时到账。继续完成这些相关操作能提升公司的跨境电商运营效率和客户满意度。

二、任务分析

1. 催款

店铺中有较多的未付款订单，作为客服应该进行合理催款。

2. 全球速卖通常见支付方式调研

通过网络搜索，列出全球速卖通常见的买家支付方式，并用表单的方式罗列出相应的各国通用的支付方式和特点。

3. 对于未放款订单申请放款

通过待放款、已放款查询，陈倩发现有一票交易已完成订单，但系统显示物流未妥投且确认收货超时，需要向系统进行放款申请，请试着操作一下。

三、任务评价

学生能够处理好与货款有关的工作，如催款、放款。

【思政园地】

"十四五"规划《纲要》：人民币跨境支付系统

人民币跨境支付系统（CIPS）是指为境内外银行业金融机构、金融基础设施等提供跨境和离岸人民币资金清算结算服务的金融基础设施。为进一步提升企业在跨境人民币服务上的获得感，让更多企业更愿意在跨境汇款中使用人民币，2023年7月，人民币跨境支付系统推出新功能——"全额汇划"。

全额汇划服务是指跨境汇款业务中，汇款路径上各银行根据约定的业务规则要求进行汇款业务办理，实现费用锁定、全额汇达。全额汇划服务基于更先进的ISO 20022等国际通行标准，提供了更优质的跨境汇款服务体验，带来了更高效的直通处理能力，为用户提供了快速、简单、可预测、价格更具竞争力的跨境支付服务。如果根据付款客户的需求，该笔汇款为全额汇划类型，各银行按全额汇划要求办理汇款业务，汇款完成后，银行通过同业账户收取相关手续费或者发起索款。

CIPS进一步加快了人民币国际化的进程，人民币的加速国际化是中国经济崛起和全球经济格局变化的重要体现。从中国用人民币购买伊朗石油首单交割开始，到2022年12月人民币在伊朗外储中的份额超过22%，以及一系列重要事件的发生，都表明人民币在国际舞台上的地位不断提升。

　　2022 年 3 月，人民币在中国跨境交易中的使用率首次超过美元和欧元，表明人民币成为国际交易中的重要结算货币之一。随后，中国与巴西在 2023 年 3 月 29 日开始直接以本币进行贸易结算，进一步推动了人民币的国际化进程。这种本币直接结算的模式有助于降低交易成本和外汇风险，提高人民币在国际支付中的地位。随着人民币在国际舞台上的影响力不断增强，中国将在全球金融体系中扮演更为重要的角色。

【同步测试】

同步测试

项目九
客户服务与管理

课件

学习目标

【知识目标】

了解客户服务的重要性、要求、知识和素质；熟悉客户维护、开发的方法和路径。

【技能目标】

能及时处理退换货及跨境争议；能做好对海外客户的服务工作；能维护老客户和开发新客户。

【素养目标】

培养学生爱岗敬业的职业操守和诚实守信的品质；引导学生以开放、包容的胸襟理性对待多元文化。

任务一　客户信息采集与分析

当我们的社会进入一个生产能力相对过剩、商品供应极大丰富的时代时，卖方市场变为买方市场，弄懂消费者的所思所想成了竞争的核心战场。客户行为数据，既是消费者心思的代言人，又是连接消费行为的关键。

跨境电商应该结合企业产品或服务的实际特点，选择合理有效的方法，创新性地开展客户信息采集。开展跨境电子商务工作可以针对网络客户展开网络调查。

【知识准备】

一、客户行为数据概述

客户行为数据是指客户在商业互动过程中产生的动作数据，也就是客户做了什么事情。比如客户在跨境电商平台浏览商品，查看商品评论，加入购物车；客户参加店铺活动、关注店铺动态、参与抽奖、评论转发等，都是客户行为数据。客户行为数据有很多，包括：客户的基本信息，如客户性别、客户年龄、客户职业、联系方式、爱好等；客户常访问的页面，客户的访问足迹；客户经常使用的功能或者工具；客户搜索的关键词汇；客户长期集中在哪些时间使用；客户从什么渠道进入的网页或下载的产品；客户购买了什么产品；客户的消费情况；客户长期浏览的内容哪种较多；客户的使用时长。

二、客户行为数据分析

根据客户行为数据，可以利用"4W+1H"要素来对客户行为进行分析。客户行为数据分析能够更好地了解客户的行为习惯，发现产品在推广、拉新、客户留存、转化等方面存在的问题，有助于发掘高质量的推广拉新渠道、发现高转化率的方法，使产品的营销更加精准、有效。"4W"要素是指谁（Who）、何时（When）、在哪里（Where）、做什么（What），"1H"要素是指怎么做（How）。也就是说，"4W+1H"要素就是指"谁""何时""在哪里""做什么""怎么做"。对这些基础要素进行拆解分析，再增加实际的采集数据后，客户行为数据就能覆盖非常多的信息。

1. 谁

"谁"这个概念在客户行为数据中包括客户的性别、年龄、职业、位置（位置指城市、居住区域等）、兴趣爱好（包括购买、订阅、阅读等）、设备属性（是安卓还是 iOS）、行为数据（包括浏览时长、路径、点赞、收藏、评论、活跃度）、社交方式，等等。在全球速卖通后台，可以通过"生意参谋—成交分析—单国家分析—买家属性"板块来查看，也可以通过问卷调查的方式来了解客户的这些基本情况，也可以查阅客户账号，进行人工数据收集。不同的行业和产品对客户的特征关注点不一样，但是通过这些数据的分析，跨境电商店铺可以准确地把控客户类型，将相同类型的客户分在一起，然后有针对性地运营。对客户的信息越了解，客户需求就可以把握得越精准。

2. 何时

时间维度指的是客户行为发生的时间。例如，我们通过数据收集分析发现，客户的购买行为星期分布主要集中在星期三和星期四，但是客单价非常低，说明周三和周四的产品低价吸引了客户下单购买，那么我们可以考虑，此时活动是否有必要，为营销活动的实施与否提供参考。

除了客户的购买时间星期分布，我们还可以进行客户购买时间点的分析。可以得出：10点是这个店铺的主要下单时间点，且客单价还可以；而其他的一些高峰时间点，相对客单价较低。那么在进行新品发布或者举行促销活动时，可以选择在客户的高峰时间点举行。

3. 在哪里

地点维度包含了线下和线上的不同类型的位置信息。线下信息包括 IP 地址解析、GPS 获取等。线上信息包括客户从哪里来、在哪里两部分。作为跨境电商卖家，我们主要关注线上信息模块。"从哪里来"指客户来源的数据信息，可以细分为线上渠道的广告投放渠道、自然流量渠道、搜索渠道等。在全球速卖通后台可以查看客户流量来源。通过这一数据分析，能够了解各来源流量的具体访客数及下单转化率，从而清楚地了解，是否有来源流量减少，什么来源流量占比最高，方便我们制订店铺的营销推广计划。

"在哪里"指的是客户所处页面、栏目、坑位、模块等数字化载体页面信息。可以通过客户的跳出率、客户回访率、页面浏览次数、浏览人数、点击次数、点击人数、人均浏览时长等来判断客户的浏览喜好，也可以通过客户的浏览行为对客户进行分群，以便之后进行针对性的分析与优化。

4. 做什么

"做什么"主要指客户在事件中所做行为的具体内容,如对于购买行为事件,可能包含购买产品名称、类型、数量、金额、付款方式等。在店铺订单中可直接得到这些数据。在全球速卖通后台可以通过"生意参谋—品类—商品排行—单品分析"查询到这些数据,但查询到的数据需要进行整理分析,得出哪些商品是畅销款,客户更倾向于购买什么价格段位的产品等,通过这些客户行为数据的分析,可以对店铺产品布局与打造进行优化。

5. 怎么做

客户行为在"怎么做"上可以分为三种:产品互动行为、内容互动行为和功能互动行为。产品互动行为一般包括浏览、加购、预约、留资、下单、支付、未收到货纠纷、退换货等行为;内容互动行为一般包括浏览、滑动、点击、点赞、评论、分享、私信、加好友等行为;功能互动行为更复杂,根据不同的功能特点可能产生的行为不尽相同,这里不做列举。

通过对客户"怎么做"的数据分析,可以了解客户对店铺产品、店铺内容等的看法和评价。例如对于产品的退换货行为,如果某一产品的退货率较高,就需要考虑该产品是否存在质量问题,要做好产品的品质把控;如果店铺的未收到货纠纷提起率过高,则需要判断是否物流服务存在问题,并尽快改善相关情况。

基于"W4+1H"要素构成的客户行为数据,可以按照不同的维度进行无限细拆,确认导致该行为的原因,并针对存在的现象,找出产生这一现象的行为。例如在登录页面下,单击"登录"按钮和"跳过登录"按钮的新客户有什么行为差别。通过对客户行为事件的定义,然后进行多维度(如位置、事件、App 版本等)拆分,找到原因。由此,客户行为分析得出的结果也会变得越来越全面,可以为跨境电商运营和客户服务与管理提供更多参考意义。

【任务演练】

一、任务描述

某集团刚开发了一款 App,此款 App 主要提供童装、童鞋、玩具、婴用品等商品的特卖服务,是一款综合性的母婴类购物 App。但是此款 App 刚研制出来,需要进行推广。首先需要进行客户开发,而进行客户开发的第一步是制定客户开发策略。请制定合适的客户开发策略。

二、任务分析

制定客户开发策略,可以分为四个步骤:建立客户画像,选择客户开发渠道,制作优质内容,分发引流客户。

1)建立客户画像是营销人员的必备技能之一,可以通过构建客户画像了解并挖掘客户需求。在初创期,产品团队可以通过关注典型客户来积累定性数据,从而以比较低的成本完成客户画像。客户画像体系的搭建其实就是为客户打标签,客户标签可以分为购买渠道、消费频率、年龄性别、家庭状况等。好的特征标签选择可以使客户画像变得更丰富,也能提升机器学习算法的效果。

2)选择客户开发渠道,首先要了解客户渠道类型(付费流量渠道、自有流量渠道和推荐流量渠道）。尽可能找到所有的新渠道，然后对这些渠道分别进行评估和筛选，只有把渠道列得够全面，才能避免错失最佳渠道；再对渠道进行分析，选择其中相对有效的渠道并进一步筛选出核心渠道。

3）制作优质内容，要进行内容定位和内容策划。内容定位主要取决于客户群体和内容选题的定位。内容定位能帮助企业吸引精准流量，有助于完成流量的流转。内容策划包括选择内容形式，确定内容框架，制作优质内容。

（4）分发引流客户的策略分为统一分发和垂直运营。统一分发是将统一的内容分发到多个平台上，有助于创作者专注于原平台内容的输出，不需要过多考虑其他平台的内容特点与阅读效果。垂直运营的重点在于选择 1~2 个平台进行"深耕"，并依据平台特点进行输出，直至摸索出可复制的经验，再实现规模化运作。

三、任务评价

客户行为数据获取质量高，客户标签选取精确，客户渠道选择数据准确，客户分发引流平台选取正确，引流效果好，垂直运营的维度选取正确。

任务二　客户问题处理

在跨境电商行业店铺运营过程中，卖家会遇到各式各样的问题，其中最让卖家头疼的就是客户纠纷问题。一旦纠纷过多，就会影响产品的曝光，使客源流失，影响正常经营，卖家的利益也将受到影响。而且纠纷直接影响店铺的服务指标，如果服务分低，会导致产品排名靠后，曝光度下降，订单减少，造成恶性循环。为了店铺的健康发展，跨境电商卖家需要采取有效措施，来解决处理纠纷。

【知识准备】

一、售前咨询交流

售前咨询交流是指客服人员在订单成交前，为客户购物提供相关指导，包括购物流程、商品介绍、支付方式及物流方式等。售前客服在客户下单前，进行详细的商品介绍，不仅可以减少客户的购买顾虑，还可以进行同类或者关联商品的推介工作，扩大订单量，从而提升销售额；在客户决定购买时，售前客服还要指导客户了解购物流程，帮助客户最终完成支付。因此，售前客服直接关系到客户的购物体验和店铺成交的转化率。

（一）商品基本问题交流

一般来说，境外客户在下单前对商品的信息咨询主要集中在颜色、尺码、材质、运费、库存、价格等方面，客服人员要熟悉客户对商品进行咨询的常见问题，以及解答相关问题，提高客户的满意度。

1. 相关颜色的商品有库存

跨境客服人员经常会遇到有关商品颜色的问题，如 "Hi, I want the light blue colour. Do you have any in stock?" 对于客户提出的有关商品颜色的问题, 客服人员应实事求是, 直接回复有库存或没有。下面的范文表示有库存:

（1）范文一

Dear customer, Thank you for your inquiry. Yes, we have light blue colour in stock. How many would you like? The colour is very popular and there is not much left. Please place the order ASAP if you like it. Thank you!

（2）范文二

Good day! Thank you for your attention. As the inventory data show, we have about 30 pieces left. If you like it, please act fast. Thank you!

上述两篇范文除了回复客户有库存, 还给客户介绍了该颜色是很受欢迎的, 且库存不多了, 给客户营造一种焦虑和有风险的气氛, 让客户觉得商品很快就会卖完, 希望客户尽快下订单。

2. 相关颜色的商品没有库存或缺货

对于没有存货的商品, 客服人员除应告知客户实际情况外, 还应尽可能地给客户推荐其他相关商品, 以提高店铺总体销量, 可以参考下面的范文:

（1）范文一

Dear ×××,

We are sorry to inform you that the light blue colour dress is out of stock at the moment. We will let you know once we fill up our inventory. Also, we'd like to recommend other popular colours, which are also very hot-selling in this summer. Hope you will like it. You can click on the following link to check them out. Thank you! Best regards.

Rosa

（2）范文二

Hi, there! Sorry we don't have that colour in stock now. Do you mind if I recommend you to some other similar dresses which are also very popular? I bet it must look great on you!

（3）范文三

Good morning/afternoon/evening! Sorry that the item has been sold out. Could you like to try on the other shirt? These are our hot-selling items.

范文一的语言较为正式, 而范文二和三相对口语化。另外, 范文二和三适用于服饰类商品, 如果售卖其他商品, 需要把后面赞美客户的语句做适当修改。

3. 商品尺码/规格问题交流

一般来说, 客户咨询商品尺码主要分为了解库存情况、改变尺码或规格, 或给出建议尺寸（如服饰类）等几种情形。客服人员回复时, 除要掌握好对商品的熟悉专业度外, 还应同时给出中肯的意见, 按实际情况告知客户商品的尺码信息。下列范文可供参考:

（1）范文一: 回复商品规格情况

Dear customer,

Thanks for your inquiry. The phone case you mentioned is compatible with iPhone 6, iPhone 6

Plus，iPhone 7，iPhone 8. You can check its specifications as the screenshot shown.

Please feel free to contact us if you have any question. Thank you.

（2）范文——给客户建议尺寸

Dear ×××，

So pleased to hear from you. According to what you described，we recommend you should take size××. Looking forward to your further contact. Thank you.

（二）商品价格问题交流

在与客户展开价格问题交流时，卖家需要有耐心和专业性。通过提供详细解释、突出商品优势、提供折扣或优惠以及建立信任，卖家可以更好地与客户沟通并解决问题，从而提高客户满意度和销售额。

收到客户的评价后，如果发送一份感谢信，就能大大加深客户对店铺的印象。例如：

Dear friend，thanks for your positive appraisal. We will strive for providing better services and products for you in the future. Welcome your next coming.

在跨境电商交易过程中，客服人员会经常遇到客户议价的情形。当客户表现出购买意向并询问价格和折扣问题的时候，客服人员要回应客户的议价要求。通常来说，卖家对于多件同类商品的销售会给出一定的折扣，所以，如果有客户提出还价要求，客服人员应及时给予相应回复。

1. 商品价格没有优惠

当客户咨询的商品没有价格优惠时，客服人员应用柔和的语气，礼貌地婉拒客户提出的降价要求，并给出合理的理由。一般来说，拒绝降价的理由有以下几种：

一是公司成本高，原材料和人力成本都在上涨，此价格已经是最低价了。

二是利润空间低。由于行业竞争激烈，此价格水平几乎没有利润可赚了。

三是公司目前暂时没有优惠活动，此系列商品的价格已经是最低的了。

四是商品质量好，高价格意味着高质量。

在解释完不能降价的理由后，客服人员除了强调公司商品的质量，还可以顺带给客户推荐其他价格稍低的商品，让客户了解更多的相关商品。以下范文可供参考：

（1）范文一

Dear ×××，

Thank you for your interest in our item.

We are sorry that we could not offer the lower price，because our offer price has been carefully calculated and our profit margin is really very limited.

I promise you that the quality of products is absolutely good，if not，we can accept the return for full refund，but I think you will definitely love it.

Please don't worry. We will not disappoint you. You will get the best quality product at the best price. Also our professional team will give the best services that you never have before. Our company has been manufacturing high quality products for over 10 years，and has more than 6 years experience of exporting to overseas countries.

Thanks.

（2）范文二

Dear ×××,

Glad to receive your message, I'm so sorry that we are not able to offer you the mentioned price. Actually, our price has been unchanged for a long period, even though the labour and raw material costs are increasing.

If you don't mind, may I recommend you to the ×××（the name of products or item number）. These are also hot-selling products but with lower prices. Hope you will find them interesting.

Please let me know if you have any thoughts. Thank you.

2. 商品有优惠

在销售过程中，面对客户提出给予折扣优惠的要求时，若公司价格政策允许，客服人员可以采取以下不同的策略来给予客户优惠：

一是以退为进。客服人员首先告诉客户商品的价格已经很优惠，接着提出给予优惠的条件，如"买3件总价减10%""买满××送××"等，尽量提高客户的客单价。

二是开门见山。客服人员直接答应客户降价的要求，告知客户公司的具体优惠细节，最后提出希望客户能在平台分享商品的好评。

（1）范文一：

Dear ×××,

Thank you for your attention in the item.

We are sorry for that we can't offer you the lower price you bargained. In fact, the price listed is very reasonable and has been narrowly calculated.

However, we'd like to give you 5% discount if you purchase more than 5 pieces in one order. Please let me know if you have any further questions.

Thanks!

Yours Sincerely

（2）范文二：

Dear ×××,

Thank you for your attention in our item. As a matter of fact, it is the best price and our profit margin is really very low.

However, we can give you a ××% discount if you purchase more than ×× pieces in one order.

Looking forward to your reply. Thank you.

3. 与客户讨价还价

跨境电商平台上有部分客户是采购商，他们希望通过交易平台，如全球速卖通，寻找一些价廉物美的畅销品，转销到自己国家和地区。对于这类客户，客服人员要认真仔细分析他们的需求。在报价时，综合考虑商品成本、市场需要状况、品质、竞争等信息，对客户进行合理的报价。另外，在考虑按报价所获利益的同时，还要考虑该报价能否被对方接受，即报价能否成功。

一般来说，因为批量采购的金额相对较大，客服人员需要与客户进行多次沟通。在这个过程中，会涉及与客户讨价还价。

讨价是指在一方报价后，另一方认为其报价离己方的期望目标太远，而要求报价一方重新报价或改善报价的行为。讨价一般分为全面讨价和针对性讨价。

还价是指一方根据对方的报价和自己的谈判目标，提出自己的价格条件，也就是说，一方首次报价后，另一方所做出的反应性报价。客服人员在给客户还价时，要注意弄清对方为何如此报价，即弄清对方的真正期望，要了解怎样才能使对方得到满足，同时也要确保公司的利益。在这个阶段，需要做到以下几点：①检查对方报价的全部内容，询问如此报价的原因和根据，以及在各项主要交易条件上有多大的灵活性；②注意倾听对方的解释和答复，不要主观臆测对方的动机和意图，不要代别人讲话；③记下对方的答复，但不要加以评论，避免过早过深地陷入某一个具体的问题中去，其目的是把谈判面铺得广一些。

还价的方式有两种。一种是按可比价还价，即以相近的同类商品或竞争者商品的价格做参照。例如，客服人员可以先跟客户说市场上价格较高的同类商品，接着说明自己公司商品的价格是很有竞争力的，然后给出适当的优惠。另一种是以成本还价，以成本为基础加上一定比例的利润作为依据进行还价。需要指出的是，客服人员与批量采购客户进行还价时，要让客户感受到减价是艰难的、有条件的，具体可以参考以下还价原则：①不要做无谓的减价；②减价要让在"刀刃"上，让得恰到好处，使我方较小的减价能给对方带来较大的满足，以求得较大的回报；③在我方认为重要的问题上要力求使对方减价；④不要承诺给予同等幅度的减价；⑤即使我方已决定做出减价，也要使对方觉得从我方做到减价不是一件轻而易举的事，他就会珍惜所得到的减价；⑥一次减价的幅度不宜过大，节奏也不宜过快；⑦双方减价要同步进行；⑧尽量做一些毫无损失，甚至是有益的减价。

（1）范文一

Dear ×××,

Thanks for your inquiry.

In order to give you a better quotation, can you tell me how many pieces you can buy in an order?

I am sure I can give you the best price with the exact amount of the order.

Looking forward to your reply. Thank you.

（2）范文二

Dear ×××,

Thanks for your inquiry.

As you are a new client for us / you are the most welcomed friend, we have decided to accept your suggested price / give 10% discount for the said product（s）. Trust you would find the price has reached bottom regarding its excellent quality.

Wishing you a happy shopping with us.

（3）小贴士

针对客户议价的回复，一般包括以下内容：

一是感谢对方有意向购买商品；二是如果可以接受，要给出理由；三是如果不能接受，要表示歉意并给出理由；四是面对潜在客户，要认真、细致地分析，促成交易达成，可以提供促成交易达成的一些附加条件。

（三）物流相关问题交流

物流咨询是客户在下单前较为常见的问题。有关物流咨询常见的问题主要有运费咨询、物流时间以及关税等。

1. 运费问题

（1）客户要求免运费

很多跨境物流公司对商品的运费收费标准是以克为单位的，对于一些需要客户承担运费的商品，它的总成交价就会显得比较高，因此，会有很多客户要求包邮。如果公司政策不允许免邮，客服人员可以参考下面范文回复客户：

Dear ×××,

Sorry, free shipping is not available for the order. We can only offer free shipping service on orders of $50+.

Best regards.

（2）客户咨询运费详情

跨境电商平台上提供多种物流运输方式，各家物流公司收费标准不一样，对于客户来说，评估商品的运输费用是一件比较复杂的事情。客服人员应根据物流方式和客户所在国家或地区介绍物流时效，耐心地给客户解释运费标准，计算出准确的物流费用及大概运输时间，并给出运输建议。下列范文可供参考：

Dear ×××,

Thanks for your inquiry.

The cheapest express way for 10 pcs（pieces）of the mentioned cases shipping to Brazil need about extra $20（0.65kg）by UPS Expedited, which only takes 4—8 days to arrive to you.

Kindly advise whether it is acceptable for you. We welcome you to contact us via Skype ××× or ××× for further discussion.

2. 物流时间问题

客服人员回答客户有关跨境物流投递时效时，可先查询物流公司提供的时效，如遇到一些特殊情况，如节假日、恶劣天气等，要及时提醒客户投递时间会相应延长。下列范文可供参考。

Dear customer,

Thank you for your order.

We will send them by EUB with a tracking number. Normally it will take about 7—15 business days arrive in your country. Is that OK for you? Looking forward to hearing you soon.

Have a nice day.

3. 关税问题

对于卖家来说，保证商品顺利通过海关，并安全及时地送达客户手中为首要任务。但由于每个国家和地区都有自己的一套海关法规，有些国家和地区海关在商品清关时，根据当地海关政策收取商品关税等费用。客服人员应根据自己所掌握的信息，告知客户；若不了解客户当地的关税政策，也可以在邮件中建议客户咨询当地海关。下列范文可供参考：

Dear friend,

Thank you for your inquiry and I am happy to help you.

I understand that you are concerned about any possible extra cost for this item. Based on past experience, import taxes fall into two situations.

First, in most countries, it does not involve any extra expense on the buyer side for similar small or low-cost items.

Second, in some individual cases, buyers might need to pay some import taxes or customs charges even when their purchases is small. As to specific rates, please consult your local customs office.

I appreciate for your understanding!

Best wishes.

相关链接

敏感货物清关

二、售后问题处理

（一）售后物流相关问题处理

因各个国家或地区的地域、政治及其他环境的不同，国际物流运输的复杂性显而易见。不同的物流公司，会在时间、价格等方面有很大的差异。因此，在回答客户关于物流跟踪的问题时，跨境电商客服人员本身要对目的地以及所选物流公司的特点了然于胸。

1. 追踪物流信息

对于提供追踪信息服务的物流公司，当商品已被物流公司揽件后，可以在相关物流网站上查询到包裹的状态。一般来说，常见物流状态有以下几种：

一是包裹查无信息"Not Found"（当包裹信息还未上传到网上，官网未更新时）；

二是包裹正在运输中"Transit"（当包裹还在运输中时）；

三是包裹到达待取"Pick Up"（当包裹显示已经到达目的地国家或地区时）；

四是包裹投递成功"Delivered"（当包裹显示投妥，而收件人声称未收到时）；

五是包裹运输过久"Expired"（大部分为时间延误/目的地国家或地区不能查到投妥/官网不更新状态等问题）；

六是包裹可能异常"Alert"（大部分为退件/海关单号/损坏/丢失等问题）。

我们可以通过查询运单号，根据以上六种包裹状态，给客户发送相关的邮件。另外，我们还要注意对一些英语表达方式的理解，如在物流追踪信息里写着"2023-03-14 16：17：00 CST United States arrived at destination sort facility"，类似这样的语句，客服人员要注意，这句话的意思是指包裹已经到达目的地美国的包裹分拣中心；换句话说，商品还没有妥投，正在运输中。

下面是关于物流信息回复的参考范文：

（1）已经离开中国，在运往目的地途中

Dear customer,

We just checked the tracking information from http: www.××××××××××.com. It shows the parcel has left China for a few days and ready to arrive at your country. The delivery usually takes 10 business days.

If you have any question, please contact me. Thank you.

Helena

（2）已经到达目的地的邮局

Dear customer,

According to the tracking information, the parcel status has arrived at your destination's post office. It will be delivered shortly. Please keep an eye for the package.

If you receive the parcel, please confirm it and give us a five-star comment. Thanks.

Have a good weekend.

Julia

（3）已经到达目的地

Dear ×××, Your product has been arrived at destination country. It will soon be sent to you. Please be patient.

（4）已经到达海关

Dear customer, I am sending this message to update the status of your order. The tracking information shows it was handled to customs on Feb. 25th . Tracking number：××××××××××. You can check it from web: http: www.××××××××××.com.

You may get your package in the near future.

Thanks!

Best regards.

Bob

（5）商品正常在途

Dear valued customer,

Regarding your order number：×××, we have sent out your item（s）via（DHL, EMS, E-packet）, and the tracking number is ×××. Please check the tracking information here: http: www.×××××××××.com. Your package is on route and will take between 5—25 days to be delivered.

Best regards!

Seller ID

2. 未收到商品

客户反映没有收到商品，一般分为以下几种情况：包裹派送出错、包裹丢失、包裹被海关扣押等。客服人员对于此类反馈，一定要先稳定客户的情绪，告诉客户有问题可以联系自己，建议他们不要因此而引发纠纷，因为这样会影响店铺的总评分。然后，客服人员根据具体情况给出解决问题的方案。

如果客户没收到商品，但包裹状态显示已妥投，客服人员可以建议客户凭快递单号到当地邮局或物流公司了解具体情况。若是海关扣关，客服人员应先了解海关扣押的原因，如果不是卖家漏发一些清关文件，而是需要客户缴纳一定税款，客服人员应在邮件里陈述清楚。具体可以参考下面范文：

（1）客户没收到包裹，但物流信息显示已经送达

Dear ×××,

Your goods have arrived in your country and was signed. If you haven't received it, please contact the local post office with the tracking number. Thank you for your understanding.

（2）包裹离开中国，客户说没收到货

Dear friend,

We sincerely regret that you haven't received your shipment. As per the tracking information, your item is on the way to your country, which was left China on ×××× 2023.

Tracking No：×××

Status：×××

Shipped Date：×××

Could you please kindly wait some more days? Standard shipping time is approximately 7—15 business days. We will help you trace your shipment at our end and keep you informed the updates.

Your satisfaction is our utmost priority. Please contact us if you have any concerns.

We apologize for the inconvenience. Your understanding is greatly appreciated.

Best regards！

（3）包裹到达分拣中心，客户说没收到货

Dear friend,

We are sorry to learn that your parcel is not yet arrived. Based on the tracking information, your item is already at the USPS Facility. Here is screenshot of the tracking information from the logistics company for your reference.

2023-07-22 21：17 CHICAGO, IL 60701, Arrived at USPS Sort Facility

2023-07-21 19：02 ISC CHICAGO IL（USPS）, Processed Through Sort Facility

2023-07-20 15：42 Origin Post is Preparing Shipment

Could you please kindly wait for a couple of days? If it still does not reach you, we will send you a new one or issue the full refund for you.

Your satisfaction is our utmost priority. Please contact us if you have any concerns.

We apologize for the inconvenience. Your understanding is greatly appreciated.

Best regards！

（4）海关扣关

Dear valued customer,

Your order number：×××, has arrived and is being held by customs, which needs your clearance. Therefore, would you please do it? Please note that there might be VAT（value added tax）that you might have to pay.

If you have any questions, please feel free to contact us directly and we will be glad to assist you.

Thank you.

（5）丢件

Dear valued customer，

Your item（s）has/have been shipped on January 10，2019. However，the shipping carrier has lost the package. At this point we would like to offer you two options. We can either resend you the i-tem or provide you with a full refund. Please let us know which you prefer.

We are sorry for any inconvenience this may have caused.

Thank you.

（6）商品妥投，但是妥投的具体地址和签收人不一致，请客户再次核实

Dear valued customer，

Your package was delivered to the address that you have provided. Here is the shipping receipt（Please see the attachment）. Please check your local post office，or contact any family member or neighbor who might have signed for your package.

If you have not yet received your package，please feel free to contact us directly. Thank you.

（二）退换货相关问题处理

1. 退换货产生的原因

由于跨境电商客户非常怕麻烦，所以当客户提出退换货申请时，很大程度上是因为卖家的商品真的不能满足客户的预期。客户可能会因为以下几点由卖家引起的问题而导致退换货：

（1）商品本身质量有问题

如果客户收到的商品有质量问题，那么要求退换货是毋庸置疑的。为了避免此类问题的出现，卖家应积极主动地做好商品质检，严格控制商品质量，以免因小失大。

（2）商品与描述不符

跨境电商客户对于此类事件，会毫不留情地投诉该商品实物与描述不相符，然后要求退换货或者给予差评。因此，这里要提醒卖家不应为了提高商品的转化率，在商品描述中盲目夸大自己的商品，客户会因此产生心理落差，从而要求退换货。

（3）迟发货

迟发货的情况多见于自发货的卖家。因为亚马逊 FBA 的便捷性和易用性已经得到消费者的充分认可，如果卖家是通过 FBA 发货，而客户给了物流服务差评，这时卖家可以找亚马逊客服移除该评论，此举对商品排名不会造成影响。但是对于一部分坚持自发货的卖家来说，客户有可能因为漫长的配送周期而中途取消订单，这时卖家如果选择退回，来回的运费昂贵且由卖家承担；如果拒绝退货，客户留下差评也将给卖家造成严重损失。

2. 避免产生退换货的方法

除了积极有效地解决退换货，我们应该更为积极主动一些，尽量避免退换货的产生，所以，预防退换货的发生就变得尤为重要。

（1）商品保证

产生商品退换的原因主要是由卖家商品描述不真实、商品质量把控不严和出售假货所引

起的。因此，为了有效防止退换货投诉，卖家可以从商品描述、商品质量和杜绝假货这三方面着手。

1）商品描述真实全面。客户对商品要求的主要依据是商品的描述，商品描述越详细全面，客户的预期也会越接近实物，因此真实、全面、详细的描述是避免退换货的关键。在编辑商品信息时，卖家务必基于事实，全面而细致地描述商品。

2）严格把关商品质量。在发货前，卖家需要对商品进行充分的检测，保证商品质量，例如检查商品的外观是否完好、商品的功能是否正常，商品是否存在短装、商品邮寄时的包装是否抗压抗摔、商品是否适合长途运输等。在发货前一定要尽可能避免残次商品的寄出，因为优质商品质量是维系客户的前提。若发现商品有质量问题，卖家应及时联系厂家或上游供应商进行更换，避免因产生纠纷而造成退换货，而且外贸交易中退还商品的运输成本是极高的。

3）杜绝假货。许多跨境电商平台都强调保护第三方知识产权，保证市场经营环境的公平有序。卖家如果销售侵权或假冒商品而违反有关法律法规，或违反电商平台的经营政策，必须承担全部责任。因此，卖家应杜绝出售假货，把假冒伪劣商品的投诉和纠纷降为零。

（2）物流把控

1）尽量选择有物流跟踪信息的运输方式。在跨境贸易中，选择正确的物流方式是很重要的。国际物流中往往有很多不确定因素，如海关问题、关税问题、派送转运等。在整个运输过程中，这些复杂的情况很难被控制，难免会产生包裹清关延误、派送超时甚至包裹丢失等状况。客户如果长时间无法收到商品或者长时间查询不到物流更新信息，将会直接导致其提起纠纷或退换货。

同时，没有跟踪信息的快递方式对于卖家的利益也是没有保障的，当客户提起"未收到货"的纠纷时，商品信息无法跟踪对卖家的举证是非常不利的。因此，建议卖家在选择快递方式时，可以结合不同地区、不同物流公司的清关能力以及包裹的运输期限，选择 EMS、DHL、FedEx、UPS、TNT、SF 等物流信息更新较准确、运输时效更佳的物流公司，这些运输方式相较于中邮小包和中邮大包，风险值会低很多。

对于需寻找货代公司帮助发货的卖家，应优先选择正规、能同时提供发货与退货保障的货代公司，这能在最大限度上保证卖家的利益不受损害。

总体来说，选择运输方式时务必权衡交易中的风险与成本，尽可能选择可提供实时查询商品追踪信息的物流公司。

2）主动告知客户物流状况。客户下单后，客服人员应及时告知其预计发货及收货时间，并及时发货，主动缩短客户购物等待的时间。及时良好的沟通能够提升客户的交易感受，减少退换货产生的可能性。

3）选择牢固的运输包装。国际物流的包装不一定要求美观，但必须保证牢固，包装一直是客户投诉的重要原因。对于数量较多、数额较大的易碎品，客服人员可以将包装发货过程拍照或录像，留作纠纷处理时的证据。此外，客服人员应注意商品的规格、数量及配件要与订单上的一致，以防漏发引起纠纷；客服人员也可在包裹中提供商品的清单，以提高其专业度。

最后，客服人员要牢记，做好商品质量、货运质量是获得客户好感与信任的前提条件。如果没有在这些方面打牢基础，再优质的服务也无法将普通客户转化为忠诚的老客户。

3. 退换货问题回复范文

Dear Nancy,

We apologize for the inconvenience. But we sincerely hope to bring this matter to a successful solution.

As such, we would like to offer you the following options：①Keep the items you ordered and accept a partial refund of US ＄××；②Return the goods to us and you will receive a full refund；③Return the goods and we will give you a replacement when we receive it, and we will take responsibility of the freight shipping back and forth.

Please let us know your decision soon and whatever you decide, we hope to do business with you for a long time.

Best regards.

 相关链接

亚马逊评论到底有多重要

（三）清关相关问题处理

1. 常见的导致清关延误的问题

清关延误，是大多数跨境电商卖家都遇到过的事情。做跨境电商最重要的一环，就是商品要通过海关的检验，而确保商品按时到达是卖家最头疼的事。清关延误会导致商品不能按时送到买家手中，直接影响卖家利益。常见的导致清关延误的问题有以下几种：

（1）商品的原因

跨境电商卖家，一定要清楚哪些商品是国际禁止的，哪些商品在途经的国家被禁止进入，如对此不加以重视，极易造成清关延误。

1）禁止入境的商品。事实上，每一个国家都有毒品、弹药、武器等违禁物品；有些国家对进口的商品有不同的要求，如美国禁止中草药，英国禁止乳制品、肉制品，新加坡禁止电子烟等。假如卖家没有做好检验工作，而是抱着侥幸的心态，不仅会增加商品的运输风险，而且可能要承担巨额费用：由于禁止商品抵达目的地国，或因禁止进入目的国而被海关扣留或直接退回。

2）名牌，侵权商品。国际上对于知识产权的保护是非常严格的，当商品运往某个国家时，都要出示商标授权书，如果不能出示，会遭到清关延误、海关扣货或责令退回。

3）敏感物品。如果商品为粉状、液体、磁带、带电尖锐物等敏感商品，需经过海关严格检查，因此其报关时间较一般商品长。建议卖家在发送这些商品的时候，要确保询问收货人是否能够清关。

（2）代理或卖家的原因

代理或卖家在填写报关单据时，所提供的资料、单证填写不完整，如商品名称与申报品名不一致等；或者为降低收货人所交税金，将商品申报价值报得较低，导致申报价值与实际货值严重不符，这极易引起海关注意。

（3）海关的原因

1）海关的例行检查。对抽样的商品进行抽样检验，一般要等 1~3 个工作日，如海关认为商品没问题，将予以放行。

2）税收。如果海关认为报关价不符合实际货值，收货人须到海关办理通关手续；如果商品申报价值与实际值相符，而海关认为不一样，则须以商品的价值证明来检验；如果商品申报价值与实际价值不符，报关员检查低报或高报时，要由报关员去缴纳相应的税款。

（4）其他原因

清关延误不仅会受到外部环境的影响，例如自然灾害、海关、港口工人、后勤人员罢工等；还会受到一些国家通关政策的影响，例如，一些国家的通关程序烦琐，通关效率低。

2. 清关注意事项

对于跨境电商物流来说，清关是个大问题。比如第三方海外仓，虽然可以提供收件人和代交关税等服务，但在现阶段，大部分跨境电商卖家主要还是靠物流公司清关。跨境电商物流通过海关，经常会出现一些意外情况，轻则需要补充资料，重则出现扣货，甚至没收货物，除了给物流和时效性带来很多不确定因素、延长配送时间，更给卖家带来巨大的损失。

出现以上现象，除了没有重视进口国的监管制度和目的国的贸易壁垒等原因，更多的是物流公司将报关业务交给了第三方，而这些第三方公司又不重视以及清关公司的不专业造成的。例如，一些物流企业会"标榜"自己什么商品都接，不管是走什么渠道、到达哪个国家。

对于跨境电商物流的清关痛点，其解决之道要根据实际情况采取不同措施。一方面，物流公司虽然为卖家提供报关服务，然而一手从卖家揽货，一手却将货物甩给第三方报关公司。因此，在这个过程中，卖家要信赖专业的报关公司，实现清关的规模化和规范化，有利于降低监管成本，提高通关效率，避免偷税漏税。另一方面，一些有实力的物流公司，在目的国设立专业的公司，实现了专业报关、快速通关。设立这些分公司，也让卖家能更清晰地追踪到货物。例如，英国清关分为普货清关和快件清关两种模式，电商选择英国清关的物流公司，一定要选择具有"快件清关资质的清关公司"。有快件清关资质的清关公司，货物通关比较快速，同时一个主单中其中一票出现价值低报，或者货物被查验，不会影响到其他货物的清关。

3. 清关问题回复范文

Dear Valued Customer,

Really sorry for that, we have applied the best service from my company .

First you can get it from your custom, and send me the picture of the custom file, we need know how much you pay for your custom, so we can give you part compensation .

Second we can give you $\times\times$ discount in my store if you buy next time, because you are already my VIP customer, we need do more business with you in future. Wait your kindly reply .

（四）售后订单相关问题处理

1. 订单确认内容

（1）确认订单的原因

跨境电商物流时间长、运费成本相对较高，因此卖家最不希望出现退换货的纠纷，因此确认订单是很重要的一步。跨境客户服务订单的确认，需要具备精益求精的工匠精神。

卖家确认订单，提醒客户再次核实订单信息，有助于减少因地址填错、商品拍错而产生的退换货。

订单确认邮件是提醒客户订单已经被接收，卖家正在分拣包装产品，但它也能创建信任。如果店铺能够提供一份非常不错的订单信息，可以体现出店铺的专业性和可信赖性。

（2）确认订单模板

Dear customer，

Your payment for item ××× has been confirmed. We will ship your order out within ××× business days as promised. After doing so, we will send you an e-mail notifying you of the tracking number. If you have any other questions please feel free to let me know. Thanks！

Best regards！

（Your name）

（3）确认订单内容

确认订单内容有以下几点：

1）收件人姓名；

2）收货地址；

3）商品信息、数量、价格；

4）预计送达时间；

5）客服联系方式；

6）退换货链接等。

（4）如何优化确认订单

确认订单信息要进行微调，不要对所有的客户都一概而论。首次到网站购物的客户和多次到网站购物的客户之间要有一些区别。

考虑给回头客发送不同的订单确认邮件。为感谢他们的忠诚，可以向他们提供一些特殊的商品作为回报。例如，如果店铺正在促销商品，可以给他们提供专享优惠代码；如果打折不是店铺的运营模式，也可以考虑给客户送免费小物品或特别的客服选项。

订单确认邮件看起来应该美观，因为它们反映了品牌。如果想用订单确认邮件建立信任、销售更多商品，卖家首先需要做到加强客户在首次购物中的信任；其次，做到能够让客户通过商品推荐再次购物。

2. 回复修改订单的技巧

修改订单是客服人员在销售过程中要处理的一个主要问题。境外客户出于某些原因，如购买数量更改、尺寸尺码变更、运输方式改变等问题咨询客服人员要求修改订单，客服人员应掌握回复修改订单的技巧，以及能运用英语正确回复邮件。

（1）回复商品信息修改

客户在下单付款后，有可能仍有调整订单货物颜色、尺寸及数量的要求。此时若未发货，客服人员可以通过客户取消订单的申请后，让客户重新下单；若已发货，可根据实际情况，进一步与客户协商订单修改事宜。下面两则邮件的内容分别是回复客户可以更换与无法更换。

1）范文一：

Sure, we will change the colour from black to yellow accordingly for you.

Best regards!

2）范文二：

We are sorry that the shoe size 42 is out of stock at the moment, but the size (item #2367) is in stock at the moment. Which would you prefer, to keep the original order or change another product as what I recommend? Please let me know ASAP if you have any idea.

Thank you.

（2）回复地址信息修改

1）对于客户下单后提出订单地址修改的要求，客服人员应注意分清客户的真正意图。这种更改收货地址的行为，产生银行拒付的风险极高，不但可能会给卖家造成财务上的风险，而且会对卖家在交易平台上的信用记录造成极其不良的影响，后期平台也会考虑对拒付率高的卖家限制部分服务。因此，客服人员需警惕客户将收货地址更改为异国（异地）的行为，并请求客户在取消原来的订单后，以正确邮寄地址重新下单。参考范文如下：

Dear customer,

Thank you for your order!

As to the rules of AciExpress, we can't change your address. We recommend you cancel your original order and fill in the correct address. Then you can submit your order with correct address again.

Thank you for your understanding.

If you have any questions, please feel free to contact me.

Best regards.

2）如果客户分两次下单，且地址相同，此时客户可以采用合并订单的方式进行支付，卖家可以使用同一个包裹发送给客户。此种情况，客服人员要提前与客户沟通好，按照客户的需求发货，必要时也可以给予客户一定的优惠以提升客户体验。参考范文如下：

Dear customer,

Thank you for your order! We found that you have placed two orders yesterday with the same address, therefore, in consider of saving your freight, we would like to suggest you to combine the two orders into one, and we could also cut down the total price to US $500 (compared with US $520 before).

You could add all you need into the cart again or just click the button of "combine the orders", and then check your address and order details before submit.

If you have any questions, please feel free to contact me.

Best regards.

（3）回复取消订单

1）在交易过程中，客户提出取消订单的申请时，客服人员需及时与客户沟通取消订单的原因，注意避免出现"成交不卖"，根据具体情况选择同意取消订单或拒绝取消订单。因此，在这一过程中，客服人员与客户的沟通尤为重要。

① 范文一：

Dear Sir/Madam,

We receive an order cancellation request from you. We accept the cancellation, and please choose "I don't want the products" for cancelling reason. If anything we can help you, please kindly let us know.

② 范文二：

Hi ×××,

We have accepted the cancellation. Just a reminder：normally you will receive the refund in 3—15 business days. By the way, could you please kindly help us to get a positive feedback at your convenience?

Thanks for your kindly cooperation and supports in advance.

Best regards!

2）然而，并不是所有提出取消订单的要求都可以同意。例如，卖家已经把货物寄出去了，这种情况下，客服人员需要跟客户解释不能取消订单的原因，并提出解决方案，希望能取得客户的谅解。参考范文如下：

Dear ×××,

We received your order change request but we are sorry to inform you that it is too late to change, because we already have arranged the shipment for you.

Please kindly check whether you can use the item at your end. If really not, please submit "Return & Refund" request so that we can return the money back to you if provided the goods are intact.

Best regards!

3）另外，跨境电商平台为强调良好的营商环境和客户购物体验，会对进驻平台的各个商家进行评价打分。因此，客服人员应尽量引导客户在选择取消订单的原因的时候选择"不想购买"，这样不会对店铺造成不良影响，也不会影响店铺总体的评分以及商品排名。以下是全球速卖通平台提供给客户取消订单原因的选项：

① I do not want this order. 我不想要这个订单了。

② Processing time is out of my expectation. 备货期不满足我的期望值。

③ Seller raised price of this order. 卖家上涨订单价格。

④ Seller did not respond to my question. 卖家不回复我的咨询。

⑤ Seller is unable to ship my order by selected shipping method. 卖家无法使用我选择的物流方式发货。

⑥ Products out of stock. 商品缺货。

⑦ Other reasons. 其他原因。

一般来说，客服人员都会建议客户选择第①个，这是因为第③~⑤个原因会影响该店的评分，这些会计算为"成交不卖"。如果客户选择了这几个原因，客服人员应及时联系客户，引导他们改为选择其他原因。参考范文如下：

Dear friend,

Thank you for the canceling. Would you please kindly to choose the cause by "I do not want this order" or "Other reasons" to cancel the order?

We are so sorry for the inconvenience caused. But could you please kindly do us a big favour?

We will try our best to offer you the best shopping experience next time.

Hope you can forgive us and change the cause. Thank you.

Best regards！

4. 修改运输方式

1）客户所在的国家和地区的地址较偏远，不能包邮，建议客户补运费。参考范文如下：

Dear valued customer,

Thank you for your order. We are sorry that we cannot ship your item（s）via the free shipping method as the address you have provided is located in a remote area. In order for us to ship your item（s）to you as soon as possible, you will need to pay an extra \$10, or you can request a full refund.

We are sorry for any inconvenience this may have caused. Please let us know which you prefer. Thank you.

（Seller ID）

2）订单超重导致无法使用小包免邮的回复。参考范文如下：

Dear ×××,

Unfortunately, free shipping for this item is unavailable.

I am sorry for the confusion. Free Shipping is only for packages weighing less than 2 kg, which can be shipped via China Post Air Mail.

However, the item you would like to purchase weighs more than 2 kg.

You can either choose another express carrier, such as UPS or DHL（which will include shipping fees, but which are also much faster）.

You can place the orders separately, making sure each order weighs less than 2 kg, to take advantage of free shipping.

If you have any further questions, please feel free to contact me.

3）客户选择的是 DHL 发货，但是卖家只能用 e 邮宝或者小包发货，询问客户是否愿意接受。参考范文如下：

Dear valued customer,

Thank you for your order. We are sorry that we cannot ship your item（s）via DHL at this point.

We can only ship your item（s）via ePacket（or small package shipment）which usually takes 10—15 business days for delivery. Please let us know as soon as possible if we should proceed with the ePacket shipping method.

We look forward to hearing from you soon.

Thank you.

（Seller ID）

三、纠纷处理——以全球速卖通平台为例

全球速卖通平台对纠纷有详细的分类，共两类十四项。根据买家开启纠纷的原因不同，

全球速卖通上的纠纷可以分为有关物流的纠纷，即"未收到货"纠纷，以及有关产品问题的纠纷，即"货不对版"纠纷。有关物流的"未收到货"纠纷包含的主要情况有：包裹无跟踪信息，包裹异常、包裹信息正常，卖家着急、物流延误，包裹不能在承诺时间到达、海关扣关，私自更换物流、包裹退回等；有关产品问题的"货不对版"纠纷包含的主要情况有：货不对版、与描述不符、质量问题、货物短装、货物破损、销售假货等。

针对买家提起的纠纷，全球速卖通平台处理流程如下：①自买家第一次提起退款申请开始第 4 天至第 15 天，若买卖双方无法协商一致，买家均可以提交至平台进行裁决；②自买家第一次提起退款申请开始截止至第 16 天，卖家未能与买家达成退款协议，买家未取消退款申请也未提交至平台进行裁决，系统会自动提交至平台；③纠纷裁决产生的 2 个工作日内全球速卖通会介入处理，判责第一步需要卖家在 3 个自然日内提供邮局妥投证明，如果卖家不能提供，将启动第二个判责期，在第二个判责期，平台将给予 3 天时间。

这些时间节点是非常重要的。从买家提起纠纷到纠纷完成，买家如果没有进行关闭纠纷的操作，那么此纠纷就会被算入店铺的纠纷提起率。因为全球速卖通平台处理纠纷的原则是交易双方自主沟通解决，在双方无法继续协商的情况下，平台才会介入帮助交易双方协商解决。

如果是包裹无跟踪信息，包裹异常情况，卖家应和买家及早沟通，选择为买家退款或尽量重新发货；如果是包裹物流信息正常，但包裹迟迟未到，卖家着急，那么卖家应及时追踪物流信息，查询妥投；如果是物流延误，未能在承诺时间到达，卖家可以和买家进行相应的沟通协商，请求先关纠纷，并帮忙延长收货时间，或者为买家重新发货。如果是海关扣关，私自更换物流的情况，那么卖家需要协助清关，分担部分关税，注意在过程中保留好扣关的原因信息和证据，根据证据确定责任从而进行裁决；如果包裹被退回，首先要查询退回原因，如果是客户原因无法清关或提供地址不正确无法妥投，导致包裹被退，卖家须提供因客户原因而导致无法妥投的截图，包括聊天、单号等举证，如果不是客户原因导致的包裹被退，可以尽量协商买家为其重新发货。

如果买家在收到货物后，发现实际收到的货物与详情页面的描述不符，主要包括颜色、尺寸、功能等，平台会保留买家最终的纠纷裁决权。而这种情况下，如果卖家在客户下单之前，已经告知了买家商品颜色可能会有一些偏差，尺寸存在 1~2 厘米误差等，卖家在举证时须提供聊天记录作为证明。如果卖家未告知买家，且确实存在货物描述不符问题，那么卖家应该为买家提供部分退款，或者以成本价再为买家进行发货，协商能否解决纠纷。

如果买家在收到货之后，对商品质量问题提出纠纷，那么卖家要及时地寻找原因，是否真的是质量问题，还是只存在小瑕疵或不符合买家期望值；如果真的是质量问题，商品不能正常使用，卖家可以给买家退款退货或保留货物退部分款，只要对方接受方案，即可解决纠纷。

如果买家提出货物短装问题，卖家应积极关注纠纷案件。在买家提起的纠纷尚未上升至仲裁平台介入前，积极予以响应，与买家及时沟通。如果不存在短装问题，卖家可以进行举证，如果是在确认部分包裹未妥投的情况下，积极与买家核对部分退款金额信息，在双方协商一致的情况下，将协商信息反馈给平台，解决纠纷。

如果买家提出货物破损问题，可以协商买家举证，与物流公司沟通，确认货物破损之后，要给予买家赔付。目前的方法有两种，第一种是赔款，第二种是重新发货，两种方法都是可行的，如果买家接受解决方案，达成和解，在平台提交说明即可解决纠纷。如果是销售假货纠纷，情况属实的话，卖家应予以退款，并承担纠纷全责，因此卖家应避免出现在平台销售假货的情况。

在纠纷处理时，卖家从买家性质分析，可以划分出真买家、出于某种目的的特别买家、同行、差评师。其中，真正买家占 98%，同行占 0.5%，出于某种目的的特别买家占 0.5%，差评师占 1%，真正买家中又有 98% 是善意的买家。也可以从信誉、年龄等方面深入地了解买家。了解之后，就要去预判买家提起纠纷的动机和真正目的，站在买家的角度及立场看问题，以期找到真正的解决方案。当然在处理纠纷过程中也一定要注重细节，及时、礼貌、专业、热情，流程化处理纠纷。下面介绍一些纠纷处理的小贴士：

第一，为了避免纠纷，不要一味地美化商品和图片，商品如果有瑕疵和不足，要在照片中体现出来，商品描述清晰简洁详尽。

第二，对于物流速度问题，有两点我们可以做得更好，一个是在发布商品的时候以表格的形式注明各个国家各种运输方式大致到达的时间，让买家有清楚的认识；另一个就是发货后要及时告知买家跟踪信息以及预计到达时间。做到以上两点，当物流有小的延迟的时候，买家也会表示理解。

第三，及时沟通。首先是主动沟通，让买家感觉到诚意，如收发后留言，发货后留言，到货提醒留言等；然后是被动沟通，成交买家站内信和留言的回复要及时，有异常的记录应及时告知买家，这样也能避免纠纷。

第四，每天查看，及时回复。全球速卖通平台规定纠纷响应时间是 5 天，如果卖家超过5 天不回应，响应超时，平台会直接退款，这将大大影响店铺的纠纷提起率。

四、有效沟通技巧

作为跨境电商客服人员，必须要掌握的是有效沟通，而非搪塞客户。有效沟通需要压下脾气，需要充满耐心，需要诚恳不欺。

（一）有效回复

现在的跨境电商客服人员，大部分都是以快捷回复为第一回复标准，很多客户虽然沟通速度上得到了满足，但是沟通内容却不太如意。因为快捷回复过于僵硬、机械，这会让客户觉得在敷衍他们，或是以为是机器人回复。

比如，客户说："今天能给我发货吗？我后天出门要用到，怕耽误了。"

快捷回复："亲，我们是 72 小时内发出的呢，会尽快给您安排的哦。"

而有效回复则是："亲，您这边出门要用到的话，这边现在给您打单，交代仓库给您优先发货哈。"

（二）有效引导

作为售前，客户的成交率是极为重要的，但是很多售前客服人员往往不知道该如何与客户达成成交，引导性成交是售前必须掌握的一项技巧。

比如，客户说："我是新手不太会画眼线，你们有什么眼线笔比较适合新手掌握的吗？"

快捷回复："有的亲，这几款就很不错的您可以看下。"

而有效回复则是："亲，您刚开始画眼线的话可以看下这款海绵头比较细的，非常容易掌握的哦，我们都卖了很多出去了哈，反馈都是非常好哒。"

（三）有效维护

大多数实体店的金牌导购员，他们的独家秘诀就是"自来熟"，能够根据对方的穿着、言语判断出对方的性格并迅速与对方熟络地聊起来。跟客户的关系熟络起来了，自然离买卖也就不远了。

比如，客户说："我身高160，体重90斤，需要穿什么码数？有尺寸表吗？"

快捷回复："有的亲，我发您看下。"

而有效回复则是："小姐姐您身材真好，这件裙子您穿 S 码就可以哈，我有个姐妹跟您身材是一样的，具体的尺寸表我发您参考下。"

（四）有效变通

在跨境电商行业中，屡见不鲜的就是有些客户下单时要求多送赠品的情况，这类情况虽然很招人烦，但有效地变通也会使得买家与卖家达成共赢。

比如，客户说："我购买手机可以给我多送根充电线吗？我要留着出门备用。"

快捷回复："抱歉呢亲，我们都是统一搭配的哦，无法多送的呢。"

而有效回复则是："亲，这边可以给您预留根呢，您收到货后满意的话晒图夸奖下我们，我们到时给您安排哟。"

再比如说，以客服的售前沟通为例，看一下如何通过售前沟通可以促进买家下单。买家下单后，但是暂未付款，最后买卖双方通过沟通，卖方同意给予买家一定的优惠或折扣，修改订单价格后，重新联系买家下单：

亲爱的朋友：

我们已经为你重新调整了价格。我们已给你方原运费八折优惠。由于我们提供的价格低于市场价格，而且你知道运费真的很高，我们这个商品的利润率非常有限。希望你对它满意，如果有什么我可以帮助的，请联系我。

致以最诚挚的问候！

 典型案例

亚马逊 Claim 客服处理失败案例

收到买家投诉产品损坏邮件：

Hi the shower we have ordered through Amazon has arrived today, up on opening the box the metal frame for the shower has numerous dents, I'd appreciate a replacement or full refund asap please.

I have taken pictures if you require these.

按照流程，向买家要求提供照片：

Hello Matthew, we are sorry to hear the item is damaged, we can look to resolving the issue. Can you please attach pictures of the damage, so we can help resolve the matter. Thanks, Sandy.

后来收到照片后，产品外部的铝材只是被刮花了而已，所以客服人员跟买家解释，这个刮花不影响产品的整体架构和使用。

Hi Matthew, from your pictures, it is scratch on the frame which would not affect the basic function of the shower door. But if you still care about it, we can arrange to send you a replacement part. May I have your decision?

Kind regards.

买家坚持说这个铝材是弯的，不是刮花。大事化小，小事化无是跨境电商客服人员的一个准则，客服人员同意给买家重发一套新的铝材。可是买家又得寸进尺，说不仅是外部的铝材弯了，内部的也是破损了，要求客服人员重发半套产品。

Good morning, As per my previous email, the wall profile is dented and crushed, it was not on the glass when delivered, and probably would not fit on the glass due to being damaged. If these damaged parts can't be replaced asap, I will need a refund. As per previous email we no longer have a shower in our house. It's not acceptable to receive a damaged shower and be told I can still fit it because I won't see the damaged part.

Regards Mr M Wesson

令人生气的是，买家突然改变主意，要求全额退款。

No problem, I'll have a full refund. I did not pay for a dented item. If you read my e-mail not only is the metal dented it's crushed so the glass will not fit.

Regards Mr M Wesson

客服人员因买家的过分要求，与买家产生了争执：

Hi, Could I know why you open a claim said we do not want to replace the dent parts? Firstly, your pictures did not show the dent of the profile. But you insist on that, that's fine, we agree to send you the parts. Secondly, we have decided to send you the replacement wall profile to fix the problem. And then you said you need a refund. You keep changing your mind which make us hard to take action. Thirdly, hope you can close the claim and let us know what's your final decision, replacement or refund? We will be appreciated that you can do that.

买家基于客服人员的控诉给出了有力的回复，买家最后通过亚马逊 A-z Claim（一项保护买家权益的政策），顺利地拿到了货品和货款。

Hi I've tried to give yourselves the chance to resolve the matter of the damaged/dented frame for the shower enclosure, buy for some reason you think it's acceptable for a customer to buy a brand new shower enclosure and still fit it with a dented frame because it will still be functional. Yes, although the pictures do not show the dents, I've offered to being this to your premises to show you and exchange it there.

You wouldn't purchase a brand new coat and it turned up damaged and be told it's still functional, you can still wear it so we're not doing nothing about . You only agreed to send replacement part of the steel that fits to the wall, not both parts as you believe it's still functional and we will not see it, that's not part of the goods sales act. It's supposed to be a brand new item with no defects!

The only reason I've asked for a refund and forwarded your emails on to Amazon is that your not willing to replace the damaged items, you believe it's acceptable for a customer to buy and keep the damaged item because it's functional. It's been bought as a brand new item, not second hand or refurbished so there for all parts should be brand new, unused and in new condition weather they're on show or not. So for the reasons stated above and your appalling responses to me I wish for a full refund asap.

反观整件事，客服人员究竟错在哪里呢？错在一开始就不应该跟买家纠缠这么久，在亚马逊平台上，卖家比买家弱势。一旦买家提出产品方面问题，卖家就必须配合去解决（退换货或者退款），不应该去跟买家争论太多，只能把损失降到最低或控制在可接受的范围内。毕竟，一个 A-Z claim 不仅影响账号表现，而且还得赔钱，得不偿失。

【任务演练】

一、任务描述

浙江金远电子商务有限公司的跨境电商客服专员陈倩按时发完货后，以为可以松一口气了，但经理告诉她，作为一名优秀的跨境电商客服专员，除了要处理好售前的相关工作，还要处理好与评价有关的如好评、差评工作，与售后货物有关的如退换货、处理纠纷等工作，请继续完成相关操作。

二、任务分析

（一）处理售后评价

1. 评价计分

某新店，生效评价 40 个。其中，好评为 30 个（低于 5 美元的好评为 1 个，相同的客户在一个自然句内连续 3 个好评），中评为 7 个，差评为 3 个。则该店铺的服务等级标志为哪种？

2. 撰写好评回复

如果店铺已收到客户对订单的五星好评，作为客服专员的陈倩需要对客户的好评予以感谢，来维护客户黏度，提升客户的良好体验。请你替陈倩写一封评价回复发送给客户。

3. 处理中差评

店铺收到客户关于质量的差评：The material was poor I had to throw it away after trying it on。该客户愤怒地给了产品一星的评价，作为客服专员的陈倩应如何处理？

（二）处理好售后服务、退换货及争议相关事宜

1. 买家未收到货的纠纷处理

店铺收到客户纠纷，作为客服人员，陈倩应该选择接受买家方案，还是拒绝买家方案？如果拒绝，应当如何操作？

2. 产品质量的纠纷处理

店铺收到客户的纠纷信息，抱怨产品有污渍，提出部分退款要求，并附有衣服污渍图。作为该店铺的客服人员，陈倩应如何处理这样的纠纷？

三、任务评价

学生能够处理与评价有关的如好评、差评工作，与售后货物有关的如退换货、处理纠纷等工作，操作和回复正确。

任务三　客户关系维护

跨境电商卖家在运营自己的店铺时，想要店铺能够长期地发展下去，维护好店铺客户是必不可少的一件事。因为市场竞争实质上就是争夺客户的竞争，想要实现盈利，就必须维护住老客户，同时不断发展新客户，店铺才能不断扩大收益，才能从小店铺发展成为大店铺，才能使店铺的市场适应能力和竞争实力有一个质的提升。

【知识准备】

一、客户分类

按照客户的状态，可以将客户划分为潜在客户、目标客户、现实客户、流失客户、非客户。

潜在客户是指对店铺的产品或服务有需求和购买动机，但还没有产生购买的人群。例如，已经怀孕的母亲很可能就是婴幼儿产品的潜在客户。目标客户是店铺经过挑选后确定的力图开发为现实客户的人群。例如，劳斯莱斯就把具有很高地位的社会名流或取得巨大成就的人士作为自己的目标客户。潜在客户与目标客户的区别在于，潜在客户是指有可能购买但还没有购买的客户，目标客户则是店铺主动"瞄上"的，尚未有购买行动的客户，潜在客户和目标客户可以重叠或部分重叠。

现实客户是指已经购买了店铺的产品或服务的人群。按照客户与店铺之间关系的疏密，可以将现实客户又分为初次购买客户、重复购买客户和忠诚客户。

初次购买客户是对店铺的产品或服务进行第一次尝试性购买的客户。重复购买客户是对店铺的产品或服务进行了第二次及第二次以上购买的客户。忠诚客户是对店铺的产品或服务持续地、指向性地重复购买的客户。

流失客户是指曾经是店铺的客户，但由于种种原因，现在不再购买店铺的产品或服务的客户。

非客户是指那些与店铺的产品或服务无关，或对店铺有敌意、不可能购买店铺的产品或服务的人群。

二、客户分类管理与维护

1. 对潜在客户和目标客户的管理与维护

虽然这两类客户没有购买过店铺的产品或服务，但他们却是有可能在将来与店铺进行交易的客户。当他们对店铺的产品或服务产生兴趣，并通过某种渠道与店铺接触时，我们应该详细地为他们介绍产品或服务，耐心地解答他们提出的各种问题，帮助潜在客户和目标客户建立对店铺及产品的信心和认同，这是促使他们与店铺建立交易关系的关键。先将他们发展为初次购买客户，再培养他们成为重复购买客户，乃至忠诚客户。虽然这两类客户还没有与店铺发生过交易关系，我们无从记录和跟踪他们的交易行为数据，但并不等于我们就不能对潜在客户和目标客户的价值进行合理的判断。我们仍然可以通过交易以外的其他途径搜集反映潜在客户和目标客户基本属性的数据（如年龄、性别、收入、教育程度、婚姻状况等），然后利用这些属性数据，分析他们的潜在价值，对他们进行管理和维护。

2. 对初次购买客户的管理与维护

对初次购买客户的管理目标是将他们发展为忠诚客户或重复购买客户。虽然初次购买客户已经对店铺有了初步的认同并接受了店铺的产品，但是，初次购买客户在与店铺初次交易过程中的体验以及对所购买的产品的价值判断，将会影响到他们今后是否愿意继续与店铺进行重复交易——第一次购买如果感觉不好，很可能就没有第二次了。初次购买是客户成长的一个关键性的阶段，店铺要抱着与客户建立终生关系的目标与客户进行第一次交易，让产品或服务符合或超过初次购买客户的期望。

另外，还应与初次购买客户进行个性化的交流，保持与他们的联系和沟通，呵护和关心他们，并且尽量为他们提供个性化的产品或服务，努力与他们建立起一种互相信任的关系，这是让初次购买客户再次与店铺交易的基础。通常，我们很难在第一次交易时就搜集到完整的客户信息，而需要在反复的交易过程中对客户信息进行完善。因此，相对于忠诚客户来说，店铺很难对初次购买客户的价值进行有根据和有效的判断。所以应该注意搜集和积累初次购买客户的后续购买的每次交易数据，并跟踪和完善初次购买客户的其他信息，以便为今后的客户价值评价做好准备。

3. 对重复购买客户和忠诚客户的管理与维护

对重复购买客户和忠诚客户的管理是客户管理工作的重点。应努力加强与这些客户建立联系，听取他们的意见，与他们进行沟通，然后根据其要求及时对产品或服务进行改进。同时，对这些客户提供"特殊关照"，以加深与他们的感情交融，这样，店铺就有可能将重复购买客户培养成忠诚客户，并且使忠诚客户继续对店铺及其产品或服务保持最高的信任度和忠诚度。反之，如果店铺对重复购买客户和忠诚客户关注不够，就可能使他们流失，甚至成为非客户——再也不购买店铺的产品或服务，那店铺就会出现危机了。

三、客户管理与维护技巧

店铺对各种状态客户的管理必须环环相扣，从潜在客户、目标客户开始，直到对初次购买客户、重复购买客户及忠诚客户都必须加强跟踪管理，决不能放松。当然店铺进行客户管理与维护，在日常店铺运营中也可以采取一些具体方法，主要有以下几种：

1. 客户级别设置

在客户维护中，根据客户的消费次数、金额等来设置客户级别，根据客户不同的交易金额和交易笔数，享受相应的会员优惠折扣，这也是培养老客户和增加店铺吸引力的有效方法之一。

2. 给予客户关怀

提前做好客户分类，选择好要关心的客户类型，如当天确认付款的客户、当天过生日的客户、一个月没有联系的客户和收到商品 7 天还没确认收货的客户等，根据不同情况对店铺客户给予关怀。

3. 进行客户回访

开发一个新客户的成本大约是维护一个老客户成本的多倍，通过售后关怀来使商品和店铺的服务行为增值，借助老客户的口碑来提升新的销售增长，这是客户开发成本最低也是最有效的方式之一。

4. 发送新品通知

在交易圆满完成后，可以询问客户是否介意收到店铺的新品通知和促销信息，如果客户的反应是积极的，那么就可以将此客户加入愿意接收促销信息的客户分组里，在有新品上架或者店铺推出促销活动时，及时发送信息通知他们。但要注意新品通知和促销活动要设计巧妙，一切要从客户角度来考虑，这样才能在创造良好销售业绩的同时，也能做好客户维护。

【任务演练】

一、任务描述

浙江金远电子商务有限公司的跨境电商运营专员陈倩按时发完货后，以为可以松一口气了，但经理告诉她，作为一名优秀的跨境电商运营专员，除了要处理好售前的相关工作之外，还要做好维护老客户、开发新客户的工作，请继续完成相关操作。

二、任务分析

1. 老客户维护工作

某女装店准备在店庆时开展折扣较大的自主营销活动，包括全店铺打折、满立减、限时限量折扣和优惠券。作为客服人员，此时接到任务，要求做好老客户的通知维护工作。有哪些途径可以通知这些老客户，如何撰写活动通知呢？

2. 新客户开发工作

某女装店现在计划通过 SNS 社交媒体营销渠道增加粉丝，开发较忠实的，年龄为 25~40 岁的职场女性客户群体。可以通过哪些途径可以找到这些新客户群体，并如何引导她们？

三、任务评价

学生能做好维护老客户、开发新客户的工作。

【**思政园地**】

耐心细致有效沟通：客户服务的关键

在跨境电商中，售后服务对于客户的满意度和店铺的评分至关重要。某一客户在跨境电商平台上购买了彩妆产品后改变主意，希望取消订单并退款。然而，产品已经打包好准备发货了。该店铺的客服 Mary 直接拒绝了客户的取消申请，没有有效地与客户沟通，并且由于大促期间繁忙事务的处理和烦躁的心情她忽略了这个订单的处理。结果是货物送达了客户所在地点，客户却没有取件，导致订单被退回，对店铺的订单完成率和 Mary 的评价造成了负面影响。

在这个案例中，我们可以看到，客服人员在处理售后问题时需要耐心细致、进行有效沟通。Mary 在处理这个问题时，没有及时告知客户拒绝申请的原因，也没有与客户进行有效的沟通。她没有联系物流人员处理问题，也没有及时跟进问题的处理结果，导致客户投诉。

因此，我们在售后处理中需要耐心细致地解决每一个客户的问题，提供完美的解决方案，以提升客户满意度，这包括处理中差评的售后问题、有效安抚客户情绪以及妥善处理客户投诉等，有效沟通在其中起着至关重要的作用，而客服人员的耐心和细致也是不可或缺的职业素质。只有通过与客户之间的有效沟通，我们才能解决客户的问题，赢得客户的信任和满意。

耐心细致的有效沟通不仅能展示出良好的客服人员形象，还可以提高售后处理的效率。客服人员在售后问题处理中需要与团队成员进行耐心的沟通，确保每个人都明白客户的需求，创造出良好的沟通氛围，以最短的时间解决问题，并提高工作效率。例如，在需要拦截物流时，Mary 应该第一时间与快递公司详细沟通客户的需求，并及时联系派送人员，尽最大努力解决客户提出的问题。

最后，耐心细致的有效沟通可以增强售后问题处理的满意度。在售后处理中，情绪的控制非常重要。很多客户可能会有情绪激动的表现，对待客服人员态度不好。在这个过程中，客服人员必须控制自己的情绪，安抚客户的情绪，并与客户进行耐心细致的有效沟通。即使客户情绪非常愤怒，客服人员也要保持冷静，以平和的态度进行沟通，使客户逐渐冷静下来，从而实现顺畅的沟通。在解决售后问题时，我们要坚持耐心细致，与客户进行有效的沟通，力求解决问题并让客户满意，以获得好评或再次购买。

【**同步测试**】

同步测试

项目十
运营数据分析

学习目标

【知识目标】

了解数据采集的方法和路径；熟悉使用图形、表格程序等数据处理工具；掌握行业、产品、店铺数据分析方法，得出相关运营结论，并进行精细化操作来提升竞争力。

【技能目标】

能使用合适的分析工具对店铺运营数据进行分析。

【素养目标】

加深对运营数据分析指标的感性认识，能够由感性认识上升到理性分析；能够结合相关分析指标，对店铺运营效果进行分析并提出优化建议。

课件

任务一　数据收集与处理

数据收集是指根据系统自身的需求和用户的需要收集相关数据的过程。由于数据的复杂性和数据收集的不确定性，在数据的收集过程中会不可避免地产生大量重复的、不完整的、不准确的或错误的数据，将其称为"脏数据"。脏数据的存在给数据的管理与应用工作带来了各种各样的困难。为了处理脏数据、删除重复信息、纠正存在的错误并实现数据一致性而对收集到的数据进行重新审查和校验的过程称为"数据清洗"。

【知识准备】

一、数据收集的方法

（一）调查法

调查法一般分为普查和抽样调查两大类。

1. 普查

普查是指为详细调查某项重要的国情或国力而专门组织的一次性大规模的全面调查，一般以一个国家或者一个地区为目标范围。普查的主要目的是调查那些不能或不适宜用定期全面的调查报表来收集的资料。普查的调查目标通常是一定时间点上的社会经济现象的总量，但也可以调查某些时期现象的总量，乃至调查一些并非总量的指标。普查具有涉及面广、指标繁多、工作量大、时间性强以及对集中领导和统一行动的要求高等特点。

2. 抽样调查

抽样调查是从全部调查研究对象中，抽选一部分单位进行调查，并根据调查结果对全部调查研究对象做出估计和推断的一种调查方法。抽样调查是一种非全面的调查，它虽然不是全面调查，但它的目的却在于取得反映总体情况的信息资料，在一定程度上也可以起到全面调查的作用。

（二）观察法

观察法是通过开研讨会、参与经营生产、深入现场和实地进行现场观察等方式而得到数据的一种数据收集方法。观察法主要包括对人的行为的观察和对客观事物的观察两大类。为了提高所收集信息的可靠性，常采用观察法和询问法以及搜集实物量分析法结合使用的方法对数据进行收集。

（三）询问法

询问法是指通过询问研究对象来收集相关数据的方法。询问法的优点是可以为客户准确地诊断存在的症结和问题，科学合理地预测企业未来发展趋势，提出解决问题的有效建议和方案等。

（四）实物量分析法

实物量分析法又称定额实物法，是根据物流工程具体工作内容、工作要求、施工条件以及确定的施工规划，对物流设施主要建筑安装工程项目进行资源配置而编制项目投资预算的一种方法。

（五）试点方法

试点方法是指通过试点过程获取其他手段难以获得的信息或结论的方法。利用对试点条件的主动控制，包括通过适当控制参与者类型、信息的产生条件和信息的产生过程，可以较为容易地获取在现实状况下用普查法、抽样调查法和观察法无法获得的，可以客观反映事实的有效信息，还可以在此基础上直接观察研究某些参量之间的相互关系，进而对事物的本质进行深入的研究。

（六）文献检索法

文献检索法就是从众多的文献中检索出所需信息的方法，文献检索法可以分为手工检索法和计算机检索法。在信息高度发达的背景下，计算机检索法已经成为文献检索法的主要检索方式。

（七）网络信息收集法

网络信息收集法是指从计算机网络发布、传递和存储的各种信息中收集到所需数据的方法。网络信息收集法可以分为网络信息搜索、整合、保存和服务四个步骤。网络信息收集法主要包括网络平台数据收集法和 ERP 系统数据收集法。

随着信息化时代的到来，试点方法、文献检索法和网络信息收集法的应用越来越广泛，尤其是网络信息收集法已成为现代社会主流的数据收集方法。

二、数据分类及原则

数据分类就是把具有某种共同属性或特征的数据归并在一起，通过相同类别的属性或特征对数据进行区别，也就是把相同内容、相同性质的信息以及要求统一管理的信息进行整合，而把相异的和需要分别管理的信息进行区分，从而确定各个数据集合之间的关系，形成一个科学完善的分类系统。经过分类处理后的数据可以广泛地运用于计划预测、订单管理、采购管理、生产管理等各个方面，以下几个方面是数据分类的基本原则：

（一）稳定性

依据分类的目的，选择分类对象最稳定的本质特性作为分类的基础和依据，以确保由此产生的分类结果的稳定性。因此，在分类过程中，首先应明确界定分类对象最稳定、最本质的特征。

（二）系统性

将选定的分类对象的特征（或特性）按其内在规律系统化进行排列，形成一个逻辑层次清晰、结构合理、类目明确的分类体系。

（三）可扩充性

在类目的设置或层级的划分上，留有适当的余地，以保证分类对象增加时，不会打乱已经建立的分类体系。

（四）综合实用性

从实际需求出发，综合各种因素来确定具体的分类原则，使由此产生的分类结果总体最优、符合需求、综合实用和便于操作。

（五）兼容性

有相关的国家标准则应执行国家标准，若没有相关的国家标准，则执行相关的行业标准。若二者均不存在，则应参照相关的国际标准。这样，才能尽可能保证不同分类体系间的协调一致和转换。

三、数据清洗

通常情况下，数据清洗是将数据库精简以除去重复记录，并使剩余部分转换成标准可接收格式的过程。数据清洗标准流程是将收集到的数据输入数据清洗处理器中，通过一系列步骤对数据进行"清洗"，最后以统一的格式输出清洗过的数据。数据清洗主要是从数据的准确性、完整性、一致性、唯一性、适时性和有效性等几个方面来处理丢失数据、越界数据、不一致代码、重复数据等问题。

针对不同的问题，数据清洗的方法也不尽相同，所以难以归纳统一的方法和步骤，以下根据数据的不同给出了相应的数据清洗方法。

（一）不完整数据（即值缺失）的解决方法

大多数情况下，缺失的值必须手工填入（即手工清洗）。如果某些缺失值可以从本数据源或其他数据源推导出来，可以用平均值、最大值、最小值或更为复杂的概率估计值代替缺失的值，从而达到数据清洗的目的。

（二）错误值的检测及解决方法

可以用统计分析的方法识别收集到的数据中可能存在的错误值或异常值，如偏差分析、识别不遵守分布或回归方程的值，也可以用简单规则库（如常识性规则、业务特定规则等）检查数据值，或使用不同属性间的约束、外部的数据来检测和清洗数据。

（三）重复记录的检测及消除方法

数据库中属性值相同的记录通常会被认为是重复记录，可以通过判断记录间的属性值是否相等来检测记录是否相等，将相等的记录合并为一条记录（即合并→清除）。合并→清除是消除重复记录的基本方法。

（四）不一致性（数据源内部及数据源之间）的检测及解决方法

由多个数据源集成的数据可能会存在语义冲突，可以定义完整性约束用于检测不一致性，也可通过分析数据发现数据源间的联系，剔除人为因素对数据的干扰，从而保持数据的一致性。

四、数据可视化处理工具与方法

数据可视化指通过图表形式展示数据，帮助用户快速、准确理解信息。由于人类大脑记忆能力的限制，利用视觉获取的信息量多于通过其他感官获取的信息量，在大数据和互联网时代，各机构从传统的流程式管理方式过渡到基于数据的管理方式将会成为必然趋势。数据可视化能够帮助人们对数据有更全面的认识。数据可视化的目的就是直观地展现数据，例如让花费数小时甚至更久才能归纳的数据量，转化成一眼就能读懂的指标，通过加减乘除、各类公式权衡计算得到的两组数据差异，在图中通过颜色敏感差异、图形长短大小以形成对比。数据可视化是一个沟通复杂信息的强大武器。通过可视化信息，能够更好地抓取和保存有效信息，增强人脑对信息的印象。目前已经产生了大量实现数据可视化的不同方式。

【任务演练】

一、任务描述

经理要求收集三线城市线下销售渠道客户的订单数据，请通过查阅资料，学习各类数据可视化工具，进行数据采集与处理。

二、任务分析

（一）数据采集

以 2016—2020 年的数据为基期数据，并将基期数据的整理详细到月，进而得到了该三线城市线下销售渠道客户的订单数据，并对这些数据进行分类和整理，得到了普通型集成灶的基期数据表，如表 10-1 所示。

表 10-1　2016—2020 年普通型集成灶客户实际需求数据收集表　　单位：台

月份	2016 年	2017 年	2018 年	2019 年	2020 年
1 月	201	187	211	215	210
2 月	205	196	21	225	223
3 月	235	195	214	230	204
4 月	0	246	208	214	244
5 月	250	266	276	276	274
6 月	234	228	269	261	246
7 月	256	257	265	250	237
8 月	231	0	253	248	267
9 月	229	227	244	229	212
10 月	185	188	202	221	211
11 月	187	195	221	209	188
12 月	189	191	210	214	188
合计	2 645	2 609	2 783	2 792	2 704

（二）数据处理

表 10-2 收集了 2016—2020 年普通型集成灶客户的实际需求数据，最终收集到的数据中 2016 年 4 月和 2017 年 8 月的需求数据存在缺失。对收集到的数据进行处理，以补全缺失的数据。

以补全 2016 年 4 月的需求数据为例，补全缺失数据的步骤如下：首先收集 2016 年前三年即 2013、2014 和 2015 年 4 月的需求数据；其次计算出 2013 年 4 月—2014 年 4 月的需求增长率和 2014 年 4 月—2015 年 4 月的需求增长率；然后计算出 2013 年 4 月—2014 年 4 月和 2014 年 4 月—2015 年 4 月的需求增长率的年平均值；最后利用 2015 年 4 月的需求量与年平均增长率相乘，估算出 2016 年 4 月普通型集成灶客户的实际需求量，从而对缺失的数据进行补全。

同理可以估算出 2017 年 8 月份的需求数据，补全后的 2016—2020 年普通型集成灶客户实际需求数据如表 10-2 所示。

表 10-2　2016—2020 年普通型集成灶客户实际需求数据表　　　单位：台

月份	2016 年	2017 年	2018 年	2019 年	2020 年
1 月	201	187	211	215	210
2 月	205	196	210	225	223
3 月	235	195	214	230	204
4 月	243	246	208	214	244
5 月	250	266	276	276	274
6 月	234	228	269	261	246
7 月	256	257	265	250	237
8 月	231	233	253	248	267
9 月	229	227	244	229	212
10 月	185	188	202	221	211
11 月	187	195	221	209	188
12 月	189	191	210	214	188
合计	2 645	2 609	2 783	2 792	2 704

三、任务评价

学生能够通过查阅资料，学习各类数据可视化工具；并能够进行数据采集与处理，处理后的数据准确无误可实操。

任务二　行业数据分析

课件

在大数据时代，数据背后的价值不言而喻，作为跨境电商卖家，进行行业数据分析对于选择市场行业有很大的参考意义。在不确定行业市场的情况下，盲目投入是很危险的，为了降低风险，在选择行业进入之前，必须进行行业数据分析。

【知识准备】

一、行业市场容量分析

行业容量即行业规模，行业容量分析主要是研究目标行业的整体规模。当我们准备入驻一个全新的行业时，第一件事情就是要了解该行业的整体规模，了解其近几年的市场变化及需求趋势，可以通过以下步骤来展开：

（一）通过全球速卖通后台了解行业相关数据

通过全球速卖通后台"生意参谋"板块我们可以查看市场数据，通过市场数据查看到在全球速卖通上某行业的发展情况及趋势。

通过类目筛选，以及时间维度设置，可以查看全球速卖通上不同行业的数据情况，包括行业的访客指数、浏览商品数、商品浏览率、供需指数、客单价、商品加购人数和加收藏人数等数据。但是所有的数据都需要对比不同行业来看，只看某一个行业是无法判断该行业是否有市场的。所以我们可以记录不同行业的数据，然后进行横向对比，来分析行业市场容量。

（二）通过其他渠道了解全球速卖通行业数据

除了通过全球速卖通后台了解行业市场数据，我们还可以通过其他渠道了解行业市场及其前景。比如全球速卖通的扶持政策，阿里巴巴的推介会、招商会，全球速卖通小二发布的类目各行业报告及行业动态等，从这些信息中不仅能够了解全球速卖通的扶持政策及发展战略，还能够掌握当下流行行业的发展趋势，可以让我们在第一时间掌握行业热门情况，从而选择合适的行业进入。

二、行业趋势分析

行业趋势分析，即根据行业数据判断行业目前所处的发展阶段及之后的发展前景。一般而言，我们会在一个行业处于萌芽期、成长期的阶段选择进入该行业发展，甚至爆发期也可以顶风进入，但是我们不会在行业处在衰退期的时候选择进入该行业，因为此时行业开始走下坡路，再选择进入该行业，往往没有办法将店铺做大做强。目前，分析了解行业发展趋势的主要途径有以下几种。

（一）全球速卖通网站

可以通过全球速卖通网站数据、全球速卖通年度行业报告、新闻、招商会及全球速卖通扶持政策，从侧面了解目前平台上的热门行业及新兴行业。一般而言，如果全球速卖通扶持某个行业，说明该行业目前正处在发展中，可以考虑进入。

（二）Google Trends

Google Trends 可以通过对一段时间内的关键词搜寻量进行统计，得出当下时段的热门内容。它有两个功能，一是查看关键词在 Google 上的搜索次数及变化趋势，二是查看网站流量。通过该关键词的搜索次数及网站流量的变化趋势，我们可以了解该关键词下行业的基本发展态势。

（三）行业研究报告

行业研究报告是指通过对特定行业的长期跟踪监测，然后对行业整体情况和发展趋势进行分析，包括行业生命周期、行业趋势、成长空间、盈利空间等。可以在艾媒网、艾瑞网等第三方调研机构网站搜索跨境电商平台或者行业相关关键词，查看行业研究报告，通过对其中的关键数据进行分析，可以预测行业的发展机会。

（四）其他电商平台

比如我们可以观察业马逊、eBay 等电商平台上的热门行业及新型行业，通过这些行业的数据，观察行业是否有发展前景。如果行业具有良好发展前景，我们也可以在全球速卖通平台上尝试进入该行业。

三、行业市场需求量分析

行业市场需求量是指某一行业，顾客在一定条件下对某种商品或服务愿意并且能够购买的数量。跨境电商卖家在店铺运营过程中需要时刻关注市场需求量的变化，这可以帮助卖家了解买家需求的变化，从而能够及时调整店铺商品布局。在进行市场需求量变化趋势分析时，主要观察和分析搜索指数和支付指数两组数据。

以全球速卖通平台男装类目下的羽绒服/羽绒背心子类目为例，可以在全球速卖通后台"生意参谋"界面观察到搜索指数数据，统计时间内搜索指数越高，代表买家的需求越大，如图 10-1 所示。

买家属性

城市分布

城市	支付买家占比
Москва г	12.85%
Санкт-Петербург г	6.21%
Екатеринбург г	1.79%
Новосибирск г	1.72%
Краснодар г	1.45%
Ростов-на-Дону г	1.40%
Нижний Новгород г	1.36%
Челябинск г	1.12%
Красноярск г	1.09%
Пермь г	1.02%

子订单均价分布

笔单价	支付买家占比
0~2.42	29.45%
2.42~7.29	18.39%
7.29~32.61	26.26%
32.61~142.9	15.89%
142.9~999999.99	10.01%

购买次数分布

购买次数	支付买家占比
1	79.71%
2	13.62%
3	3.89%
4	1.46%
5	0.62%
6-10	0.61%

年龄分布

年龄	支付买家占比
未知	0.26%
18~24	6.33%
25~34	35.55%
35~44	41.59%
45~54	11.59%
55~64	4.01%

图 10-1 羽绒服/羽绒背心子类目市场大盘

如图 10-1 所示，我们可以分析出，羽绒服/羽绒背心行业的搜索指数从 7 月开始呈现上升趋势，说明从 7 月份开始，市场对羽绒服/羽绒背心类产品的需求量逐渐增大，11 月份搜索指数达到顶峰，说明市场也达到了顶峰，之后呈现回落趋势。结合羽绒服/羽绒背心产品的特性可以得出，这主要是受季节气候的影响。

同时，我们也可以通过交易指数数据，进一步分析出羽绒服/羽绒背心市场需求量的变化趋势，统计时间内交易指数越大，代表买家的支付金额越大。从图 10-1 中我们可以看出，全球速卖通的交易指数趋势和搜索指数趋势基本吻合，也是从 7 月份开始上升，市场需求量逐渐进入增长期，11 月交易指数达到顶峰，之后逐渐回落，充分说明了羽绒服/羽绒背心类目具有明显的季节性特征。

因此，我们需要根据市场需求量变化趋势，结合自身店铺的产品开发、生产供应情况规划产品上架时间。例如服装服饰这类季节性较强、流行元素较多的产品，一般需要提前 1~2 个月准备上新计划。如果没有提前准备，很有可能会被其他卖家抢占先机，导致自身店铺销售额受到直接影响。

四、行业目标客户分析

当通过分析，确定选择了某一行业，在准备进入行业市场时，还要充分了解目标行业市场的消费者，包括他们的地区分布、年龄分布、人均收入、天气状况、特殊喜好、颜色喜恶等。进行行业目标客户分析，可以让卖家更加清楚地了解客户需求，掌握市场行情。目标客户群体的分析要根据对应的市场去分析，不同站点的目标群体不一样。

如图 10-2 所示，全球速卖通后台“生意参谋—国家分析”板块中，可以观察类目及各个子类目高 GMV 高增速、高 GMV 低增速、低 GMV 高增速以及低 GMV 低增速的国家各是哪些，高 GMV 高增速的国家是类目机会最大的国家，需要重点关注；在高 GMV 低增速的国家中，我们可以挑选一些上升指数高、物流天数少的国家布局；低 GMV 高增速的国家，也有机会成为新兴市场，所以可以时刻观察相关数据，以便店铺提前布局。

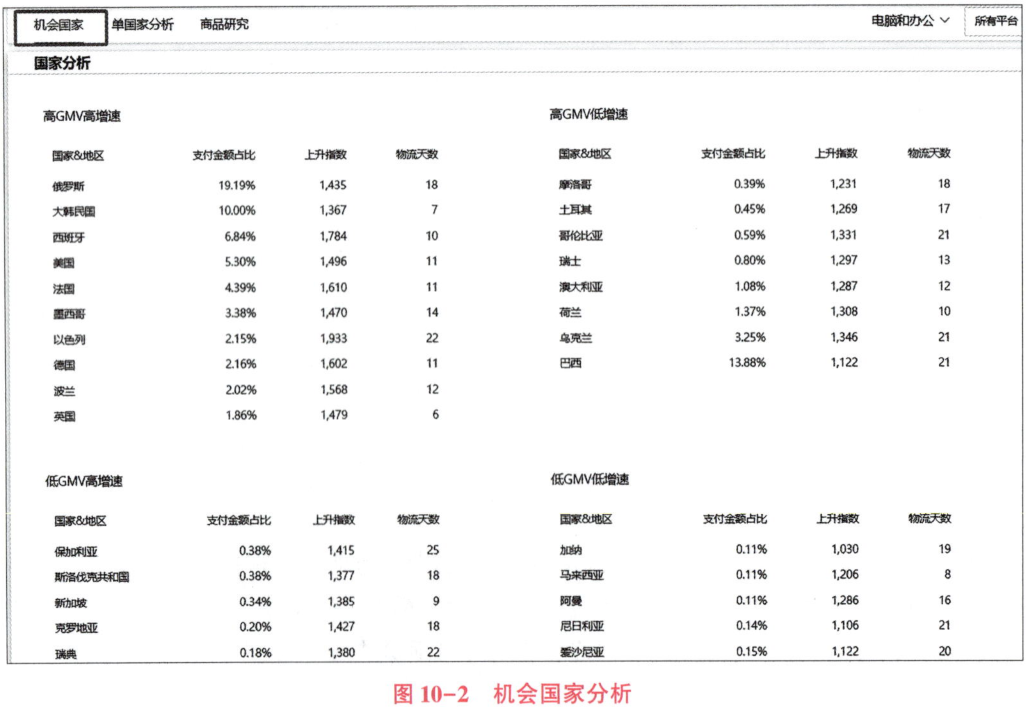

高GMV高增速

国家&地区	支付金额占比	上升指数	物流天数
俄罗斯	19.19%	1,435	18
大韩民国	10.00%	1,367	7
西班牙	6.84%	1,784	10
美国	5.30%	1,496	11
法国	4.39%	1,610	11
墨西哥	3.38%	1,470	14
以色列	2.15%	1,933	22
德国	2.16%	1,602	11
波兰	2.02%	1,568	12
英国	1.86%	1,479	6

高GMV低增速

国家&地区	支付金额占比	上升指数	物流天数
摩洛哥	0.39%	1,231	18
土耳其	0.45%	1,269	17
哥伦比亚	0.59%	1,331	21
瑞士	0.80%	1,297	13
澳大利亚	1.08%	1,287	12
荷兰	1.37%	1,308	10
乌克兰	3.25%	1,346	21
巴西	13.88%	1,122	21

低GMV高增速

国家&地区	支付金额占比	上升指数	物流天数
保加利亚	0.38%	1,415	25
斯洛伐克共和国	0.38%	1,377	18
新加坡	0.34%	1,385	9
克罗地亚	0.20%	1,427	18
瑞典	0.18%	1,380	22

低GMV低增速

国家&地区	支付金额占比	上升指数	物流天数
加纳	0.11%	1,030	19
马来西亚	0.11%	1,206	8
阿曼	0.11%	1,286	16
尼日利亚	0.14%	1,106	21
爱沙尼亚	0.15%	1,122	20

图 10-2 机会国家分析

还可以通过单国家分析板块，来了解细分市场更全面的数据，包括城市分布、子订单均价分布、购买次数分布、年龄分布、性别分布等数据。这些数据对于构建客户画像、分析行业目标客户、产品结构布局有非常重要的意义。

综合来讲，行业数据分析包含了行业市场容量、行业趋势、行业前景、行业市场需求量、行业目标客户等方面的分析，并不是单一的市场规模调研，而是全面系统地了解行业情况。

 ## 行业洞察

未来母婴类市场的发展方向

购买层面：用户更依赖移动购买

随着移动互联网的普及和消费者购物习惯的改变，越来越多的消费者开始依赖移动购买母婴类产品。移动购物的便捷性和随时随地性使得消费者能够更方便地购买到所需的母婴产品，同时也为母婴行业带来了更多的商业机会和发展空间。

选择层面：在意价钱讲求品质

高收入消费者爱用高档品牌，低收入者则更重视产品价格，而中产阶级家庭则更注重性价比。年轻父母在线上购买新品时，可能依然青睐知名的制造商和品牌。目前，在母婴用品市场中，护理及卫浴用品的占比庞大，其中护肤、护发及防晒产品的销路都持续上升。

物流层面：渠道仍需进一步完善

卖家需把握不同市场的母婴用户需求，布局国际市场。完善推车、安全座椅、儿童床、纸尿裤等大件/抛货品种类的物流运输体系，搭建海外仓服务。建立品牌的海外知名度，创造新的盈利增长点。

对于跨境电商来说，如果选好了平台，市场的选择会更加简单。

【任务演练】

一、任务描述

安华跨境店铺计划入驻全球速卖通平台，但还没选定运营方向。作为跨境电商卖家，在选择市场行业时，进行行业数据分析具有重要的参考意义。在不确定的行业市场环境下，盲目投入是一项危险的行为。因此，为了确保明智的决策，跨境电商卖家应该在进行市场投入之前，优先进行深入的行业数据分析。

二、任务分析

对于跨境电商卖家而言，做好行业数据分析是非常重要的。对于行业数据的分析，要进行行业市场容量分析、行业趋势分析、行业市场需求量分析和行业目标客户分析，从宏观到微观到执行端进行分析，并基于以上分析，进而得出数据分析结果。

三、任务评价

序号	评分项	评分标准
1	数据分析指标	数据分析指标选取合理，指标选取全面
2	行业数据分析	行业数据分析结果客观、准确
3	数据优化建议	数据优化建议合理，具有实际指导意义

课件

任务三　产品数据分析

　　跨境电商卖家在运营店铺时，考虑到产品在店铺运营过程中的作用，会把产品布局为主推款、活动款、利润款、形象款，但是无论这个产品在店铺运营过程中发挥什么作用，都无法避免要与其他商品竞争。为了提高产品的流量，增加曝光，并且进一步了解竞争对手的产品和市场动态，卖家需要确定自身产品的竞品，并对竞品数据进行分析。

【知识准备】

一、全球速卖通平台竞品数据分析

　　以全球速卖通某女装网店选定的竞品为例，我们围绕其基础信息、价格、收藏数、活动和优惠、订单量、运费模板、订单评价进行分析，并且制定竞争对手监控表，进行长期跟踪。以此明确自身的优势、劣势、机会，为产品设计、运营活动、战略规划等提供市场参考和行动建议。

（一）基础信息分析（包括主图、标题、属性和详情页）

　　商品的主图可以直观地体现出产品的款式及优点，分析竞品主图展示的主要信息可以在上架自己产品的时候更好地突出自身产品卖点，进行图片布局。标题可以体现出产品的属性及特性，分析竞品标题可以确保自己标题展示的属性与主图展示的信息相匹配，同时也可以参考竞品标题里的热搜词、长尾关键词及一些属性热词。产品属性可以体现出产品的功能、材质、卖点等信息，分析竞品属性可以了解到自身产品与竞品之间的差异。详情页可以看到竞品的详情页布局、描述及展示，所以在观察产品时，一方面能够看到竞品的款式特点、产品属性及优势，另一方面，还可以确认竞品与描述是否一致。对比竞品与自身产品的差异，不一定要一模一样，但可参考竞品信息的全面性，进一步优化产品。

（二）价格分析

　　商品价格是大部分买家下单的时候最重要的参考因素。在进行选购前，多数买家已经有了一个心理预期价格，所以需要对比分析自己与竞品的价格差异，再结合目标客户群，进行商品价格的调整优化，提高自身产品的转化率，从而提高自身产品及店铺的市场竞争力。

（三）收藏数分析

收藏数指的是在浏览产品时点击收藏产品的买家数，可以从侧面反映产品受买家喜爱的程度。再对比自身产品，找出差距。也可以通过设置收藏有礼、参加平台活动、优化主题详情页等方式提高收藏量。

（四）活动和优惠分析

分析竞品是否设置了优惠活动，如店铺优惠券、满减活动等，以及有没有报名参加平台活动，了解优惠活动的力度及时间安排。同时也可以观察竞品是否加入了平台权益计划等。通过竞品分析，可以提供营销推广活动设置方面的参考，此外，也可以在优惠方式的设置上，与竞品区分开来，以获得更多展示机会。

（五）订单量分析

竞品分析的目的就是优化自身产品，提升自身产品的销量。因此产品订单量分析是竞品分析的重点。整理得出同类产品每天出单量大概是多少，对比自身差异，然后为自身产品定制每天的出单量目标提供参考。

（六）运费模板分析

在竞品的运费模板中，可以查看竞品选择了哪些物流方式，是否包邮，是否需要补运费差价，参考竞品运费模板设置，再结合自身的设置情况，从而优化我们的运费模板。

（七）订单评价分析

在分析竞品订单评价时不光要关注好评，还需要关注竞品的差评以及买家秀。从买家好评中买家认可的部分，提取竞品的卖点，取长补短。在差评中，可以看出买家不满意的地方，从而在上架产品的时候提前规避可能带来差评的部分。

（八）制定竞争对手"监控表"

对竞品店铺及竞品链接这些数据进行长期跟踪，确保数据有效性，从而为自己打造产品提供更多思路及参考。

二、亚马逊平台竞品数据分析

亚马逊平台上的竞品分析可以借助卖家精灵的产品监控工具，通过竞品的 ASIN 码查询监控，追踪竞品信息。为了提升单品流量或者销量，进一步预测竞品未来的动向，亚马逊平台上的跨境电商企业需要对竞品进行多维度的分析，通过分析了解竞品的价格、基本信息、流量关键词对比、BSR 排名、推广活动、商品评论等，找到自身与竞品之间的差距，并能够避开竞品的优势，挖掘自身店铺产品的优势。

（一）竞价分析

亚马逊前端的售价是多数客户购物时参考的一个重要指标，在加入购物车前，多数客户已经有一个大概的心理价，亚马逊平台跨境电商卖家需要对比自身产品与竞品的价格，分析彼此的利润空间，再进行产品价格的调整，或者后期在优惠券折扣上进行调整，提升自己产品的转化率。

（二）基本信息分析

竞品的基本信息分析是分析竞品的款式、功能、材质、卖点、五点描述、评论等，将竞品的这些基本信息与我们自己的产品进行一一对比。这一部分是竞品分析的基础，需要运营人员进行人工观察收集。

基本信息分析较为直观的方式是查看竞品详情页，以一款卫浴四件套产品详情页为例，可以查看到竞品的详情页还是比较详细的，我们可以从 Stainless Steel 材料的高质量，以及具体的设计、安装方式等方面以图文形式进行对比分析，从而借鉴优化到自身产品的详情页上。

（三）流量关键词对比分析

进行竞品分析，需要分析竞品的流量关键词排名和我们自己的关键词，然后综合对比这些关键词的排名情况。如果这个关键词与卖家的产品是精准相关的，卖家就要长期对这些竞品关键词进行跟踪记录，查看哪些关键词是卖家可以借鉴优化的。

（四）热销品排名分析

跟踪竞品的热销品排名，也是该 ASIN 的大类热销品排名，也就是该子 ASIN 的产品链接页面热销榜部分的大类最新排名，近 7 天变化＝当前的大类 BSR 排名－7 天前的 BSR 排名。点击该数字可以快速浏览最近 30 天的排名趋势，以及各子类目的变化趋势。

（五）推广活动分析

分析竞品有没有参加优惠券活动、秒杀活动及平台的大促活动，通过分析竞品的推广活动，在后期自己产品进行营销推广活动时，有一定的参考价值。此外，在优惠券活动的具体位置上，可以进行差异化处理。

（六）商品评论分析

综合分析竞品评价，找出竞品客户认可的优点、提出的差评意见等，可以给自己产品在质量把控上指明方向。

三、数据分析注意事项

跨境电商平台提供的数据指标繁多，系统庞大繁杂，需要卖家深入地进行数据分析。所谓的数据分析，就是把一堆杂乱的信息用带有逻辑的方式去思考，把隐藏信息间的规律提炼出来。数据分析的思路不正确，可能导致错误的结果，将适得其反。这里给卖家提三点注意事项。

（一）准确理解各指标的含义以及各指标之间的关系

通过前面的介绍我们可以看到，数据指标达几十个，有些指标是描述全店铺的，有些指标是描述单个商品的，有些指标是描述流量的，有些指标是描述交易的，还有些指标是描述买家行为的。这些指标都有自己特定的含义，而且在不同的情景下会有些许的差别。我们必须理解各指标所表示的意义，才能正确看懂指标数值所代表的含义。例如"平均访问深度"这个指标是指该来源带来的访客每次入店后在店铺内的平均访问页面数，即"人均访问页面数"。很显然，这个指标数值应该大于1，而且比1越大，代表访客访问的平均页面数量越大，即表明这个店铺越具有吸引力，也说明其更加有竞争力。反之，如果这个数值较低，卖家就要考虑是什么原因造成买家"留不住"呢？

同时，我们也要理解各指标之间的相互关系。一些指标的变动同时会影响其他指标的变动，或者被其他指标影响着变动。那么这些指标之间变动方向是否是一样的？相互影响的力度又有多大呢？例如，"跳失率"是指"只访问了该店铺1个页面就离开的次数占总入店次数的比例"。"跳失率"这个指标和"平均访问深度"指标有什么关系呢？深入理解这两个指标的含义后，我们会发现，总体上讲，这两个指标应该成"反向"关系，即如果"跳失率"高，则说明"留不住"，"留不住"则说明"平均访问深度"低。

（二）理解影响各指标变化的因素以及各因素发生变化的原因

各指标发生变化都是有原因的，例如"跳失率高"，有可能是因为店铺装修没有吸引力，也有可能是因为价格高得离谱，还有可能是详情页描述不细致等。再如，浏览量较低，原因就更多了，可能是上传的商品数量不够，也有可能是促销做得不够，还有可能是产品排名靠后等。我们不应只看到指标的变化，更应该深入挖掘指标变化是什么原因导致的。

（三）熟练掌握数据纵横中各模块功能

熟练掌握数据纵横的操作是卖家必备的基本技能，如果面对宝贵的资源一头雾水，这个功能也就失去了存在的价值。而熟练掌握的唯一途径就是多看、多用、多分析，将各个模块的功能都摸透，做到心中有数。例如我们要查看一下各个商品的表现情况，尤其是看一下那些表现较差的商品，我们就可以在"商品分析→商品效果排行"中，单击"无浏览商品"选项会发现，在30天内，全店铺竟然有125页、近1 250个商品没有被浏览过（虽然有些搜索被曝光过），这些产品基本上就是无效的产品。因此我们必须对这些产品进行管理，认真研究问题所在，并进行相应整改。总而言之，卖家不能只是关注指标数据的表面变化，而是要通过分析，思考这些数据所反映的问题，进而有针对性地逐渐优化。作为优秀的卖家，这是每天必不可少的工作。

相关链接

亚马逊如何通过关键词搜索趋势押中爆品

【任务演练】

一、任务描述

安华跨境店铺经过大量市场调研后，决定推出一款儿童平衡车，以此填补母婴市场的产品空缺，抢占市场份额。为了更好地利用新品上市活动提高产品销量，扩大品牌影响力，运营人员准备对儿童平衡车进行产品数据分析。

二、任务分析

对企业品牌而言，做好产品数据分析是非常重要的，能够赋予品牌更多的价值。对产品而言，有利于各个方面工作的开展。对于产品数据的分析，要根据产品特性，结合营销目标，确定分析指标。分析指标确定之后，要结合产品的实际情况，设定判断的标准，找到影响结果的过程，并基于过程进行详细的分析，进而总结出活动中存在的问题及解决方法。

三、任务评价

序号	评分项	评分标准
1	数据分析指标	数据分析指标选取合理，指标选取全面
2	产品数据分析	产品数据分析结果客观、准确
3	数据优化建议	数据优化建议合理，具有实际指导意义

任务四　店铺数据分析

课件

随着跨境电商的迅速发展，越来越多的卖家入驻跨境电商平台，开启了电商之路。开店铺是容易的，想要经营好它却不是那么简单。店铺经营不善的原因有很多，但其中很重要的一个原因就是忽视了店铺数据分析。店铺数据分析，贯穿着整个店铺运营的始终，学会店铺数据分析，是每个店铺运营者必备的能力之一。

【知识准备】

一、店铺数据分析——以全球速卖通为例

店铺数据分析，主要是看大市场的数据，了解市场行情。当大市场行业数据整体上升的话，那么店铺的一些数据也会整体上升，这些数据可以在全球速卖通后台"生意参谋—市场大盘"板块查看。

店铺数据分析要关注店铺的整体情况，包括店铺的实时概况、店铺层级、物流情况等。

（一）实时概况

全球速卖通实时概况板块展示了美国太平洋时间截至浏览时间当前的支付金额、访客数、支付买家数及支付主订单数、浏览量等数据；还可以查看 App 支付金额占比，可以帮助卖家快速了解店铺的当日成交金额和与昨日成交金额的对比变化，充分了解今日销售情况是否理想，同时可以判断店铺成交金额最高的时段；也可以通过成交金额判断进行的产品优化和营销活动是否有积极的效果与作用；根据不同时间段的成交金额，可以对直通车推广计划的启动时间进行调整。

通过实时概况还可以观察店铺访客量高、成交量高的商品的变化情况，找出店铺爆款或者潜在爆款，然后进行运营推广，提升并稳定店铺销量。

观察国家分布，找出店铺成交金额高且稳定的国家，可以将其作为店铺的主流国家市场，通过一定的运营手段进行维护和拓展；找出店铺访客高，但是成交金额较少的国家，这些国家可以作为机会国家进行拓展和布局。

（二）店铺层级

店铺层级部分展示近 30 天支付金额及行业内近 30 天支付金额排行。行业内近 30 天支付金额排行指店铺在所主营二级行业的实时排名，排名 200 名之外用"200+"显示。近 30 天支付金额排序后，按照卖家数量占比划分为 0~40%、40%~60%、60%~80%、80%~95%、95% 以上的，分别对应一到五层级。

通过店铺层级下的数据可以观察店铺所处层级变化及在层级中的排名变化。根据近 30 天支付金额排行及支付金额总数上升下降趋势，可以判断出近 30 天店铺销量整体变化情况及与行业其他卖家之间的差距。如果店铺近 30 天支付金额呈现上升趋势，但是近 30 天支付金额排行却未提升甚至出现下降，那说明有一些比较强势的店铺加入竞争或者原本销量不如自身店铺的销量已经超过自身店铺，保持店铺现有销量已经不足以抢占更多市场，还需要打造新的热门产品，加快提升店铺销量。

（三）物流看板

物流看板中可以以日、周、月不同维度查看 5 天上网率、未收到货纠纷提起率情况及变化趋势；还可以查看店铺不同物流服务商的 5 天上网率、未收到货纠纷提起率情况。5 天上网率是指过去 30 天支付成功的订单中，全部发货且"物流上网时间"到"支付成功时间"

小于等于 5 天、72 小时、48 小时的订单占比，数据每天更新。未收到货纠纷提起率是指近 30 天买家确认收货+确认收货超时+买家提起退款的父订单中，因未收到货物提起退款的父订单占比。

通过查看店铺 5 天上网率及未收到货纠纷提起率数据情况，确认店铺是否存在物流问题。如果店铺 5 天上网率呈现下降趋势，说明店铺需要注意订单发货时间及到仓时间，尽量备足产品库存，买家下单之后能够尽快发货，并且关注包裹到仓时间。未收到货纠纷提起率会影响店铺的卖家服务分，而店铺的卖家服务分则会影响店铺的曝光，所以如果店铺的未收到货纠纷提起率过高，就需要判断是否物流服务存在问题，尽快改善相关情况。同时，可以观察不同物流服务商的 5 天上网率及未收到货纠纷提起率数据，判断物流服务商的表现，如果某物流服务商表现优于其他物流服务商，那之后发货时，可以优先选择该物流方式。

完成上述数据分析后，我们就对店铺情况有了一个基本了解。但店铺运营最基本的公式是销售额＝流量×转化率×客单价，所以我们在进行店铺数据分析时，还要重点关注店铺的流量看板、转化看板和客单看板。

1. 流量看板

在流量看板，不仅可以看到店铺流量来源的主要路径，还能够看到各来源流量的具体访客数及下单转化率。根据流量来源变化趋势的折线图可以很直观地看到不同来源的流量变化趋势，从而清楚地了解，是否有来源流量减少，什么来源流量占比最高，方便我们制订店铺的营销推广计划。

用户行为指标主要展示跳失率、人均浏览量及平均停留时长三个数据，这三个数据都能在一定程度上反映流量的质量情况。如果店铺跳失率较高、人均浏览量较少、平均停留时长较短，说明产品对卖家的吸引力一般，不能引起买家的关注，此时需要对店铺的产品进行优化。

搜索词排行可以观察到店铺维度的产品相关搜索词带来的访客数及下单转化率，从而判断该关键词是否能给店铺带来访客，是否有高转化率。

2. 转化看板

在转化看板数据，可以通过设置不同时间维度，查看店铺日、周、月不同统计时间的转化率情况及转化率上升下降情况，方便掌握后台数据同时及时做出应对。

影响买家加购或者加收藏或者支付的主要因素有访客精准度、产品、售前售中售后等因素，所以如果转化率下降较快，可以考虑从这些方面对产品进行优化。

3. 客单看板

客单看板主要关注客单分布及支付件数分布两部分数据。客单分布指的是客单价分布情况，客单价＝支付金额/支付买家数，即平均每个支付买家的支付金额。所以从客单分布可以查看店铺平均每个支付买家的支付金额集中在哪个价格区间，为店铺产品价格布局提供参考。支付件数分布中的支付件数指统计时间内买家完成支付的商品数量，可以通过这个数据分析不同支付件数买家的数量及其占比。如果买家平均支付件数较低，想要提高买家购买件数的话，可以尝试通过搭配营销、满立减、满件折、满包邮等活动刺激买家多选多买。根据以上客单分布和支付件数分布的店铺数据分析，可以得出商品最优的价格以及如何通过店铺活动提升支付件数。

二、店铺运营决策

近年来，中国的跨境电子商务出口持续增长，想要在这条赛道上取得好的成绩，吸引更多的客户和流量，必须重视跨境平台店铺的运营。店铺运营是指对店铺产品生产和服务创造密切相关的各项管理工作的总称，其流程包括确定运营目标、运营数据采集和运营决策优化等。

（一）确定运营目标

只有明确和确定了店铺运营目标，才能为店铺运营决策提供方向，使店铺运营决策不会偏航，跨境电商店铺的运营目标有以下几个：

1. 提升店铺销量

通过优化产品、服务以及营销手段等，让客户对产品的需求得到满足，从而实现销售额的增长。所以店铺运营的目的是提高销售额，进而获得更多的利润和收入。因此，在日常经营的过程中需要不断调整策略和方法来促进销售量的提升，从而获得更多的收益。

2. 增加客户数量

随着跨境电商行业的不断发展，越来越多的商家加入了跨境电商行业，店铺间的竞争也不断加大，因此需要通过精准有效的运营来帮助店铺不断增加客户数量。

3. 打造产品爆款

店铺只有有了好的产品爆款才能吸引到更多客户的关注并且成为他们选购产品的第一目标，所以在店铺经营过程中要不断地寻找合适的产品，并结合自身店铺的特点对产品进行包装和设计，打造店铺的爆款产品。

4. 增强用户体验

对于任何一家电商平台来说，用户的体验都是至关重要的，例如亚马逊平台的运营理念就是"重产品，轻店铺""重买家，轻卖家"。所以卖家也需要不断地去优化自己的产品和服务质量以获得更好的用户体验。

（二）运营数据采集

明确了店铺运营目标之后，卖家应该在怎样的基础上才能做出合理的运营策略和决策呢？这就需要卖家进行运营数据的采集，为店铺运营决策提供依据。店铺的运营数据可以让卖家获得更多运营信息，对及时完善店铺运营起到非常重要的作用。以亚马逊平台为例，亚马逊的运营数据有很多，包括买家访问次数、转化率、页面浏览量、已收到的反馈数量、退款率等。这些都是店铺运营决策要经常关注的运营数据。具体来看有以下几点：

1. 转化率

转化率在不同跨境电商平台有很多不同的概念，比如流量转化率、订单转化率、广告转化率，不同的转化率有不同的结果。在亚马逊后台的业务报告指标里，转化率叫"订单商品数量转化率"，对应的英文指标是"Unit Session Percentage"。

$$订单转化率=订单总数/产品链接的总访问量$$

也就是说，当买家查看了卖家的产品链接后，选择购买卖家产品的转化率。比如，有100个买家选择点击查看了卖家的产品链接，然后有39个买家选择购买了卖家的产品，那么卖家产品的订单转化率就是 39%。

2. 买家访问次数

买家访问次数是指买家对卖家产品页面进行访问的浏览次数的统计。在一次访问中，即使买家多次浏览多个页面，也只会记为一次访问。买家访问次数越多，证明产品曝光度越高。想要提升买家访问次数，可以通过加大相关 CPC 的广告力度快速引流，或者优化产品主图，定期做优惠券活动，在价格上面显示一定比例的折扣，提升点击率和买家访问次数。

3. 页面浏览次数

页面浏览次数是指所选取的时间范围内，产品详情页面被买家点击浏览的次数，即经常说的 PV。如果在 24 小时内，同一买家点击了 10 个商品详情页面，那么 PV 就算作 10 次。卖家可以在每个产品链接页面，把关联产品的链接做进去，实现买家在不同页面之间的跳转，能够同时提升页面浏览次数。

4. 已收到的反馈数量

已收到的反馈数量是指具体时间段内，卖家收到已验证购买的买家所留下的反馈总数量，包括好评与差评。

5. 退款率

退款率是指具体时间段内，已退款的商品所占的比例，其计算公式是：

$$退款率=已退款的商品数量/已订购商品数量×100\%$$

亚马逊的退款率还是比较高的，因为该平台采用的是不退货退款方式，只要买家对于产品不满意或者产品有问题，都可以直接申请退款，有些类目，比如鞋服类目的退款率更高。一般卖家在上传产品时，都会在价格的定价表中把退货率计算进去，这样就不会在退款上面亏损很多。

通过以上运营数据的采集可以为店铺运营决策提供信息参考。

（三）运营决策优化

在完成运营数据信息收集和分析后，就可以结合具体的店铺情况来进行决策和优化。对于大多数的店铺运营决策来说，最重要的事情就是店铺选品，下面以亚马逊平台店铺选品和关键词优化为例，来讲解店铺运营决策的思路。

选品的通常做法是多平台对比，获取信息，提前掌握爆款。选品的标准可以是：产品属于刚需产品，本身没有太多的属性差异（比如颜色、尺码、容量等）；在亚马逊平台搜索结果中有多家销售情况比较好的，有较多真实买家留下评论的；多数搜索结果的评论，平均星级在 4.3 星以上；选品中不一定非要选同款产品，只要销量高，相似款产品可以用来打造差异化等。

确定了选品标准，就可以查找相关数据，并把数据整理出来，方便进行分析并得出分析结果，如图 10-3 所示。

行标签	平均值项:搜索结果	平均值项:列表价格	求和项:评论数量	平均值项:评分
bluetooth headset	2000	46.29055046	568559	4.303846154
cases	70000	29.80873786	480038	4.605
wireless charger	2000	29.04057692	711435	4.419230769
总计	24238.99371	35.24110759	1760032	4.440584416

图 10-3　选品数据分析结果

进行完上述操作后，从图 10-3 中可以看到 wireless charger 的搜索结果数量较少，但是评论数量却比另外两个关键词多，相比之下，wireless chargers 这个产品的买家需求量大，而且卖家数量少，说明市场规模比较大，竞争相对较小，可以优先考虑，从而结合市场产品信息调研完成对店铺选品的决策。需要注意的是，选品完成后还需要持续监控相关数据指标，以便在发生变化后能及时灵活地调整运营策略。

当店铺商品已经选好了之后，这时候就要对产品链接进行优化，当产品没有曝光量或者过低的话，这时候就要考虑内部流量是不是不到位，那么就可以试着去修改关键词，也可以使用一些选词工具帮助卖家找到优质的关键词。当店铺产品的曝光量非常高，但是点击量非常低的话，这时候就要考虑到流量的转化率。第一是优化好标题，选取能突出产品优势的优质关键词。第二是商品主图方面，既要美观也要突出商品的细节特点。第三就是产品详情，产品描述清晰突出重点。第四个就是价格优势，合适的定价也是转化流量的关键性因素。

 典型案例

竞店分析对店铺有什么影响

放松神器、超爽的按摩体验……近几年，筋膜枪在头部主播的直播间叫座又叫好，各式各样的品牌也成为电商平台的座上宾。

不过，有趣的是，明明是外来物，如今的国货筋膜枪在海外市场却反客为主赚足眼球，甚至取代了部分国际一线大牌。当筋膜枪的盛行之风从国外传至国内，带动国内市场需求增长的同时，中国制造的筋膜枪也走出国门，参与了国际市场竞争。

Booster 菠萝君便是典型代表之一，作为国内筋膜枪行业的先行者，依托于吸纳国内外研究机构先进的产品技术理念，集成产销一体从国内电商变道至全球速卖通，快速布局品牌出海抢占海外市场。如今，Booster 菠萝君在筋膜枪的发源地——美国，占据了大部分的市场份额。

而 Booster 菠萝君筋膜枪有今天的成就，绝非偶然。Booster 菠萝君筋膜枪创始人申广平从有做筋膜枪想法开始，就一直将国外知名的筋膜枪品牌及产品作为竞争对手。因为筋膜枪是外来物，所以要做好自己的筋膜枪就要了解透彻对手的筋膜枪，要达到国外筋膜枪的性能，又要能够适应更多的受众人群。秉承着这样的想法，Booster 菠萝君筋膜枪一步步走来，逐渐形成了自己的优势。

1. 同等性能，更具高性价比

Booster 菠萝君筋膜枪在对比分析国外的筋膜枪产品的时候就发现了一个很重要的问题——筋膜枪价格很高，所以 Booster 菠萝君筋膜枪要做出自己的价格优势。得益于中国产业结构性优势和工业体系，以及持续投入的原创设计和研发元素，国货筋膜枪在国际市场上非常有竞争力，同等产品性能属性下，其他国际品牌的售价往往是国货筋膜枪的 2~3 倍。

2. 细化受众人群，趋向专业化、Mini、民用化

筋膜枪产品一开始多为健身爱好者、专业运动员所使用，用户群体相对狭窄。2020 年开始，Booster 菠萝君也依据全球速卖通大数据和市场反馈细化受众人群。通过优化产品性能让筋膜枪不再只是健身爱好者、专业运动员的独宠神器，小巧轻便的机身，让它可以随身携带，满足全场景下的日常按摩保健使用。例如，面向职场白领的和旅行爱好者的 Mini 筋膜枪，使市场刮起了 Mini 筋膜枪的热潮。

开发现有筋膜枪市场和振动按摩产品的同时，Booster 菠萝君开始进军大众运动装备和专业运动康复装备领域。

3. 瞄准中高端市场，主打专业和快时尚

对受众人群进行分析，确定品牌店铺的定位是中高端的运动康复按摩，基调主打专业及快时尚；初期以筋膜枪为主体，划分引流款、利润款、形象款等，同时，为了保有快时尚的品牌调性，果断放弃了按摩枕、按摩披肩等传统按摩堡垒产品。2021 年开始接入自研专业运动康复新品，不断拓展大健康领域的市场。

4. 线上线下多点联动，延拓海外市场

区别于国外已经名声大噪的筋膜枪品牌，Booster 菠萝君筋膜枪想要从竞争对手手上抢占更多的市场，需要进行更多的推广，这在 Booster 菠萝君筋膜枪面世的时候，就已经注定了。所以，Booster 菠萝君首先在 Google 和 Facebook 上进行了广告投放，开展 YouTube 和 Instagram 视频、图片的社交媒体留言；同时，在平台的帮助下针对不同国家站点进行差异化的产品页面装修，针对重点国家投放线下广告，等等。此外，2021 年借助平台的渠道赋能和帮扶，开始尝试打造海外线下门店。

Booster 菠萝君一系列的精耕细作，让国货品牌有了现如今的品牌地位和国际影响力。

【任务演练】

一、任务描述

爱莎是爱莎国际旗下的时尚鞋履品牌，以"时尚、优雅、美丽、百变"为品牌精神，倡导每个人不断追求内在和外在的美丽，为广大消费者提供时尚、优雅、容易搭配的鞋履产品。

爱莎秋冬系列产品既融合了经典、流行等多元的创新元素，又兼顾产品的舒适感。7 月底，爱莎女鞋跨境店铺做了一场为期一周的过季商品促销活动，夏款女鞋一双 7 折，两双 5 折。活动结束后，跨境店铺运营人员通过 App 后台，导出此次活动的全部店铺数据，并对此进行详尽分析，总结成功的经验，为下一次的促销活动提供参考。

二、任务分析

对于促销活动效果的分析，首先要根据产品特性，结合营销目标，确定分析指标。分析指标确定之后，要结合产品的实际情况，设定判断的标准，找到影响结果的过程，并基于过程进行详细的分析，进而总结出活动中存在的问题及解决方法。

三、任务评价

序号	评分项	评分标准
1	数据分析指标	数据分析指标选取合理，指标选取全面
2	促销活动效果	产品促销活动效果评价客观、准确
3	活动优化建议	活动优化建议合理，具有实际指导意义

【思政园地】

复盘数据分析，持续追求卓越

　　Lucy 是一家跨境电商平台店铺的运营主管。今年的店庆活动成功结束后，Lucy 为了提高日后运营工作的效率，对店庆期间的运营数据进行收集和分析。通过数据分析，Lucy 发现活动期间虽然咨询率很高，但客户的询单转化率相对较低。进一步分析聊天数据，Lucy 发现问题出在回应速度过慢，导致客户等待时间过长而流失。意识到问题后，Lucy 开始复盘反思影响回应速度的因素，并组织团队讨论。最终，他们确定店铺订单咨询量大，但缺乏足够的运营人手是核心问题。为了解决这个问题，店铺决定设置 FAQ 与快捷回复，以降低人力成本并提高常见问题的处理效率。经过一段时间的实施，店铺的客户询单转化率明显改善。

　　这个案例表明数据分析和复盘反思对于运营工作和店铺经营至关重要。复盘反思是根据客观事实对存在差异的原因进行诊断和分析，找出导致成功或失败的根本原因，并进行规律总结，不断优化提升。重要的是，复盘反思有助于将数据分析结果付诸实施。如果数据分析结果不能实际应用，那只是纸上谈兵。

　　在这个案例中，如果 Lucy 仅限于数据分析，只能了解运营工作的问题，而无法解决实际业务问题。最终，Lucy 通过复盘反思，逐步找到了解决方案，提高了运营工作效率，使得数据分析结果能够真正落地实施并解决业务问题，实现了数据分析的价值。

　　同时，复盘反思是追求卓越的动态过程。只有追求卓越，才能不断超越。案例中的 Lucy 在运营工作没有明显问题时也进行了数据分析，发现了回复速度过慢导致客户流失的问题，这说明 Lucy 具备不满足现状、追求卓越的意识。如果没有这种追求卓越的意识，Lucy 就不会在发现问题后进行复盘反思，并最终解决了问题，提升了运营工作效率。复盘反思是一个持续的过程，它可以帮助我们发现新方法，避免重复错误，并获取新的知识和思路，持续提高解决问题的能力。

　　追求卓越、进行复盘反思有助于提高店铺运营效率。在这个案例中，Lucy 通过数据分析找到问题，并对其进行诊断，最终找到解决方案。这不仅提高了她所在部门的工作效率，也对整个店铺的运营起到积极作用。店铺经营过程中也要追求卓越，秉持精益求精的精神，通过复盘反思总结经验和教训，有针对性地改进工作，并规划未来的工作方式，不断提高店铺运营效率。

　　作为个人，我们在日常学习和工作生活中也要拥有追求卓越的精神，拥有"干就干最好、争就争一流"的信心和勇气，凡事自我加压、跳起摸高，绝不满足于一般化、过得去，不断提升自我，追求卓越。

【同步测试】

同步测试

参 考 文 献

[1] 肖旭. 跨境电商实务 [M]. 3 版. 北京：中国人民大学出版社，2020.

[2] 易传识网络科技. 跨境电商多平台运营：实战基础 [M]. 3 版. 北京：电子工业出版社，2020.

[3] 邓志新. 跨境电商：理论、操作与实务（微课版）[M]. 2 版. 北京：人民邮电出版社，2023.

[4] 隋东旭，邹益民. 跨境电子商务实务 [M]. 北京：清华大学出版社，2023.

[5] 叶杨翔，施星君. 跨境电子商务 B2C 实务 [M]. 北京：高等教育出版社，2019.

[6] 刘电威，张芳旭. 跨境电商 B2C 实务 [M]. 北京：人民邮电出版社，2023.

[7] 肖旭，乔哲. 跨境电子商务 [M]. 北京：高等教育出版社，2019.

[8] 林洁. 跨境电商 B2C 多平台运营 [M]. 北京：电子工业出版社，2023.

[9] 叶杨翔. 跨境电商 B2C 平台运营 [M]. 北京：电子工业出版社，2022.

[10] 廖润东，肖旭，张枝军. 跨境电商 B2C 数据运营实训 [M]. 北京：电子工业出版社，2021.

[11] 郑秀田. 跨境电子商务概论 [M]. 北京：人民邮电出版社，2023.

[12]《跨境电子商务平台运营实务》编写组. 跨境电子商务平台运营实务 [M]. 北京：经济科学出版社，2023.

[13] 白秀艳. 跨境电商 B2C 运营实战 [M]. 北京：电子工业出版社，2023.

[14] 速卖通全球培训中心：https://learning.aliexpress.com/.

[15] eBay 大学：https://university.ebay.cn/.

[16] 亚马逊大学：https://sell.amazon.com/zh/learn.